KB037588

앞으로 30년, 잘사는
대한민국 도시재생사업

앞으로 30년, 잘사는

대한민국 도시재생사업

김종선 · 서영철 지음

{ 이제 소규모 재개발과 재건축,
가로주택 정비사업이 답이다 }

팬덤북스

프롤로그

이제 소규모 재건축 및 재개발 정비사업이 답이다!

도심 속 낙후된 주택들이 있습니다. 그런데 개발이익과는 거리가 먼 주택들인지라 건설사들이 거들떠보지를 않고 있었습니다. 그래서 재개발 혹은 재건축 광풍에서 철저히 소외되고 비켜나 있을 수밖에 없었죠. 그랬던 낡은 주택들에게도 이제 서광이 비추기 시작했습니다.

대한민국은 현재 절대인구 감소, 고령화, 저출산이라는 심각한 인구구조 변화 문제에 직면하고 있는 상황입니다. 경제구조 역시 엄청난 속도로 변화하고 있습니다. 이에 따라 주택의 공급방식 또한 달라져야 할 필요성이 강력히 대두되고 있습니다. 그 배경을 몇 가지로 들어 보겠습니다.

첫째, 경제구조 측면에서 볼 때 디지털 혁명이 경제구조 자체를 뿌리부터 변화시키고 있습니다. 둘째, 주택시장에서는 절대 인구의 감소, 1인 가구의 폭발적 증가 등 유례를 찾아볼 수 없는 폭풍 같은 변화의 중심에 서 있습니다.

셋째, 소규모 주택 정비사업에 대한 다양한 정책적 지원 등이 자리 잡고 있습니다.

이것은 부동산시장에서 주택공급 형태가 신도시 조성을 통한 동시다발적 대규모 공급을 중심으로 시대에서 기존 구도심을 중심으로 수요가 있는 곳에 주택을 공급하는 수요관리의 시대로 접어 들었음을 의미합니다. 이처럼 기존 구도심의 맞춤형 주택공급 형태의 변화에 가장 부합되는 도시재생사업이 바로 소규모 주택 정비사업입니다.

이 부분은 우리와 비슷한 문제를 먼저 경험하고 있는 일본에서 알 수 있습니다. 이웃나라 일본은 주택공급 형태를 신도시 조성과 같은 대규모 개발방식에서 구도심 재생을 통한 수요 맞춤형 공급으로 전환한지 오래입니다. 일본과 비슷한 상황에 처해 있는 대한민국에서도 구도심 재생을 통한 주택공급 방식으로의 전환이 필요하고 실제로 소규모 주택 정비사업을 통해 그 변화는 이미 시작되었습니다. 소규모 주택 정비사업이야말로 효과적이고 바람직한 주택공급 방식이자 '구도심 재생'이라는 키워드에 가장 잘 부합하는 도시재생사업입니다.

하지만 소규모 주택 정비사업은 여전히 미지의 영역이나 다름없습니다. 소규모 주택 정비사업에 속하는 가로주택 정비사업, 소규모 재건축 정비사업, 자율주택 정비사업에 익숙하거나 잘 알고 있는 사람도 매우 드뭅니다. 게다가 관련 법령도 지난해부터 시행되고 있으니 어찌 보면 익숙하다거나 알고 있다면 그것이 더 이상한 일일수도 있습니다.

그래서 필자들은 내 집 마련을 꿈꾸는 서민들, 반걸음 더 나아가 내 집 마련과 투자목적을 모두 고민하고 있는 소규모 투자자들에게 소규모 주택 정비사업이란 무엇인지, 어떤 특징이 있고, 왜 대세인지, 그 근거는 무엇인지를 알리고자 이 책을 쓰게 되었습니다. 소규모 주택 정비사업 역시 정비사업입니다. 그래서 정비사업에 대한 폭넓은 경험과 혜안이 중요합니다. 아울러 부동산시장을 통찰하는 사고와 소규모 주택 정비사업에 대한 사업 주체로서의 경험 또한 매우 중요합니다.

필자 중 한 명은 약 20여년의 풍부한 정비사업 경험을 보유하고 있는 정비사업 전문가며 현재 가로주택 정비사업장의 정비사업용역을 수행하고 있는 정비사업 전문 관리업체의 CEO로 활발하게 활동하고 있으며, 또 한 명은 부동산 연구와 강의를 하던 중 가로주택 정비사업을 만나 조합장이라는 엄중한 직책을 맡아 수행하고 있습니다. 그야말로 필자들은 소규모 주택 정비사업의 이론과 실무 모두를 경험하고 있는 소규모 재건축 및 정비사업의 전문가입니다.

끝으로 정보가 부족한 소규모 주택 정비사업에 대한 책을 집필하는 데 조언과 지혜를 베풀어주신 많은 분들께 감사의 인사를 드립니다. ㈜도시정비기획 식구들(박진수 본부장님, 권태훈 부장님), 학익3구역 윤창섭 조합장님, 석정LH참여형 가로주택 정비사업조합 식구들(신주암 감사님, 이성훈 총무님), 숭의2LH참여형 가로주택 정비사업 조합 식구들(김성현 사무장님, 이종남 이사님, 고순분 이사님, 한세규 감사님), 용현1LH참여형 가로주택 정비사업조합 민경익 조합장님 그리고 공동사업시행자로 수고를 마다하지 않으시는 LH공사 식구들(진주본사 정우신 부장님, 김석준 과장님, 인천본부 김경일 부장님, 허은자 차장님)께 깊이 감사드립니다. 이 외에도 미처 글로 감사함을 표현하지 못한 많은 분들께 감사를 드리며, 마지막으로 사랑하는 가족들에게 감사함을 전합니다.

김종선 • 서영철

차 례

첫째 마당
소규모 주택 정비사업이란 무엇인가?

둘째 마당
놓치면 곤란한 소규모 주택 정비사업 핵심 포인트!

셋째 마당
사업성분석하기 1 : 재개발 성격을 갖는 가로주택 정비사업

차 례

넷째 마당
사업성분석하기 2 : 재건축 성격을 갖는 가로주택 정비사업

다섯째 마당
가로주택 정비사업의 전문가 되기!

여섯째 마당
돈 되는 가로주택 정비사업의 13가지 꿀팁!

첫째 마당
소규모 주택
정비사업이란
무엇인가?

이것만은 미리 알아두자!

첫째 마당은 소규모 주택 정비사업이 무엇인지를 알아볼 것입니다. 우리나라는 현재 인구감소, 고령화, 저출산 심화 등의 영향으로 급속도로 인구구조가 변화하고 있습니다. 인구구조의 변화는 필연적으로 주택시장을 근본적으로 바꿔놓게 될 것이 분명합니다. 이런 점에서 우리와 비슷한 상황을 먼저 경험하고 있는 이웃 나라 일본의 사례는 시사점이 매우 큽니다.

일본의 경우, 이미 주택공급을 신도시 조성과 같은 대규모 개발방식에서 탈피해 구도심 재생을 통한 수요 맞춤형 공급으로 전환한지 오래입니다. 일본과 비슷한 상황에 직면하고 있는 대한민국 역시 결국 구도심 재생을 통한 주택공급 방식으로의 전환이 필요하고 실제로 그렇게 되어가고 있습니다.

그래서 가로주택 정비사업은 매우 효과적이고 바람직한 주택 공급방식이라고 볼 수 있습니다. 가로주택 정비사업이야말로 '구도심 재생'이라는 키워드를 통렬하게 관통하는 것이기 때문입니다.

첫째 마당에서 우선 소규모 주택 정비사업 전반을 살펴 볼 것입니다. 소규모 주택 정비사업은 무엇이고 거기서 우리가 좀 더 집중해서 보아야 할 가로주택 정비사업은 어떤 사업인지, 왜 지금 가로주택 정비사업에 주목해야 하고, 재개발·재건축 등 유사한 성격의 다른 정비사업들과는 어떤 차이가 있는지를 살펴 볼 것입니다. 이런 과정을 통해 다음 마당들에서 이어질 사업성분석의 기초를 다지는 것이 첫째 마당의 목표니까요.

핵심 개념 풀이

★빈집 및 소규모 주택정비에 관한 특례법

방치된 빈집을 효율적으로 정비하고 소규모 주택정비를 활성화하기 위하여 필요한 사항 및 특례를 규정함으로써 주거생활의 질을 높이는 데 이바지함을 목적으로 제정된 법률

★소규모 주택 정비사업

노후 · 불량 건축물의 밀집 등 대통령령으로 정하는 요건에 해당하는 지역 또는 가로구역(街路區域)에서 시행하는 자율주택 정비사업, 가로주택 정비사업, 소규모 재건축사업을 말한다.

★ 자율주택 정비사업

단독주택 및 다세대주택을 스스로 개량 또는 건설하기 위한 사업

★가로주택 정비사업

가로구역에서 종전의 가로를 유지하면서 소규모로 주거환경을 개선하기 위한 사업을 말한다.

★소규모 재건축사업

정비 기반시설이 양호한 지역에서 소규모로 공동주택을 재건축하기 위한 사업

★가로구역

첫째, 도시계획도로, 건축법에 따른 너비 6m 이상의 도로(사도법에 따라 개설되었거나 신설 · 변경고시 된 도로는 주거지역 · 상업지역 또는 공업지역에서의 도로로 한정)로 둘러싸인 일단의 지역일 것(해당 지역 일부가 광장, 공원, 녹지, 하천, 공공용지 또는 공용 주차장 또는 도로 예정지에 접한 경우 도로로 봄)
둘째, 해당 구역의 면적이 1만㎡ 미만일 것
셋째, 해당 구역을 통과하는 도시계획도로가 설치되어 있지 아니할 것
위의 세 가지 조건을 모두 충족하는 구역을 가로구역이라고 한다.

★종후자산 평가액(총수입액)

가로주택 정비사업의 시행으로 신축함에 따라 발생하게 되는 조합원 분양수입, 일반 분양분 분양수입, 부대복리 시설, 분양수입을 모두 더한 금액

★총사업비

소규모 주택 정비사업의 시행을 위해 투입되는 비용의 총액으로 공사비와 기타사업비의 합(기타사업비를 다시 보상비와 기타사업비로 구분할 수도 있음)

★종전자산 평가액(감정평가액)

조합원들이 가로주택 정비사업 이전 보유하고 있던 토지 등의 전체 평가액

★비례율

종후자산 평가액(총수입액)에서 총사업비를 차감하고 이를 종전자산 평가액으로 나눈 후 100을 곱하여 구한 값

$$\text{비례율} = \frac{(\text{종후자산 평가액} - \text{총사업비})}{\text{종전자산 평가액}} \times 100$$

★권리가액

종전자산 평가액에 비례율을 곱하여 구해진 조합원들의 실질적 자산가치

권리가액 = 종전자산 평가액 × 비례율

★분담금

조합원들이 가로주택 정비사업의 시행에 따라 분양을 받기 위해 지불해야 하는 금액으로 조합원 분양가액에서 권리가액을 차감하여 계산됨.

분담금 = 조합원 분양가격 − 권리가액

★조합원 분양가격

가로주택 정비사업에 따라 조합원들에게 책정되는 분양가격

★일반 분양가격

가로주택 정비사업의 시행 과정에서 조합원들에게 분양하고 남은 아파트를 일반에게 분양할 경우 책정되는 분양가격

소규모 주택 정비사업이 뭐지?

소규모 주택 정비사업은 문재인정부에서 매우 의욕적으로 추진하고 있는 도심재생 뉴딜사업의 핵심 사업 가운데 하나입니다. 국토부가 소규모 주택 정비사업에 사업비의 최대 70%까지 1.5%의 낮은 이율로 주택도시기금 융자를 지원하는 이유가 무엇일까요? 소규모 주택 정비사업이 그만큼 중요하다는 것을 보여주는 것이 아닐까요? 그렇습니다. 그래서 소규모 주택 정비사업을 신속하고 원활하게 추진하기 위한 목적으로 법률까지 제정한 것이죠. 그 법이 바로 '빈집 및 소규모 주택정비에 관한 특례법'입니다.

그렇다면 소규모 주택 정비사업은 어떤 것일까요? 답을 찾아보니 '빈집 및 소규모 주택정비에 관한 특례법'에 소규모 주택 정비사업을 정의해 놓았네요.

빈집 및 소규모 주택정비에 관한 특례법

제2조(정의)

3.'소규모 주택 정비사업'이란 이 법에서 정한 절차에 따라 노후 · 불량 건축물의 밀집 등 대통령령으로 정하는 요건에 해당하는 지역 또는 가로구역(街路區域)에서 시행하는 다음 각 목의 사업을 말한다.가. 자율주택 정비사업: 단독주택 및 다세대주택을 스스로 개량 또는 건설하기 위한 사업

나. 가로주택 정비사업: 가로구역에서 종전의 가로를 유지하면서 소규모로 주거환경을 개선하기 위한 사업

다. 소규모 재건축사업: 정비 기반시설이 양호한 지역에서 소규모로 공동주택을 재건축하기 위한 사업

요약해 보니 '소규모 주택 정비사업이란 노후·불량 건축물의 밀집 등 대통령령으로 정하는 요건에 해당하는 지역 또는 가로구역에서 시행하는 자율주택 정비사업, 가로주택 정비사업, 소규모 재건축사업'이라고 정의할 수 있지 않을까요?

Q 소규모 주택 정비사업의 종류는?

소규모 주택 정비사업은 크게 세 가지로 세분할 수 있습니다.

첫 번째는 자율주택 정비사업인데요.

자율주택 정비사업은 단독주택및 다세대주택을 스스로 개량하거나 건설하기 위한 사업입니다.

두 번째는 가로주택 정비사업이죠.

가로구역에서 종전의 가로를 유지하면서 소규모로 주거환경을 개선하기 위한 사업이라고 정의하고 있네요. 여기서 가로는 도로를 뜻합니다. 따라서 도로로 구획된 일단의 부지를 대상으로 주거환경을 개선하기 위한 사업이 가로주택 정비사업이라는 것을 알 수 있게 해주네요. 그런데 여기서 눈에 걸리는 개념이 있네요. '가로구역'. 이 용어는 뭘까요? 조금 자세하게 살펴 보아야 합니다. 그러니 여기서는 일단 가로주택 정비사업이 가로구역에서 진행되는 사업이라는 정도로만 이해하고 넘어가도록 하시죠.

세 번째는 소규모 재건축사업입니다.

소규모 재건축사업은 재건축사업인데 소규모로 공동주택을 재건축하기 위한 사업이라는 것을 알 수 있네요. 또한 아무리 재건축이라 할지라도 재건축이기 때문에 정비 기반시설이 양호한 지역에서 시행되는 사업이라는 것은 변함이 없네요. '도시 및 주거환경 정비법'에 따르면 재건축사업은 "정비 기반시설은 양호하나 노후 · 불량 건축물에 해당하는 공동주택이 밀집한 지역에서 주거환경을 개선하기 위한 사업"이라고 정의되어 있으니 정비 기반시설이 양호한 지역에서 시행된다는 점은 똑 같죠?

여기서 잠깐! 정비 기반시설이라는 말이 자꾸 눈에 걸리죠? 그렇다면 잠깐 짚고 넘어가는 것이 좋겠네요.

잠깐 Tip

정비 기반시설

도로 · 상하수도 · 공원 · 공용 주차장 · 공동구(〈국토의 계획 및 이용에 관한 법률〉 제2조 제9호에 따른 공동구를 말한다. 이하 같다), 그밖에 주민의 생활에 필요한 열 · 가스 등의 공급시설로서 대통령령으로 정하는 시설

대통령령 : 녹지, 하천, 공공공지, 광장, 소방용수시설, 비상대피시설, 가스공급시설, 지역난방시설, 주거환경 개선사업을 위하여 지정 · 고시된 정비구역에 설치하는 공동이용시설로서 '도시 및 주거환경 정비법' 제52조에 따른 사업시행 계획서에 해당 특별자치 시장 · 특별자치 도지사 · 시장 · 군수 또는 자치구의 구청장이 관리하는 것으로 포함된 시설

간략하게 소규모 주택 정비사업의 개념과 종류를 살펴 보았습니다. 그다지 어렵지 않죠? 용기를 갖고 차근차근 학습해 나가다보면 머지않아 전문가 수준에 다가 설 수 있는 것이 바로 소규모 주택 정비사업이라는 점을 잊지 마세요.

어떤 곳이 소규모 주택 정비사업 대상지역이 될 수 있을까?

소규모 주택 정비사업의 개념과 종류는 위에서 살펴 보았습니다. 기억나시죠?

다시 한번 복습해 볼까요? 소규모 주택 정비사업의 종류에는 어떤 것이 있었죠? 네. 그렇습니다. 자율주택 정비사업, 가로주택 정비사업, 소규모 재건축 사업이 있었죠.

그럼, 지금부터는 어떤 곳이 소규모 주택 정비사업을 시행할 수 있는 대상지역이 될 수 있는지에 대해서 살펴 보도록 하죠. 어떤 곳이 대상지역이 될 수 있는지를 알아보기 위해서는 법령을 찾아 보아야 합니다. 무슨 법일까요? 네. 그렇습니다. '빈집 및 소규모 주택정비에 관한 특례법'입니다. 어디서 찾아볼 수 있을까요? 법제처 홈페이지(www.moleg.go.kr)입니다.

법제처 홈페이지는 모든 법령 자료들을 간편하게 찾아 볼 수 있는 매우 유용한 사이트입니다. 부동산과 공법은 바늘과 실 같은 관계라고 할 수 있습니다. 그렇기 때문에 법제처 홈페이지와 친숙해질 필요가 있습니다.

법령 검색을 통해 드디어 소규모 주택 정비사업 대상지역 요건을 찾았습니다. 다음은 '빈집 및 소규모 주택정비에 관한 특례법 시행령' 3조의2에서 규정하고 있는 소규모 주택 정비사업 대상지역 요건입니다.

❸ **법령 클릭**(여기서는 빈집 및 소규모 주택정비에 관한 특례법 시행령)

◉현행법령 ○연혁법령 ○근대법령 ○영문법령

법령명 | 법령본문 | 조문내용 | 조문제목 | 부칙 | 제정·개정문

총 3건

번호	법령명
1	빈집 및 소규모주택 정비에 관한 특례법
2	빈집 및 소규모주택 정비에 관한 특례법 시행령
3	빈집 및 소규모주택 정비에 관한 특례법 시행규칙

소규모 주택 정비사업 대상지역

빈집 및 소규모 주택정비에 관한 특례법 시행령

제3조(소규모 주택 정비사업 대상지역) 법 제2조 제1항 제3호 각 목 외의 부분에서 "노후·불량 건축물의 밀집 등 대통령령으로 정하는 요건에 해당하는 지역 또는 가로구역(街路區域)"이란 다음 각 호의 구분에 따른 지역을 말한다. 〈개정 2018. 6. 12.〉

1. 자율주택 정비사업: 「국가균형발전 특별법」에 따른 도시활력 증진지역 개발사업의 시행구역, 「국토의 계획 및 이용에 관한 법률」 제51조에 따른 지구 단위 계획구역, 「도시 및 주거환경 정비법」 제20조·제21조에 따라 정비 예정구역·정비구역이 해제된 지역 또는 같은 법 제23조 제1항 제1호에 따른 방법으로 시행하는 주거환경 개선사업의 정비구역, 「도시재생 활성화 및 지원에 관한 특별법」 제2조제1항 제5호의 도시재생 활성화 지역 또는 그밖에 특별시·광역시·특별자치시·도·특별자치도 또는 「지방자치법」 제175조에 따른 서울특별시·광역시 및 특별자치시를 제외한 인구 50만 이상 대도시의 조례(이하 "시·도 조례"라 한다)로 정하는 지역으로서 다음 각 목의 요건을 모두 충족한 지역

   가. 노후·불량 건축물의 수가 해당 사업시행구역의 전체 건축물 수의 3분의 2 이상일 것

   나. 해당 사업시행구역 내 기존주택(이하 "기존주택"이라 한다)의 호수(戶數) 또는 세대수가 다음의 구분에 따른 기준 미만일 것. 다만, 지역 여건 등을 고려하여 해당 기준의 1.8배 이하의 범위에서 시·도 조례로 그 기준을 달리 정할 수 있다.

1) 기존주택이 모두 「주택법」 제2조 제2호의 단독주택(이하 "단독주택"이라 한다)인 경우: 10호

2) 기존주택이 모두 「건축법 시행령」 별표 1 제2호 다목에 따른 다세대주택(이하 "다세대주택"이라 한다)인 경우: 20세대

3) 기존주택이 단독주택과 다세대주택으로 구성된 경우: 20채(단독주택의 호수와 다세대주택의 세대수를 합한 수를 말한다)

2. 가로주택 정비사업: 국토교통부령으로 정하는 가로구역으로서 다음 각 목의 요건을 모두 충족한 지역

가. 해당 사업시행구역의 면적이 1만 제곱미터 미만일 것

나. 노후 · 불량 건축물의 수가 해당 사업시행구역 전체 건축물 수의 3분의 2 이상일 것

다. 기존주택의 호수 또는 세대수가 다음의 구분에 따른 기준 이상일 것

1) 기존주택이 모두 단독주택인 경우: 10호

2) 기존주택이 모두 「주택법」 제2조 제3호의 공동주택(이하 "공동주택"이라 한다)인 경우: 20세대

3) 기존주택이 단독주택과 공동주택으로 구성된 경우: 20채(단독주택의 호수와 공동주택의 세대수를 합한 수를 말한다). 다만, 기존주택 중 단독 주택이 10호 이상인 경우에는 기존주택의 총합이 20채 미만인 경우에도 20채로 본다.

3. 소규모 재건축사업: 「도시 및 주거환경 정비법」 제2조 제7호의 주택 단지로서 다음 각 목의 요건을 모두 충족한 지역

가. 해당 사업시행구역의 면적이 1만 제곱미터 미만일 것

나. 노후 · 불량 건축물의 수가 해당 사업시행구역 전체 건축물 수의 3분의 2 이상일 것

다. 기존주택의 세대수가 200세대 미만일 것

소규모 주택 정비사업 역시 다른 정비사업과 마찬가지로 일정한 요건을 갖춘 곳에서 시행할 수 있습니다. 즉, 요건을 충족하지 못하는 곳에서는 소규모 주택 정비사업을 시행할 수 없다는 뜻입니다.

Q 자율주택 정비사업의 요건은?

그렇다면 어떤 곳에서 소규모 주택 정비사업을 시행할 수 있을까요?

자율주택 정비사업이냐 아니면 가로주택 정비사업이냐 그것도 아니면 소규모 재건축사업이냐에 따라 그 요건이 서로 다릅니다. 그러므로 각각의 사업에 따라 어떤 곳이 사업시행 대상지역이 될 수 있는지를 꼼꼼하게 따져보는 것이 필요하답니다.

언뜻 시행령만 보면 자율주택 정비사업 대상지역 요건이 가장 까다로워 보입니다.

자율주택 정비사업 대상지역 요건

<table>
<tr><th>1차 요건</th><th rowspan="4">⇒</th><th colspan="2">2차 요건</th></tr>
<tr><td>각종 법에 의한 지역과 구역을 제외</td><td colspan="2">노후·불량 건축물의 수가 전체 건축물 수의 2/3 이상</td></tr>
<tr><td rowspan="2">인구 50만 이상의 대도시 조례로 정한 지역(특별시·광역시·특별자치시·도·특별자치도 또는 「지방자치법」에 따른 서울특별시·광역시 및 특별자치시 제외)</td><td>시행령</td><td>서울·인천시 조례</td></tr>
<tr><td>기존주택의 호수 요건 충족
*단독주택 : 10호 미만
*공동주택 : 20세대 미만
*단독 · 공동주택 혼재 : 20채 미만</td><td>기존주택의 호수 요건 충족
*단독주택 : 18호 미만
*공동주택 : 36세대 미만
*단독 · 공동주택 혼재 : 36채 미만</td></tr>
</table>

자율주택 정비사업 대상지역이 되기 위해서는 우선 1단계 요건을 충족해야 합니다.

1차 요건은 '국가균형발전 특별법'에 따른 도시활력 증진지역 개발사업의 시행구역, '국토의 계획 및 이용에 관한 법률'에 따른 지구 단위 계획구역, '도시 및 주거환경 정비법' 제20조 · 제21조에 따라 정비예정구역 · 정비구역이 해제된 지역, 주거환경 개선사업의 정비구역, '도시재생 활성화 및 지원에 관한 특별법'에 따른 도시재생 활성화 지역 또는 그밖에 특별시 · 광역시 · 특별자치시 · 도 · 특별자치도 또는 '지방자치법'에 따른 서울특별시 · 광역시 및 특별자치시를 제외한 인구 50만 이상 대도시의 조례(이하 "시 · 도 조례"라 한다)로 정하는 지역입니다.

2차 요건은 위 요건을 충족하고 추가적으로 다음의 2가지 조건을 모두 충족하는 것 입니다.

첫째, 노후 · 불량 건축물의 수가 해당 사업시행구역의 전체 건축물 수의 3분의 2 이상이고,

둘째, 해당 사업시행구역 내 기존주택의 호수(戶數) 또는 세대수가 기존주택이 모두 단독주택이면 10호 미만, 기존주택이 모두 다세대주택이면 20세대 미만, 기존주택이 단독주택과 다세대주택으로 구성된 경우 20채(단독주택의 호수와 다세대주택의 세대수를 합한 수)미만일 것(다만, 지역 여건 등을 고려하여 해당 기준의 1.8배 이하의 범위에서 시 · 도 조례로 그 기준을 달리 정할 수 있음).

그런데 여기 짚고 넘어가야 할 중요한 것이 있네요. 다만, 이후에서 규정하고 있는 "시 · 도 조례에서 정하는 기준"이 바로 그것입니다. 실제로 서울특별시와 인천광역시는 이 기준을 대통령령과 다르게 규정하고 있으니 꼭 참고하시기 바랍니다.

1. 기존주택이 모두 단독주택인 경우 : 18호 미만일 것
2. 기존주택이 모두 다세대주택인 경우 : 36세대 미만일 것
3. 기존주택이 단독주택과 다세대주택으로 구성된 경우 : 36채(단독 주택의 호수와 다세대주택의 세대 수를 합한 수를 말한다.) 미만 일 것

Q 가로주택 정비사업의 요건은?

가로주택 정비사업 역시 1차와 2차 요건을 모두 충족해야 비로소 대상지역이 될 수 있습니다. 우선 1단계는 국토교통부령으로 정하는 가로구역 요건을 충족해야 합니다. 가로구역? 가로구역이 뭘까요? 궁금하시죠? 가로구역에 대해서는 둘째 마당에서 좀 더 자세히 스터디하고 넘어갈 테니 여기서는 그냥 "가로구역이라는 것이 1차 요건이구나!" 하는 정도로만 이해하고 넘어가도록 하시죠. 아시겠죠?

1차 요건은 가로구역 조건을 충족하는 것입니다. 따라서 가로구역 조건을 충족하고 2차 요건인 면적, 노후 · 불량 건축물 수, 주택의 호수 혹은 세대수 요건을 모두 충족하게 되면 그 곳은 가로주택 정비사업 대상지역이 될 수 있다고 이해해 두세요.

가로주택 정비사업 대상지역 요건

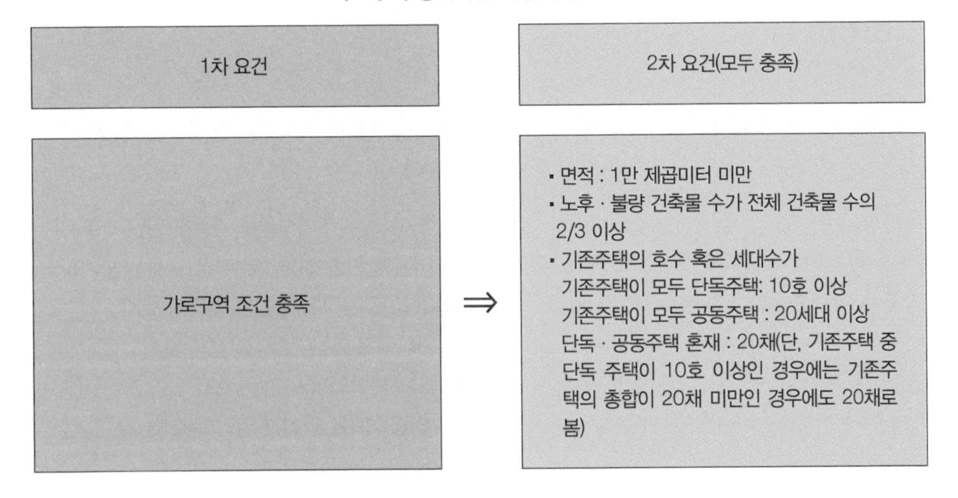

Q 소규모 재건축사업의 요건은?

소규모 재건축사업을 시행할 수 있는 대상지역이 되기 위해서는 자율주택 정비사업이나 가로주택 정비사업과 마찬가지로 2차 요건을 충족하여야만 합니다.

소규모 재건축사업을 시행할 수 있는 대상지역이 되기 위해서는 자율주택 정비사업이나 가로주택 정비사업과 마찬가지로 2차 요건을 충족하여야만 합니다.

1차 요건은 '도시 및 주거환경 정비법' 제2조 제7호의 주택단지라는 조건을 충족하는 것입니다. 여기서 또 익숙하지 않은 용어가 튀어나왔네요. 어떻게 할까요? 네. 그렇죠. 법제처 홈페이지에 접속해서 도시 및 주거환경 정비법을 검색해 보면 금방 알 수 있겠죠?

잠깐 Tip

주택단지

"주택단지"란 주택 및 부대시설 · 복리시설을 건설하거나 대지로 조성되는 일단의 토지로서 다음 각 목의 어느 하나에 해당하는 일단의 토지를 말한다.

가. 「주택법」에 따른 사업계획승인을 받아 주택 및 부대시설·복리시설을 건설한 일단의 토지
나. 가목에 따른 일딘의 토지 중 「국토의 계획 및 이용에 관한 법률」에 따른 도시 · 군계획시설인 도로나 그밖에 이와 유사한 시설로 분리되어 따로 관리되고 있는 각각의 토지
다. 가목에 따른 일단의 토지 둘 이상이 공동으로 관리되고 있는 경우 그 전체 토지
라. 도시 및 주거환경 정비법에 따라 분할된 토지 또는 분할되어 나가는 토지
마. 「건축법」에 따라 건축허가를 받아 아파트 또는 연립주택을 건설한 일단의 토지

그다지 중요한 내용은 아닌 것 같군요. 말 그대로 사업계획승인을 받아 건설한 아파트 단지여야 한다는 정도로 이해하면 될 것 같습니다. 따라서 1차 요건은 아파트 단지여야 하는 것 정도로만 이해하셔도 될 것 같습니다.

2차 요건은 면적이 1만m^2 미만이면서 노후 · 불량 건축물의 수가 전체 건축물 수의 2/3이상이고, 기존주택의 세대수가 200세대 미만이어야 한다는 것인데요. 1차 요건과 2차 요건을 종합하면 소규모 재건축사업을 시행하기 위해서는 주택단지이고 부지면적은 1만m^2 미만이어야 하며, 노후 · 불량 건축물이 전체 건축물 수의 2/3 이상이면서 세대수도 200세대 미만이어야 한다는 결론을 내릴 수 있겠네요.

다만, 주택단지에 위치하지 않는 토지 또는 건축물이 첫째, 진입도로 등 정비기반시설 및 공동이용시설의 설치에 필요한 토지 또는 건축물이거나, 둘째, 건축행위가 불가능한 토지 또는 건축물중 어느 하나에 해당되는 경우 주택단지 면적

의 100분의 20 미만의 범위 내에서 해당 토지 또는 건축물을 포함하여 사업시행이 가능하다는 점도 기억해주세요

소규모 재건축사업 대상지역 요건

1차 요건		2차 요건(모두 충족)
주택단지	⇒	▪ 해당 사업시행구역의 면적이 1만 제곱미터 미만일 것 ▪ 노후 · 불량 건축물의 수가 해당 사업시행구역 전체 건축물 수의 3분의 2 이상일 것 ▪ 기존주택의 세대수가 200세대 미만일 것 ▪ 단, 주택단지에 위치하지 않는 토지 또는 건축물로 다음의 하나에 해당되고 사업시행상 불가피한 경우에는 주택단지 면적의 100분의 20 미만의 범위 내에서 해당 토지 또는 건축물을 포함하여 사업시행이 가능 1. 진입도로 등 정비 기반시설 및 공동이용 시설의 설치에 필요한 토지 또는 건축물 2. 건축행위가 불가능한 토지 또는 건축물

잠깐 Tip

소규모 주택 정비사업의 종류 및 특징 요약

구분	자율주택 정비사업	가로주택 정비사업	소규모 재건축사업
대상	단독 · 다세대주택	단독주택 + 공동주택	공동주택 (사업시행상 필요시 단지外 건축물 포함)
정의	단독주택, 다세대주택을 자율적으로 개량 · 정비	가로구역에서 종전의 가로를 유지하며 소규모로 주거환경 개선	정비 기반시설이 양호한 지역에서 공동주택 재건축

규모 (시행령)	(단독) 10호 미만 (다세대) 20세대 미만 (단독 호수 · 다세대 세대수 합산) 20 미만	(단독) 10호 이상 (다세대) 20세대 이상 (단독 호수 · 다세대 세대수 합산) 20 이상 * 합산 20미만 이어도 단독만 10호 이상 가능	노후 · 불량 건축물* 200세대 미만 * ① 20년~30년(조례)이 지난 공동주택 ②기간과 무관하게 안전상 문제 있는 공동주택
	면적제한 없음	1만 제곱미터 미만 *소규모 재건축은 예외적으로 요건 충족 시 주택단지 면적의 100분의 20 미만의 범위 내에서 편입 가능	
시행 방법	건축허가, 건축협정 등으로 노후주택을 보전 · 정비하거나 개량	가로구역에서 사업시행인가에 따라 주택 등을 건설 · 공급	사업시행인가에 따라 소규모 공동주택을 재건축
시행자	토지등소유자 (주민합의체)	토지등소유자 (주민합의체) 또는 조합	
공동 시행자	시장 · 군수 등 + 토지주택공사 등 + 건설업자 + 신탁업자 + 리츠		
공공시행조건	–	안전사고 우려 시 시장 · 군수등(+토지주택공사 등)	
인허가 의제	건축허가 및 건축협정	사업계획승인 등	사업계획승인 등
절차	시행자 → 건축심의(필요 시 도시계획 등과 통합심의) → 사업시행인가 → 착공 및 준공		
특례	– 건축규제의 완화 등에 관한 특례 · 조경 기준, 대지안의 공지 기준, 건축물 높이제한 등 · 부지 인근에 노외 주차장 확보 시 주차장 설치기준 완화, 공동이용시설 · 주민공동시설 용적률 완화 – 임대주택* 건설에 따른 특례 : 용적률 법적상한 적용, 주차장 기준 완화 * 의무임대 기간 8년 이상이고, 임대료 · 인상률 제한 및 주택기금지원을 받는 임대주택 및 공공 임대주택		
지원	– 임대관리업무의 지원 : 임차인 모집 · 입주 및 명도 · 퇴거, 임대료의 부과 · 징수 등 – 기술지원 및 정보제공 : 주택의 설계, 철거 · 시공, 유지 관리(의무대상 제외) 등		

*2019년 변경 시행되고 있음

자료 : 국토해양부(www.molit.go.kr)

왜 가로주택 정비사업, 소규모 주택 재건축에 주목해야 할까?

도심재생 뉴딜사업의 핵심 축 가운데 하나가 소규모 주택 정비사업이고 소규모 주택 정비사업은 다시 자율주택 정비사업, 가로주택 정비사업, 소규모 재건축 사업으로 세분됩니다. 이 중에서 우리가 주목해야 할 것은 단연코 가로주택 정비사업과 소규모 재건축사업이 아닐까요?

왜 그런 생각을 하냐고요? 가로주택 정비사업, 소규모 재건축사업이 갖고 있는 몇 가지 특징을 살펴 보면 왜 우리가 가로주택 정비사업과 소규모 재건축사업에 주목해야 하는지를 보다 분명하게 이해할 수 있습니다.

신속한 사업추진이 가능

가로주택 정비사업과 소규모 재건축사업은 '도시 및 주거환경 정비법'에 의해 시행되는 재개발 정비사업이나 재건축 정비사업에 비해 비교할 수 없을 정도로 신속한 사업추진이 가능하다는 장점이 있습니다. 재개발이나 재건축을 추진한지

10여년이 되었음에도 불구하고 어렵사리 조합설립인가를 받은 사업장도 있습니다. 아니 어쩌면 조합설립인가라도 받은 사업장은 그나마 사정이 좀 나은 곳 일지도 모릅니다. 몇 년을 노력했음에도 조합설립인가도 받지 못하고 추진위원회 단계에서 사업을 접어야 했던 아픈 경험을 갖고 있는 지역들도 참 많기 때문입니다. 이런 현상이 발생하는 원인은 모두 재개발, 재건축이 오랜 시간을 요하는 사업이라는 점에서 찾을 수 있습니다.

그런데 가로주택 정비사업이나 소규모 재건축사업은 재개발이나 재건축 사업에 비해 엄청나게 빠르게 사업추진이 가능합니다. 얼마나 빠르냐고요? 자세한 내용은 바로 이어서 설명을 하겠지만 아주 단순하게 말하면 이렇습니다.

첫째, 가로주택 정비사업과 소규모 재건축사업은 별도의 구역 지정이 필요 없습니다. 예를 들어 재개발 사업장을 생각해 보죠. 상당히 복잡다단한 구조로 사업이 진행됩니다. 정비예정구역으로 지정을 받고 그 이후 정비구역 지정을 받아야만 재개발 정비사업을 진행할 수 있습니다. 경험적으로 이 과정에 소요되는 기간만 수년입니다. 그 기간을 단축할 수 있는 것이 바로 가로주택 정비사업과 소규모 재건축사업입니다.

둘째, 사업특성에 맞게 불필요한 절차를 생략하다 보니 사업소요 기간이 짧습니다. 가로주택 정비사업과 소규모 재건축사업은 사업절차가 매우 단순합니다. 전체 사업절차가 "조합설립을 위한 준비 → 조합설립인가 → 건축심의 → 사업시행계획인가 → 착공 → 준공 및 입주 → 청산"의 과정뿐입니다. 그렇기 때문에 특별한 문제만 없다면 조합설립인가 시점부터 준공 및 입주시점까지 3년~3년 6개월 정도면 마무리 할 수 있습니다. 통상적으로 재개발이나 재건축 사업이 8~12

년 정도 소요된다는 점을 감안할 때 엄청난 수준이 아닐까요?

셋째, 이 것은 덤의 성격이기는 합니다만 신속한 사업추진의 결과로 투자금의 회수 역시 신속합니다. 투자금이 오랜 기간 묶이다 보면 여러 가지 투자위험에 노출될 가능성도 커지게 됩니다. 그런데 가로주택 정비사업이나 소규모 재건축 사업은 그 위험을 최소화 할 수 있는 투자대상이 되어줄 수 있는 것입니다. 신속한 사업추진이 가져다주는 바람직한 덤이라고 보면 어떨까요?

기반시설이 갖추어진 도심이 사업대상지

가로주택 정비사업과 소규모 재건축사업의 주 타깃은 구도심입니다. 그런데 구도심은 기반시설이 비교적 잘 갖춰져 있는 경우가 대부분입니다. 가로주택 정비사업이 가로구역 요건을 충족하고 있는 곳을 대상으로 시행하는 사업이라는 점, 소규모 재건축사업이 정비 기반시설이 양호한 지역에서 공동주택을 재건축하는 사업임을 다시 한번 상기해주시기 바랍니다. 기반시설이 잘 갖춰져 있는 곳에 새 아파트가 들어서게 되면 어떻게 될까요? 주거환경이 개선되고 활력이 생기면서 전체적으로 긍정적인 변화가 생기지 않을까요? 이런 변화가 부동산 가치 상승으로 연결된다면 지극히 자연스러운 현상이 아닐까요? 가로주택 정비사업이나 소규모 재건축사업은 기반시설이 일정수준 이상 갖춰져 있는 구도심을 대상으로 하는 사업인데 이런 특징이 투자자들에게 매력적인 요인이 아니라면 도대체 어떤 것이 매력적인 요인이 될 수 있을까요?

모든 조합원의 디벨로퍼화

가로주택 정비사업조합, 소규모 재건축사업은 1만m^2 미만의 면적에서 시행되는 사업입니다. 따라서 조합원도 소규모 재건축사업의 경우 최대 200명 미만이고 통상적인 가로주택 정비사업은 100인 미만인 경우가 대부분입니다. 이것은 무엇을 의미하는 것일까요? 재개발이나 재건축처럼 '막대한 개발이익'을 기대하기 어렵다는 것만을 의미하는 것일까요? 아닙니다. 그것보다는 오히려 수익이라는 관점에서만 접근하면 안 된다는 것을 의미하는 것입니다. 꼼꼼하게 짚어보지 않으면 특히 간과하기 쉬운 가로주택 정비사업, 소규모 재건축사업만의 장점이 있기 때문입니다. 그렇다면 그 꼼꼼히 짚어 보지 않으면 간과하기 쉬운 장점은 과연 어떤 것일까요?

역설적이게도 가로주택 정비사업이나 소규모 재건축사업의 숨겨진 장점은 사업 주체인 조합원 수, 그것도 대부분 100인(소규모 재건축사업인 경우 200세대)이 채 되지 않은 작은 규모의 조합원 수에서 찾을 수 있습니다. 무슨 말이냐고요? 조합원이 수백 명, 수천 명에 이르는 재개발 · 재건축 사업은 개별 조합원들이 자신들의 목소리를 사업에 반영하기 어려운 구조입니다. 전체적인 사업일정이나 분위기를 따라가는 정도에 불과한 경우가 대부분이죠. 하지만 가로주택 정비사업이나 소규모 재건축사업은 조합원수가 재개발, 재건축 사업에 비해 매우 적기 때문에 개별 조합원들의 의견이나 목소리가 조합운영에 신속하게 반영되기 쉬운 구조입니다. 조합원 각자가 자신이 꿈꾸고 바라는 방향을 제시하는 것은 물론 그 의사결정에 적극적으로 참여하여 전체적으로 바람직한 결과를 도출해낼 수 있다는 뜻이죠.

이뿐만이 아닙니다. 가로주택 정비사업, 소규모 재건축사업은 주택도시보증공사(HUG)로부터 초기 사업비(총사업비의 5%, 최대 15억 원)는 물론 총사업비의 50%(공적임대공급시는 70%)까지 연 1.5%(변동금리)의 저금리로 융자를 받을 수 있습니다. 재개발, 재건축에 비해 사업 규모가 작아 일반분양분이 많지 않다는 점, 많지 않은 일반분양이 사업성을 떨어뜨려 결국 시공사의 참여가 어렵다는 점을 감안해 공기업인 주택도시보증공사가 직접 나서 가로주택 정비사업과 소규모 재건축사업에 대한 자금지원을 하고 있는 것입니다. 이로써 소규모 사업장이라는 한계를 일정 부분 극복한 것은 물론 초기 투자자금에 대한 부담을 완전히 제거한 것이죠. 이런 장점 덕분에 개별 조합원들은 모두 일종의 디벨로퍼의 역할을 수행할 수 있게 되는 것입니다. 그야말로 모든 조합원의 디벨로퍼화가 가능한 것인데요. 재개발, 재건축 사업에서는 사실상 불가능한 역할을 하는 것이죠.

투자자금이 작아 실수요와 투자라는 두 마리 토끼를 모두 잡을 수 있다!

수억 원의 투자자금이 필요한 것이 바로 재개발, 재건축 정비사업 투자입니다! 물론 전세를 끼고 재개발, 재건축 물건을 구입하게 될 경우 초기투자비를 많이 줄일 수는 있습니다. 그러나 언제 투자금액이 투입되느냐가 문제일 뿐 결국 막대한 투자자금이 필요합니다. 일반적으로 투자자들이 선뜻 '도시 및 주거환경 정비법'에 따른 재개발이나 재건축 사업대상지역에 투자하지 못하는 이유도 여기에 있습니다.

이에 비해 가로주택 정비사업이나 소규모 재건축사업은 투자자금이 재개발,

재건축 사업에 비해 매우 작습니다. 실제로 수도권 소규모 주택 정비사업이 진행되고 있는 사업장을 방문해보면 실투자금액이 몇 천 만 원 수준인 곳도 어렵지 않게 만나볼 수 있습니다. 구도심지역이 투자대상이기 때문입니다. 게다가 사업 규모도 크지 않습니다. 이런 조건이다 보니 투기수요가 개입될 여지도 거의 없다시피 합니다. 물론 재개발, 재건축 과정에서 발생하게 되는 개발이익에 비해 가로주택 정비사업이나 소규모 재건축사업 과정에서 기대할 수 있는 개발이익의 규모는 현저히 작은 것이 사실입니다. 개발이익은 사업대상지역의 규모가 크고 조합원 수에 비해 일반분양물량이 크면 클수록 커지는 구조를 갖고 있기 때문입니다.

잠깐 Tip

일반분양물량

가로주택 정비사업이나 소규모 재건축사업 대상지역에서 공급되는 전체 아파트에서 조합원, 임대주택(공급하는 경우) 공급물량을 제외하고 일반에게 분양되는 물량

그러나 바로 그런 이유 때문에 가로주택 정비사업이나 소규모 재건축사업에는 가격거품이 거의 없습니다. 당연히 투자자금도 재개발, 재건축 사업에 비해 소액이 될 수밖에 없죠. 그렇기 때문에 투자대상지역을 꼼꼼하게 분석하고 선정한다면 작은 투자자금으로도 얼마든지 실수요는 물론 알찬 투자수익까지 덤으로 얻을 수 있을 것으로 예상해도 좋은 투자대상이 바로 가로주택 정비사업과 소규모 재 건축사업인 것입니다.

소규모 주택 정비사업과 재개발 · 재건축 정비사업 추진 절차 이렇게 달라요

앞서 우리는 가로주택 정비사업이나 소규모 재건축사업과 재개발, 재건축 정비사업이 사업진행 속도 측면에서 큰 차이가 있을 수밖에 없음을 살펴 보았습니다. 가로주택 정비사업과 소규모 재건축사업에서는 사업추진 절차가 재개발, 재건축에 비해 상당히 간소화되었기 때문이죠. 그냥 말로만 절차가 간소화되었다고만 하면 실감이 잘 안 나는 법이죠. 그래서 재개발 · 재건축 정비사업의 사업추진 절차를 살펴 볼 필요가 있습니다.

재개발 · 재건축 정비사업 추진 절차

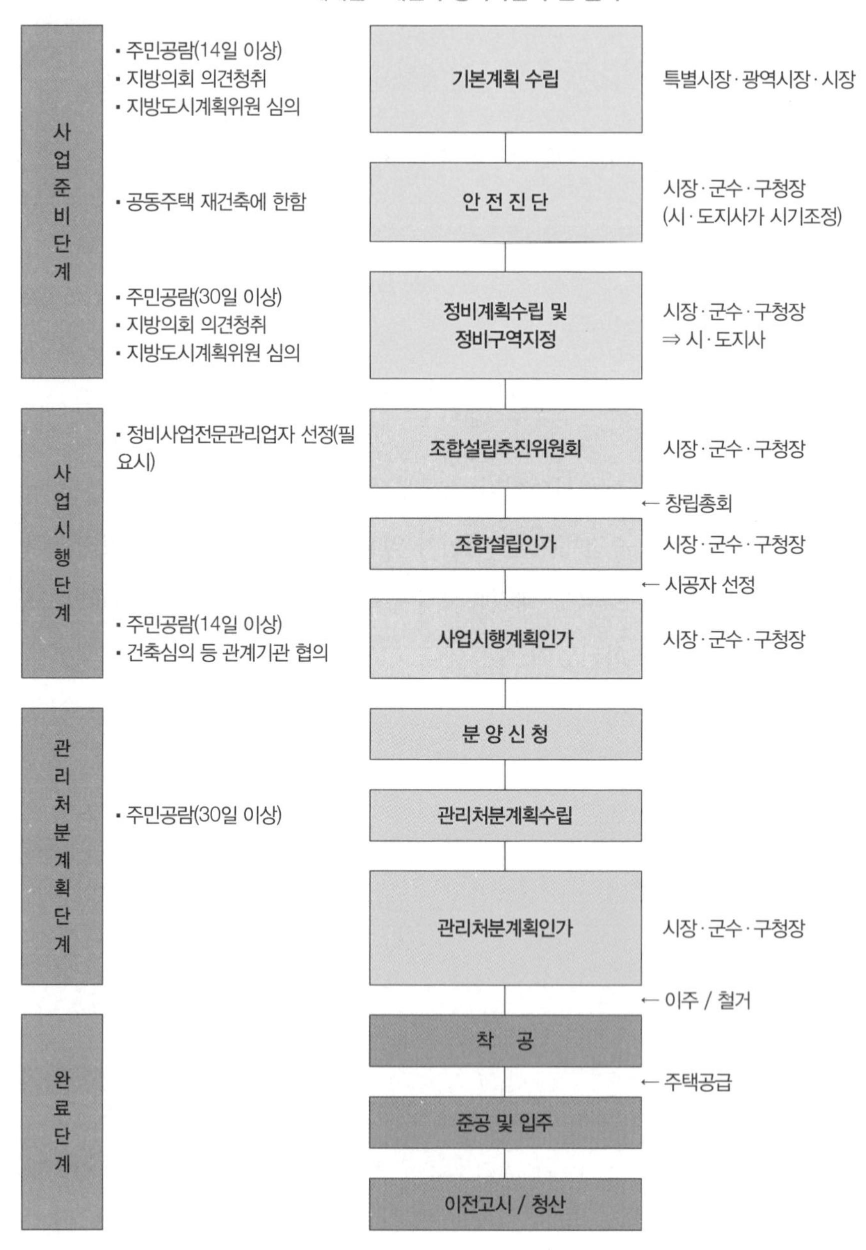

Q. 재개발 · 재건축 정비사업 추진 절차

한눈에 보기에도 복잡해 보이죠? 그렇습니다. 막상 재개발이나 재건축 정비사업을 진행하고 있는 사업장을 방문해 보면 위 그림에서 살펴 본 절차 외에도 각각의 절차 내에서도 무수하게 많은 세분 절차와 과정을 거쳐야 한다는 사실을 알 수 있답니다. 재개발·재건축 정비사업은 보통 조합설립인가 시점부터 집중적인 조명을 받게 됩니다. 이 시점부터는 나름대로 재개발·재건축 정비사업부터 기대할 수 있는 수익이 얼마나 될 것인지에 대한 예측이 일정 수준 이상 가능하기 때문이죠.

재개발·재건축 정비사업의 사업소요 기간을 보면 재개발·재건축 정비사업의 시작을 알리는 정비 기본계획 수립시점부터 조합설립을 위한 준비단계인 조합설립추진위원회 시점까지 대략 2~3년 정도 소요됩니다.

이어서 조합설립인가 후 시공사를 선정하는 단계까지 또 다시 1~2년 정도가 소요되는 것이 보통입니다.

또한, 사업시행인가 시점부터 착공까지 다시 2~3년 정도가 소요되고, 착공 후 주택공급(일반분양)시점부터 이전고시/청산 시점까지 다시 3~4년 정도가 소요됩니다.

따라서 전체 기간은 대략 짧게는 8년에서 길게는 12년 정도가 소요되는 것이죠. 순조롭게 사업이 진행되지 않을 경우 사업시작부터 청산까지 소요되는 기간이 강산이 한 번 변하고도 남는 시간이 소요되는 사업, 그것이 바로 재개발·재건축 정비사업인 것입니다.

통상적인 재개발 · 재건축 정비사업 소요기간은 짧으면 8년 길면 12년이다!!!

소규모 주택 정비사업 추진 절차

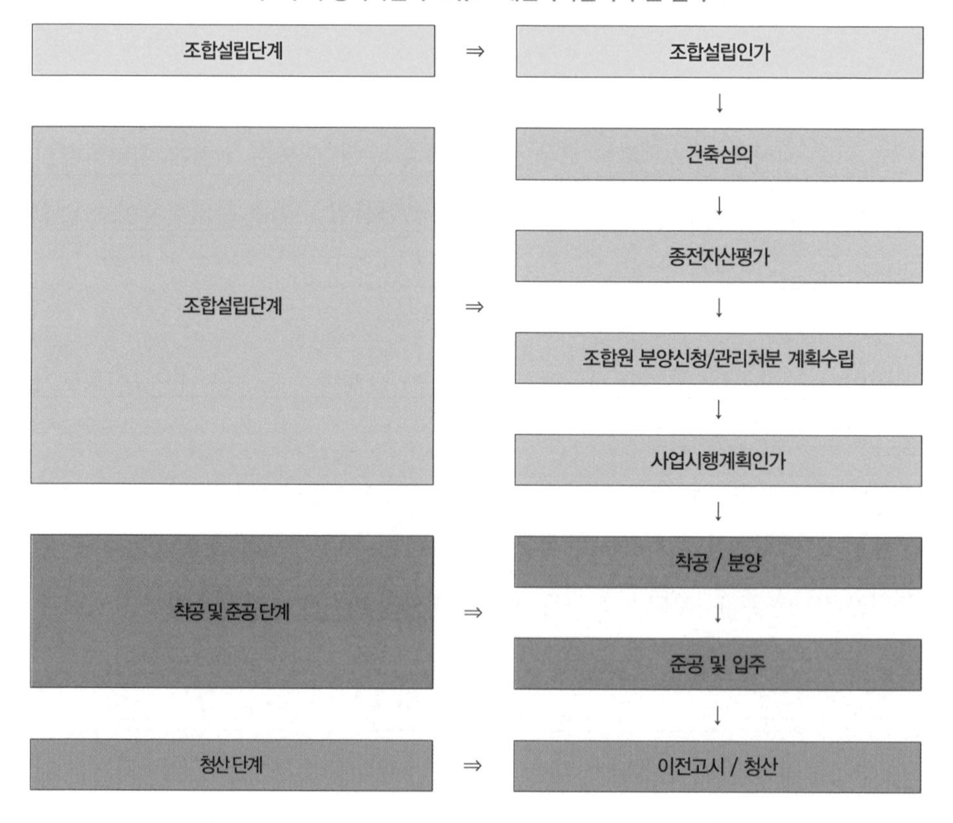

그렇다면 소규모 주택 정비사업인 가로주택 정비사업과 소규모 재건축사업의 추진 절차는 어떨까요? 또한 시작부터 청산시점까지 어느 정도의 시간이 소요될까요?

놀라지 마세요. 조합설립 시점부터 사업시행계획인가 시점까지 소요 기간이 통상 10개월~12개월에 불과합니다.

가로주택 정비사업의 신속한 사업진행 사례

고 시

인천광역시남동구고시제2018-17호

우정아파트 가로주택정비사업
사업시행인가 고시

2017년 3월 8일 자로 가로주택정비사업 조합설립인가를 득한 우정아파트 가로주택정비사업에 대하여 『도시 및 주거환경정비법』 제28조 제1항에 따라 사업시행 인가하고, 같은 법 제28조 제4항 및 같은 법 시행규칙 제9조 제3항에 의거 이를 고시합니다.

2018년1월30일

인천광역시남동구청장

1. 정비사업의 종류 및 명칭 : 우정아파트 가로주택정비사업
2. 정비구역의 위치 및 면적
   가. 위치 : 인천광역시 남동구 구월로265번길 12-3 (구월동 341-10)
   나. 면적 : 3,087㎡
3. 사업시행자의 성명 및 주소
   가. 법인의 명칭 : 우정아파트 가로주택정비사업조합
   나. 법인의 주소 : 인천광역시 남동구 구월로265번길 12-3, 4동 101호
   다. 대표자 성명 : 오양석
   라. 대표자 주소 : 인천광역시 남동구 구월로265번길 12-3, 3동 206호 (구월동 우정아파트)
4. 정비사업의 시행기간 : 사업시행인가일로부터 36개월
5. 사업시행인가일 : 2018년 1월 29일

위의 우정아파트 가로주택 정비사업의 경우는 '빈집 및 소규모 주택정비에 관한 특례법'이 아닌 '도시 및 주거환경 정비법'에 따라 사업을 진행하여 사업시행인가를 받았습니다. 그래서 '관리처분계획인가'를 별도로 거쳐야 했습니다. 기간은 좀 더 소요되었죠. 하지만 그렇다 해도 6개월 남짓 차이에 불과합니다.

한편, 착공 후 준공 및 이주까지는 20개월 정도가 소요될 것입니다. 세대수가 많지 않기 때문에 공사기간이 길지 않아서죠. 그 다음으로 이전고시 및 청산까지 다시 1년 정도가 소요됩니다. 결국 위 사례를 기준으로 전체 소요기간 즉, 처음 사업을 시작해서 청산까지 소요되는 기간을 따져보니 48개월~50개월 정도에 불과합니다. 4년~4년 2개월에 불과한 것입니다. 만약 이전고시/청산에 소요되는 기간(1년)을 제외한다면 3년~3년 2개월이 됩니다.

가로주택 정비사업과 소규모 주택 정비사업의 시작시점부터 준공 및 입주시점까지의 소요기간은 여유 있게 3년 6개월이면 충분하다!

좀 더 보수적으로 잡을 경우 3년 6개월 정도면 준공 및 입주가 가능한 것이 가로주택 정비사업과 소규모 재건축사업입니다. 모두 절차가 매우 간소화된 덕분이죠. 재개발이나 재건축 정비사업과 비교해 보시죠. 3년 6개월 VS 8년 ~10년!

이제 좀 감이 오시나요?

소규모 주택 정비사업의 사업성은?

재개발, 재건축 혹은 소규모 주택 정비사업이든 사업성이 없다면 사업추진 자체가 아무 의미가 없습니다. 아무리 노력을 해도 적자 볼 것이 뻔한 사업을 추진한다면 바보가 아닐까요? 그래서 소규모 주택 정비사업 역시 사업성이 그 무엇보다 중요합니다.

사업성이라는 측면에서 볼 때 소규모 주택 정비사업이 '도시 및 주거환경 정비법'에 따른 재개발 · 재건축 정비사업에 비해 비교 우위에 있다고 단언할 수 있는 부분은 단연 신속한 사업진행이 가능하다는 점입니다. 이 부분은 바로 앞에서 이미 살펴 보았으니 따로 언급하지는 않아도 되겠죠? 혹시 모르니 간단히 짚어보겠습니다

소규모 주택 정비사업은 정비기본계획 수립, 정비구역 지정, 추진위원회 설립 등 복잡한 절차가 생략되고 곧바로 조합설립을 할 수 있도록 규정하고 있습니다. 재개발 · 재건축 정비사업에 비해 사업기간 단축이 가능한 것이죠. 사업기간 단축은 각종 비용을 최소화할 수 있도록 해줍니다. 사업비 절감이 가능해지는 것이죠.

사업기간 단축을 통한 비용(사업비)의 최소화

대표적으로 사업기간이 짧아지면 사업을 위해 조달한 대출금을 사용하는 기간도 짧아지니 대출이자를 절감할 수 있습니다. 뿐만 아니라 전체 사업비의 약 70%를 차지하는 시공비(건설비) 최소화도 가능해지죠. 착공시점이 뒤로 늦춰질수록 건축원가 상승분을 시공비(건설비)에 반영해야만 하는데 사업기간이 단축되니 당초 계획한대로 착공을 할 수 있게 되고 그에 따라 시공비(건설비) 상승도 최대한 억제할 수 있게 되는 것이죠. 시공비(건설비)나 대출이자와 같은 금융비용, 조합운영에 소요되는 비용 등 사업진행을 위해 지출하는 비용들은 모두 조합원들이 부담해야 되는 사업비에 속합니다. 신속한 사업진행이 경쟁력이 되는 이유, 이제 이해가 되시나요?

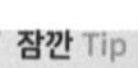

기부채납

기부채납이란 국가 또는 지방자치단체가 무상으로 사유재산을 받아들이는 것을 말하며, 여기서의 채납은 가려서 받아들인다는 의미를 지닌다. 기부채납을 받는 경우 총괄청 및 관리청은 재산의 표시, 기부의 목적, 재산의 가격, 소유권을 증명할 수 있는 서류 등 제반사항을 기재한 기부서를 받아야 한다.

자료 : 서울도시계획 포털(urban.seoul.go.kr)

신속한 사업진행이 가능하다는 점 외에 '도시 및 주거환경 정비법'에 따른 재개발, 재건축 정비사업에 비해 소규모 주택 정비사업이 사업성 측면에서 유리한 점은 정비 기반시설 조성을 위한 기부채납이 적다는 점을 들 수 있습니다. 잠깐!

기부채납? 이 개념은 뭘까요? 짚어보고 넘어가는 것이 좋겠죠?

왜 기부채납을 하는지 글로 풀어쓴 것만 가지고는 이해하기 다소 어렵죠? 그림을 통해 좀 더 쉽게 기부채납을 이해해 보도록 하죠.

기부채납 예시

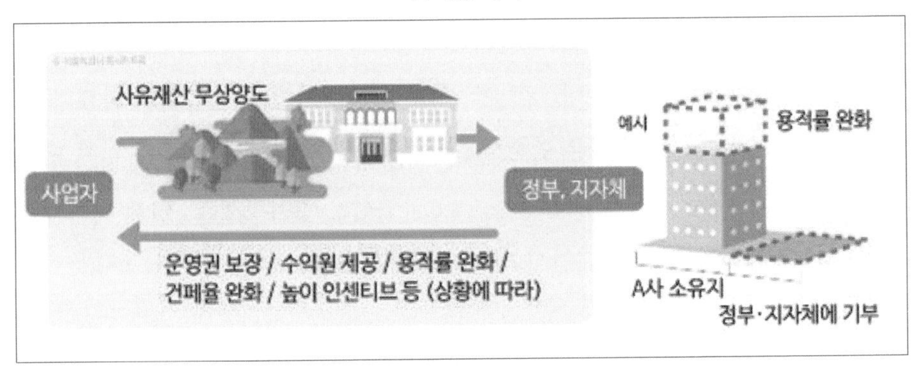

자료 : 서울도시계획 포털(urban.seoul.go.kr)

사유재산을 국가 등에 무상으로 기부하고 용적률 완화, 건폐율 완화, 높이 인센티브 등을 받는 경우 기부채납이 발생하게 되는 것이죠. 재개발이나 재건축 정비사업은 정도의 차이만 있을 뿐 기부채납을 하게 됩니다. 그런데 기부채납은 어찌되었든 무상으로 보유한 부동산을 정부나 지자체에 제공하는 것이고 그 부담은 조합원들이 나눠서 갖게 됩니다. 당연히 사업성을 떨어뜨리는 요인이 되죠. 그렇기 때문에 기부채납이 많으면 그만큼 사업성도 떨어지게 되는 것 입니다.

다음은 서울시의 J주택 재개발 정비사업의 토지이용계획입니다. 도로와 어린이공원이라는 정비 기반시설 조성을 위해 전체 토지의 29.3%(8,240㎡)를 기부채납해야 합니다.

서울의 J 주택 재개발 정비사업 토지이용계획

구분	명칭	면적(㎡)	비율(%)	비고
합계		28,165.40	100	
정비기반 시설 등	도 로	5,695.10	20.3	무상귀속
	어린이공원	2,545.00	9.0	무상귀속
	소 계	8,240.10	29.3	

기부채납하는 토지는 도로나 어린이 공원 등으로 사용해야 하니 아파트나 상가를 건축할 수는 없겠죠? 땅은 있으나 그 위에 건물을 지어 분양할 수 없는 땅이 되는 것입니다. 이런 땅이 많으면 많을수록 사업성은 떨어지겠죠? 이제 기부채납이 왜 사업성을 떨어뜨리는 요인이 되는지 이해되셨죠?

그런데 소규모 주택 정비사업은 기부채납 면적이 재개발이나 재건축 정비사업에 비해 아주 작거나 없습니다. 가로주택 정비사업은 1차적으로 가로구역이라는 조건을 충족하는 곳이 사업대상지역이 될 수 있습니다. 소규모 재건축사업은 정비 기반시설이 양호한 지역에서 공동주택을 재건축하는 사업입니다. 모두 정비 기반시설이 상대적으로 양호한 조건을 갖춘 곳에서 시행되는 사업이라는 공통점이 있습니다. 이런 이유로 도로 등 정비 기반시설의 조성을 위한 기부채납 면적도 없거나 거의 없고, 있다 해도 사업성에 큰 영향을 주지 않는 수준에 그치는 것입니다. 그렇다면 실제로는 어떨까요? 소규모 주택 정비사업은 기부채납이 사업성을 떨어뜨리는 요인이 아닐까요? 이에 대한 답은 실제 사례를 통해 찾아보는 것이 가장 좋습니다.

다음은 서울특별시 강서구 소재 한 가로주택 정비사업의 '사업시행인가 고시' 중에서 '정비 기반시설 및 토지 등의 귀속에 관한 사항' 항목을 발췌한 것이다. 이 부분이 바로 기부채납과 관련된 부분이기 때문에 발췌한 것이니 참고하세요.

서울의 D 가로주택 정비사업 사업시행인가 고시 중
'정비 기반시설 및 토지 등의 귀속에 관한 사항'

구분	규모						위치	
	등급	류별	번호	폭원(m)	연장(m)	면적(㎡)	기점	종점
도로								
	소계						해당없음	

위의 자료를 보니 정비 기반시설 조성을 위한 기부채납 면적이 전혀 없음을 확인할 수 있습니다. 또한, 앞서 살펴본 재개발 사업장과 기부채납이라는 측면에서 많은 차이가 있음도 알 수 있습니다. 바로 이런 점이 소규모 주택 정비사업의 사업성을 보완해주는 요인이라고 할 수 있습니다.

소규모 주택 정비사업의 사업성 개선을 위한 규제완화 및 금융지원

소규모 주택 정비사업은 재개발이나 재건축 정비사업에 비해 규모 측면에서 볼 때 소규모입니다. 그렇기 때문에 자체로는 사업성이 부족한 경우가 많죠. 그래서 '빈집 및 소규모 주택정비에 관한 특례법'은 건축 관련 규제완화와 금융지원을 통해 부족한 사업성을 확보할 수 있도록 지원하고 있습니다.

건축규제의 완화의 특례

우선 건축규제의 완화는 소규모 주택 정비사업의 사업성 제고에 매우 중요한 부분입니다. 여기에는 건축법에 따른 대지의 조경기준, 건폐율, 대지안의 공지기준, 건축물의 높이제한, 주택법에 따른 부대시설 및 복리시설의 설치기준, 주차장 설치기준 등에 대한 완화가 있습니다.

건축규제의 완화 등에 관한 특례

빈집 및 소규모 주택정비에 관한 특례법

제48조(건축규제의 완화 등에 관한 특례)

① 사업시행자는 가로주택 정비사업으로 건설하는 건축물에 대하여 다음 각 호의 어느 하나에 해당하는 사항은 대통령령으로 정하는 범위에서 지방건축위원회의 심의를 거쳐 그 기준을 완화받을 수 있다.

1. 「건축법」 제42조에 따른 대지의 조경기준
2. 「건축법」 제55조에 따른 건폐율의 산정기준(경사지에 위치한 가로구역으로 한정한다)
3. 「건축법」 제58조에 따른 대지 안의 공지기준
4. 「건축법」 제60조 및 제61조에 따른 건축물의 높이 제한
5. 「주택법」 제35조 제1항 제3호 및 제4호에 따른 부대시설 및 복리시설의 설치기준
6. 제1호부터 제5호까지에서 규정한 사항 외에 사업의 원활한 시행을 위하여 대통령령으로 정하는 사항

② 사업시행자는 소규모 주택 정비사업의 시행으로 건설하는 건축물에 공동이용시설 및 「주택법」 제2조 제14호에 따른 복리시설로서 대통령령으로 정하는 공동시설 (이하 이 조에서 "공동이용시설등"이라 한다)을 설치하는 경우에 「국토의 계획 및 이용에 관한 법률」 제78조에 따라 해당 지역에 적용되는 용적률에 공동이용 시설 등에 해당하는 용적률을 더한 범위에서 시 · 도 조례로 정하는 용적률을 적용받을 수 있다.

③ 시장 · 군수 등은 사업시행자가 소규모 주택 정비사업의 시행으로 건설하는 건축물에 대하여 대통령령으로 정하는 범위에서 「주차장법」 제2조 제1호에 따른 노상 주차장 및 노외 주차장을 사용할 수 있는 권리(이하 "주차장 사용권"이라 한다)를 확보하는 경우 그에 상응하는 범위에서 주차장 설치기준을 완화할 수 있다.

④ 제3항에 따른 주차장 사용권의 확보를 위한 방법 및 절차, 비용의 산정기준 및 감액기준 등에 필요한 사항은 시 · 도 조례로 정한다.

건축법에 따른 대지의 조경기준을 완화하면 사업성이 개선되는 효과가 있습니다. 가로주택 정비사업이 이에 해당되는데요. 우리 건축법 제42조 ①항은 다음과 같이 대지의 조경기준을 규정하고 있습니다.

면적이 200제곱미터 이상인 대지에 건축을 하는 건축주는 용도지역 및 건축물의 규모에 따라 해당 지방자치단체의 조례로 정하는 기준에 따라 대지에 조경이나 그밖에 필요한 조치를 하여야 한다. 다만, 조경이 필요하지 아니한 건축물로서 대통령령으로 정하는 건축물에 대하여는 조경 등의 조치를 하지 아니할 수 있으며, 옥상 조경 등 대통령령으로 따로 기준을 정하는 경우에는 그 기준에 따른다.

아파트나 상가를 건축해야 하는 토지에 조경을 해야 한다면 건축 가능한 토지 면적이 줄어들지 않겠습니까? 그래서 대지의 조경기준을 완화하면 건축 가능한 토지면적이 증가해 사업성이 개선되는 것이랍니다. 대지의 조경기준 완화가 가로주택 정비사업의 사업성 확보에 도움이 되는 이유인 것이죠.

건폐율 완화의 특례

다음으로 건폐율의 완화 역시 가로주택 정비사업의 사업성 확보에 도움이 되는 것입니다. 건폐율은 대지면적에 대한 건축면적의 비율을 말하죠. 예를 들어 대지 500㎡가 있고 건폐율이 50%라면 건축면적은 250㎡가 되는 것이죠.

만일 건폐율이 60%라면 50%일 때에 비해 50㎡를 더 건축할 수 있습니다. 즉, 똑같은 대지면적임에도 불구하고 50㎡가 늘어난 300㎡를 건축할 수 있으니 그만큼 분양수입이 늘어나겠죠.

건폐율 50%

건물 250㎡

대지 500㎡

대지안의 공지기준 완화의 특례

이번에는 대지안의 공지기준 완화를 살펴 보죠. 대지안의 공지기준 완화 역시 가로주택 정비사업의 사업성 제고에 큰 도움이 됩니다. 건축법 58조는 다음과 같이 대지안의 공지기준을 규정하고 있습니다.

> 건축물을 건축하는 경우에는 「국토의 계획 및 이용에 관한 법률」에 따른 용도지역 · 용도지구, 건축물의 용도 및 규모 등에 따라 건축선 및 인접 대지경계선으로부터 6미터 이내의 범위에서 대통령령으로 정하는 바에 따라 해당 지방자치단체의 조례로 정하는 거리 이상을 띄워야 한다. 〈개정 2011. 5. 30.〉

건축선(토지 위에 건축물을 건축하는 경우 건축물을 건축할 수 있는 선) 및 인접 대지경계선으로부터 6m 이내의 범위에서 대통령령으로 정하는 바에 따라 해당 지방자치단체의 조례로 정하는 거리 이상을 띄워야 한다는 것인데요. 좀 더 이해하기 쉽게 말하면 그만큼은 건축을 하지 말고 내버려두라는 것이죠. 그래서 대지안의 공지인 것입니다. 건축 가능한 토지 중 일부를 건축에 사용하지 못하는 것 인만큼 이 공간이 작아지면 작아질수록 사업성은 좋아지게 되죠. 복잡한 것처럼 보이지만 그림을 보면 쉽게 이해할 수 있습니다.

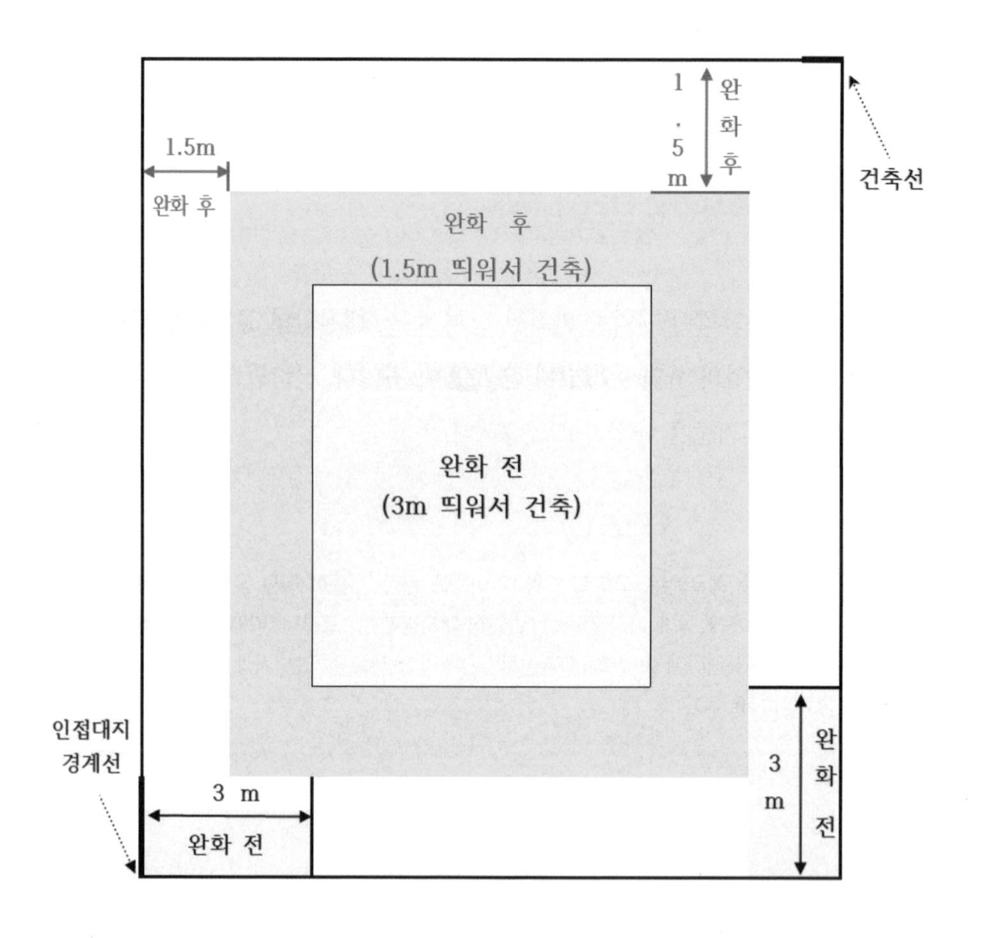

서울시의 경우 아파트를 건축하는 경우 조례로 건축선 및 인접대지 경계선으로부터 3m 이상 띄워서 건축하도록 하고 있습니다. 다음은 이와 관련된 서울시의 조례입니다.

공동주택인 경우 서울특별시의 대지안의 공지 기준

건축선으로부터 건축물까지 띄어야 하는 거리	
공동주택	• 아파트 : 3미터 이상 단, 30세대 미만인 도시형생활주택(원룸형)은 2미터 이상 • 연립주택 : 2미터 이상 • 다세대주택 : 1미터 이상
인접대지 경계선으로부터 건축물까지 띄어야 하는 거리	
공동주택 다만, 상업지역에 건축하는 공동주택으로서 스프링클러나 그밖에 이와 비슷한 자동식 소화설비를 설치한 공동주택은 제외한다.	• 아파트 : 3미터 이상 단, 30세대 미만인 도시형생활주택(원룸형)은 2미터 이상 • 연립주택 : 1.5미터 이상 • 다세대주택 : 1미터 이상

그런데 가로주택 정비사업은 '빈집 및 소규모 주택 정비사업에 관한 특례법 및 동법 시행령'에서 1/2범위 내에서 완화할 수 있도록 하고 있습니다. 따라서 1/2 완화 규정을 적용할 경우 3m가 아닌 1.5m만 띄워서 건축할 수 있게 되는 것입니다. 더 많은 면적을 건축할 수 있게 되는 것이니 사업성이 개선되는 것이 아니겠습니까!

Q 건축물 높이제한 완화의 특례

건축물의 높이제한 완화를 살펴 보면 이 또한 가로주택 정비사업의 사업성 개선에 적지 않은 도움이 된다는 사실을 확인할 수 있답니다. 다음은 건축법의 높이 제한 관련 내용 법규정입니다.

건축법 제60조(건축물의 높이 제한)

① 허가권자는 가로구역[(街路區域): 도로로 둘러싸인 일단(一團)의 지역을 말한다. 이하 같다]을 단위로 하여 대통령령으로 정하는 기준과 절차에 따라 건축물의 높이를 지정 · 공고할 수 있다. 다만, 특별자치시장 · 특별자치도지사 또는 시장 · 군수 · 구청장은 가로구역의 높이를 완화하여 적용할 필요가 있다고 판단되는 대지에 대하여는 대통령령으로 정하는 바에 따라 건축위원회의 심의를 거쳐 높이를 완화하여 적용할 수 있다. 〈개정 2014.1.14〉
② 특별시장이나 광역시장은 도시의 관리를 위하여 필요하면 제1항에 따른 가로구역별 건축물의 높이를 특별시나 광역시의 조례로 정할 수 있다. 〈개정 2014.1.14〉

건축법 제61조(일조 등의 확보를 위한 건축물의 높이 제한)

① 전용주거지역과 일반주거지역 안에서 건축하는 건축물의 높이는 일조(日照) 등의 확보를 위하여 정북방향(正北方向)의 인접 대지경계선으로부터의 거리에 따라 대통령령으로 정하는 높이 이하로 하여야 한다.
② 다음 각 호의 어느 하나에 해당하는 공동주택(일반상업지역과 중심상업지역에 건축하는 것은 제외한다)은 채광(採光) 등의 확보를 위하여 대통령령으로 정하는 높이 이하로 하여야 한다. 〈개정 2013.5.10〉

인접 대지경계선 등의 방향으로 채광을 위한 창문 등을 두는 경우

하나의 대지에 두 동(棟) 이상을 건축하는 경우
③ 다음 각 호의 어느 하나에 해당하면 제1항에도 불구하고 건축물의 높이를 정남(正南)방향의 인접 대지경계선으로부터의 거리에 따라 대통령령으로 정하는 높이 이하로 할 수 있다. 〈개정 2011.5.30, 2014.1.14, 2014.6.3, 2016.1.19, 2017.2.8〉

「택지개발촉진법」 제3조에 따른 택지개발지구인 경우

「주택법」 제15조에 따른 대지조성사업지구인 경우

「지역 개발 및 지원에 관한 법률」 제11조에 따른 지역개발사업구역인 경우

「산업입지 및 개발에 관한 법률」 제6조, 제7조, 제7조의2 및 제8조에 따른 국가산업단지, 일반산업단지, 도시첨단산업단지 및 농공단지인 경우

「도시개발법」 제2조제1항제1호에 따른 도시개발구역인 경우

「도시 및 주거환경정비법」 제8조에 따른 정비구역인 경우

정북방향으로 도로, 공원, 하천 등 건축이 금지된 공지에 접하는 대지인 경우

정북방향으로 접하고 있는 대지의 소유자와 합의한 경우나 그밖에 대통령령으로 정하는 경우
④ 2층 이하로서 높이가 8미터 이하인 건축물에는 해당 지방자치단체의 조례로 정하는 바에 따라 제1항부터 제3항까지의 규정을 적용하지 아니할 수 있다.

'빈집 및 소규모주택 정비에 관한 특례법'은 건축법의 규정에도 불구하고 가로주택 정비사업인 경우에는 1/2 범위 내에서 높이 제한을 완화하여 적용할 수 있도록 하고 있습니다.

높이제한 완화 예시

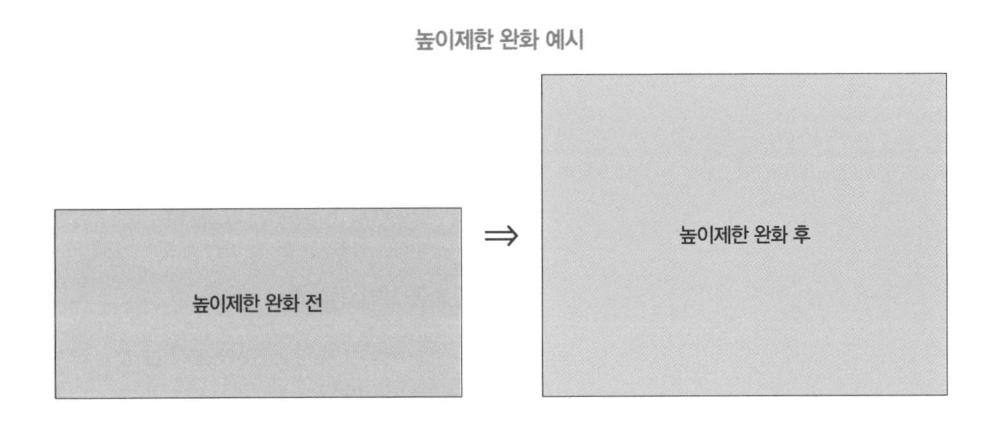

높이제한이 완화되는 만큼 더 높이 건축할 수 있게 됩니다. 당연히 사업성에 도움이 되겠죠?

부대시설 · 복구시설 설치기준 완화의 특례

가로주택 정비사업인 경우 주택법에 따른 부대시설, 복리시설의 설치기준을 완화받을 수 있도록 하고 있는데요. 그 내용을 살펴 보면 첫째, 놀이터를 실외에 설치하는 경우 인접대지 경계선과 주택단지 안의 도로 및 주차장으로부터 3m 이상의 거리를 두고 설치해야 한다는 규정의 적용 배제, 둘째, '주택법' 및 '주택

건설기준 등에 관한 규정'에 따른 복리시설별 설치기준에도 불구하고 설치대상 복리시설(어린이놀이터는 제외한다)의 면적의 합계 범위에서 필요한 복리시설을 설치할 수 있도록 하고 있음을 확인할 수 있습니다.

냉정하게 말하자면 부대시설이나 복리시설은 정비사업 완료 후 입주하여 거주하는 거주민들에게는 유익한 시설이지만 사업성 측면에서만 놓고 보면 비용증가를 초래하는 항목입니다. 그렇기 때문에 이 부분에 대한 규제완화는 작지만 확실한 사업성 개선효과를 기대할 수 있는 항목이라고 볼 수 있습니다.

「주택법」 제2조 제14호에 따른 복리시설

"복리시설"이란 주택단지의 입주자 등의 생활복리를 위한 다음 각 목의 공동시설을 말한다.

가. 어린이놀이터, 근린생활시설, 유치원, 주민운동시설 및 경로당

나. 그밖에 입주자 등의 생활복리를 위하여 대통령령으로 정하는 공동시설

「주택법」 시행령(대통령령)으로 정하는 공동시설

「건축법 시행령」 별표 1 제3호에 따른 제1종 근린생활시설

「건축법 시행령」 별표 1 제4호에 따른 제2종 근린생활시설(총포판매소, 장의사, 다중생활시설, 단란주점 및 안마시술소는 제외한다)

「건축법 시행령」 별표 1 제6호에 따른 종교시설

「건축법 시행령」 별표 1 제7호에 따른 판매시설 중 소매시장 및 상점

「건축법 시행령」 별표 1 제10호에 따른 교육연구시설

「건축법 시행령」 별표 1 제11호에 따른 노유자시설

「건축법 시행령」 별표 1 제12호에 따른 수련시설

「건축법 시행령」 별표 1 제14호에 따른 업무시설 중 금융업소

「산업집적활성화 및 공장설립에 관한 법률」 제2조제13호에 따른 지식산업센터

「사회복지사업법」 제2조 제5호에 따른 사회복지관

공동작업장

주민공동시설

도시 · 군계획시설인 시장

그밖에 제1호부터 제13호까지의 시설과 비슷한 시설로서 국토교통부령으로 정하는 공동시설 또는 사업계획승인권자가 거주자의 생활복리 또는 편익을 위하여 필요하다고 인정하는 시설

주차장 사용권리의 특례

마지막으로 소규모 주택 정비사업인 경우 대통령령으로 정하는 범위에서 '주차장법' 제2조 제1호에 따른 노상 주차장 및 노외 주차장을 사용할 수 있는 권리(이하 "주차장 사용권"이라 한다)를 확보하는 경우 그에 상응하는 범위에서 주차장 설치기준을 완화받을 수 있도록 하고 있습니다. 실제로 주차장 설치기준의 완화는 규모가 크지 않은 소규모 주택 정비사업의 사업성 개선에 큰 도움이 됩니다. 주차장 1면을 조성하는 데 약 4,000만 원의 비용이 필요합니다. 만약 주차장 20면을 조성해야 하는 데 주차장 사용권을 확보함으로써 그만큼의 주차장을 조성하지 않아도 된다면 8억 원의 비용을 절감할 수 있게 되는 셈이죠. 다만, 위와 같은 주차장 설치기준 완화 규정을 적용받기 위해서는 다음과 같은 조건을 충족해야 합니다.

첫째, 「주차장법」에 따라 해당 건축물에 설치하여야 하는 부설 주차장의 주차 단위구획 총수의 100분의 30 미만일 것
둘째, 주차장 설치기준의 완화를 적용받을 수 있는 부설 주차장이 되기 위한 범위는 조례로 정하는데 ① 해당 부지의 경계선으로부터 부설 주차장의 경계선까지의 직선거리 300미터 이내 또는 도보거리 600미터 이내이거나 ② 해당 시설물이 있는 동 · 리(행정동 · 리를 말한다. 이하 이 호에서 같다) 및 그 시설물과의 통행 여건이 편리하다고 인정되는 인접 동 · 리라는 조건 가운데 하나를 충족할 것

용적률과 건폐율 완화의 특례

아차. 한 가지 중요한 것을 빠뜨렸군요. 소규모 주택 정비사업은 임대주택을 건설하는 경우 그에 대한 인센티브를 제공하고 있습니다. 용적률과 건폐율 완화를 적용받을 수 있죠.

임대주택 건설에 따른 특례

빈집 및 소규모 주택정비에 관한 특례법

제49조(임대주택 건설에 따른 특례)

① 사업시행자는 빈집 정비사업 또는 소규모 주택 정비사업의 시행으로 다음 각 호의 임대주택을 건설하는 경우 「국토의 계획 및 이용에 관한 법률」 제78조에 따라 시 · 도 조례로 정한 용적률에도 불구하고 같은 조 및 관계 법령에 따른 용적률의 상한까지 건축할 수 있다. 다만, 전체 연면적 대비 임대주택 연면적의 비율이 20퍼센트 이상의 범위에서 대통령령으로 정하는 비율 이상이어야 한다. 〈개정 2018. 1. 16.〉

1. 공공 임대주택
2. 공공 지원 민간 임대주택

② 시장 · 군수 등은 사업시행자가 제51조 제1항에 따른 임대주택을 다세대주택이나 다가구주택으로 건설하는 경우 주차장 설치기준에 관하여 「주택법」 제35조에도 불구하고 대통령령으로 정하는 기준을 적용한다.

간단히 요약하면 소규모 주택 정비사업 시 임대주택을 건설할 경우 해당지역의 시 · 도 조례로 용적률이 강화된 경우라 할지라도 '국토의 계획 및 이용에 관한 법률'에서 규정하고 있는 용적률의 상한까지 건축할 수 있도록 한 것입니다. 서울특별시의 경우처럼 '국토의 계획 및 이용에 관한 법률'에서 규정하고 있는 것 보다 조례로 용적률이 강화된 지역에서는 사업성 개선에 적지 않은 도움이 될 수 있겠죠?

대통령령으로 정하는 건축규제 완화 등에 관한 특례

빈집 및 소규모 주택정비에 관한 특례법 시행령

제40조(건축규제의 완화 등에 관한 특례)

① 법 제48조 제1항 각 호 외의 부분에서 "대통령령으로 정하는 범위"란 다음 각 호의 구분에 따른 범위를 말한다. 〈개정 2018. 6. 12.〉

1. 「건축법」 제42조에 따른 대지의 조경기준: 2분의 1 범위
2. 「건축법」 제55조에 따른 건폐율의 산정기준: 건축 면적에서 주차장 면적을 제외
3. 「건축법」 제58조에 따른 대지 안의 공지기준: 2분의 1 범위
4. 「건축법」 제60조에 따른 건축물의 높이 제한 기준: 2분의 1 범위
5. 「건축법」 제61조 제2항 제1호에 따른 건축물(7층 이하의 건축물로 한정한다)의 높이제한 기준: 2분의 1 범위
6. 「주택법」 제35조 제1항 제3호 및 제4호에 따른 부대시설 및 복리시설의 설치기준
   가. 「주택법」 제2조 제14호 가목의 어린이놀이터의 설치기준: 「주택건설기준 등에 관한 규정」 제55조의 2 제7항 제2호 다목의 적용 배제
   나. 「주택법」 제2조 제14호의 복리시설의 설치기준: 같은 법 제35조 제1항 제4호 및 「주택건설기준 등에 관한 규정」에 따른 복리시설별 설치기준에도 불구하고 설치대상 복리시설(어린이놀이터는 제외한다)의 면적의 합계 범위에서 필요한 복리시설을 설치할 수 있다.

② 법 제48조제1항 제6호에서 "대통령령으로 정하는 사항"이란 「주택건설기준 등에 관한 규정」 제6조 제2항 제2호에 따른 단지안의 시설 설치기준을 말한다. 이 경우 「주택건설기준 등에 관한 규정」 제6조 제2항 제2호에 따른 단지안의 시설 설치기준에도 불구하고 폭 6미터 이상인 일반도로에 연접하여 주택을 「건축법 시행령」 제3호에 따른 제1종 근린생활시설과 복합건축물로 건설할 수 있다.

③ 법 제48조 제2항에서 "대통령령으로 정하는 공동시설"이란 「주택건설기준 등에 관한 규정」 제2조 제3호의 주민공동시설을 말한다.

④ 법 제48조 제3항에서 "대통령령으로 정하는 범위"란 다음 각 호의 기준을 모두 충족하는 범위를 말한다.

1. 「주차장법」에 따라 해당 건축물에 설치하여야 하는 부설 주차장의 주차 단위구획 총수의 100분의 30 미만일 것
2. 삭제 <2018. 6. 12.>
3. 주차장의 위치가 「주차장법 시행령」 제7조 제2항 각 호의 어느 하나에 해당할 것

지금까지 건축규제 완화와 관련된 내용들을 살펴 보았습니다. 이것저것 너무 많이 살펴 본 것 같아 헷갈릴 수도 있을 것 같군요. 그래서 '빈집 및 소규모 주택 정비에 관한 특례법'에서 규정하고 있는 내용을 정리했습니다. 참고하시면 이해하시는 데 조금은 도움이 될 것 같습니다.

Q 금융지원 및 보증의 특례

소규모 주택 정비사업 가운데 가로주택 정비사업에 대한 금융지원은 사업비 융자와 보증으로 구분됩니다. 사업비 융자구조는 다음과 같습니다. 지원하는 곳은 주택도시보증공사(HUG)입니다.

사업비 융자는 크게 초기 사업비와 본사업비로 세분하여 지원하고 있는데요. 초기사업비는 총사업비의 5% (한도 15억 원, 담보인정가액 이내)에서 지원을 하고 있습니다. 금리는 1.5%(변동금리)로 매우 파격적입니다. 본사업비는 총사업비의 50% (담보인정가액 이내)까지 지원을 하는데요. 연면적의 20%이상 공적임대 공급시 한도가 70%까지 상향됩니다. 역시 금리는 1.5%(변동금리)로 파격적입니다.

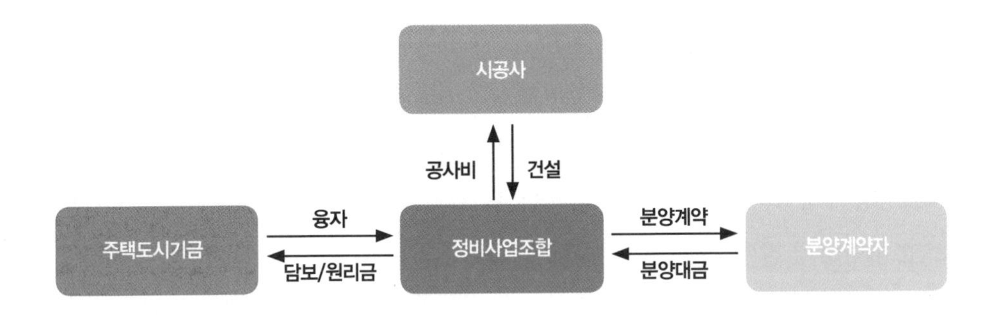

다음으로 보증상품을 살펴 보면 우선 보증상품의 융자구조는 다음과 같습니다.

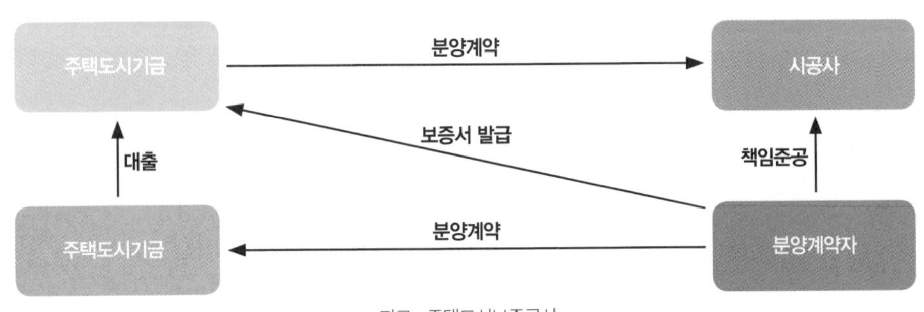

자료 : 주택도시보증공사

보증상품은 초기사업비와 사업비로 세분됩니다. 초기사업비의 경우 보증한도는 총사업비의 5%이내이고 보증료율은 연 0.901% (5등급 적용)입니다. 사업비는 총사업비의 50%~90%까지 보증이 가능한데 공공(지자체, LH등)의 매입확약비율 등에 따라 50%~90%(매입확약 비율이 100%인 경우 90%, 매입확약 비율이 50%인 경우 70%, 매입확약비율이 없는 경우 50%)로 차등 적용됩니다. 사업비의 보증료율은 연 0.449%~0.901%인데 특이한 점은 시공자의 신용등급이 CCC+ 이상이어야 사업비 보증이 가능하다는 점입니다.

위와 같은 금융지원은 재개발 · 재건축 정비사업과는 엄청난 차이가 나는 부분이라고 할 수 있습니다. 재개발이나 재건축 정비사업은 시공사가 선정되어야만 비로소 사업진행을 위한 자금조달이 가능해지지만 가로주택 정비사업은 주택도시보증공사에서 저리로 자금을 조달할 수 있기 때문에 사업진행이 그만큼 확실하고 투명하게 진행될 수 있기 때문입니다.

소규모 주택 정비사업에서도 꼭 따져야 할 세 쌍둥이 : 조합원 분담금, 투자수익률 그리고 P

소규모 주택 정비사업 역시 재개발, 재건축과 마찬가지로 대부분의 조합원들이 희망하는 것은 가로주택 정비사업을 통해 낙후된 주택에서 새 아파트로 입주하는 것이라고 할 수 있습니다. 물론 시세 차익을 기대하는 경우도 있기는 하지만요. 목적이 어떤 것이든 관계없이 조합원 입장에서 중요하게 고려해야 할 사항이 있으니 그것은 바로 얼마나 많은 금액을 추가로 지출해야 하는 것인데요. 이를 가리켜 우리는 조합원 분담금이라고 합니다. 조합원 입장에서 볼 때 두말할 것 없이 조합원 분담금은 작으면 작을수록 유리합니다. 그러나 무작정 조합원 분담금을 줄일 수는 없습니다. 조합원 분담금이라는 것이 해당 사업장의 사업성이 얼마나 되느냐에 따라 달라지기 때문입니다.

예를 들어 종전자산 평가액이 1억 원인 소규모 주택 정비사업 조합원이 있다고 가정해 보죠. 24평 아파트의 조합원 분양가격이 2억 4천만 원이라면 이 조합원이 24평 아파트를 소유하기 위해 추가로 지출해야 하는 금액은 1억 4천만 원이 되는데요. 이때 1억 4천만 원을 가리켜 우리는 분담금이라고 말합니다.

조합원 분양가격 – 종전자산 평가액 = 조합원 분담금
2억 4,000만 원 – 1억 원 = 1억 4,000만 원

그런데 조합원 분담금은 조합원이 아닌 일반분양분의 분양가격이 높아지면 높아질수록 감소하게 됩니다. 그렇기 때문에 가능하다면 일반분양가격을 높게 책정하는 것이 조합원 분담금을 줄이는 가장 좋은 방법이 됩니다. 하지만 일반분양가격을 높이면 미분양이 발생할 가능성도 높아지게 됩니다. 말처럼 쉽게 일반분양가격을 높일 수 없는 이유죠.

그래서 일반분양가격을 높게 책정할 수 있는 사업장을 선택하는 것이 중요한 것입니다.

투자자 입장에서 볼 때 가로주택 정비사업 대상지의 부동산을 구입할 때 최우선적으로 고려해야 하는 것 가운데 하나가 바로 투자수익률입니다. 그런데 투자수익률은 조합원 분담금과 밀접하게 연결됩니다. 투자수익률이 높다는 것은 그만큼 높은 투자수익이 발생한다는 것인데 투자수익이 높아지기 위해서는 조합원이 분담해야 할 분담금이 작아져야 하기 때문입니다. 그렇다면 이제 투자자들은 어떤 선택을 해야 할까요? 최대한 저렴한 가격에 가로주택 정비사업 대상지 부동산을 매입하는 것이 아닐까요?

재개발·재건축에서 흔히 접하게 되는 P라는 것이 있습니다. 일종의 웃돈인데요. 재개발, 재건축이 진행됨에 따라 발생하는 시세 차익을 실무에서는 P라고 합니다. 예를 들어 조합원 종전자산 평가액(권리가액)이 1억 원인 부동산이 1억 4,000만 원의 시세가 형성되어 있다면 이 경우 P는 4,000만 원이 됩니다.

조합원 보유물건의 시세 – 권리가액(종전자산 평가액) = P
1억 4,000만원 – 1억 원 = 4,000만 원

이렇게 P가 붙는 이유는 그만큼 사업성이 좋을 것으로 예상되기 때문입니다. 실제로 사업성이 좋으면 좋을수록, 불확실성이 제거되면 제거 될수록 P는 높게 형성되기 마련입니다. P가 높으면 높을수록 조합원들이 이익도 커지게 됩니다. 그런데요. 한 가지 간과해서는 안 될 것이 있습니다. P는 결코 보장되는 것이 아니라는 점이 그것입니다. 부동산 경기가 좋지 않거나 당초 계획대로 사업이 진행되지 못하게 될 경우 언제든 P는 하락할 수 있다는 뜻이죠. 게다가 P는 돌려받을 수도 없습니다. 그렇기 때문에 만약 적정 수준이상으로 P가 높게 형성되었다고 판단된다면 가로주택 정비사업 역시 투자에 앞서 철저한 투자분석이 선행되어야만 합니다. P의 적정수준을 파악하는 데 가이드라인이 되어 줄 수 있는 것이 일반분양가격입니다. 일반분양가격에서 조합원 분양가격을 차감하면 P를 계산해 볼 수 있기 때문입니다.

일반분양가격 – 조합원 분양가격 = 이론적인 P
4억 5,000만 원 – 3억 7,000만 원 = 8,000만 원

예를 들어 일반분양가격이 4억 5천만 원인데 조합원 분양가격이 3억 7천만 원이라면 이론적으로 그 시점에서 P는 최대 8천만 원까지 형성될 수 있습니다. 하지만 실제로는 그렇지 않은 경우가 대부분이죠. 그래서 학습이 필요합니다.

소규모 주택 정비사업에 투자할 때 고민해야 할 세 가지 포인트

투자자 입장에서 볼 때 소규모 주택 정비사업 투자의 성공여부는 투자기간, 투자수익의 규모, 준비된 투자와의 함수관계에 있다고 할 수 있습니다. 이는 곧 위 세 가지 변수가 소규모 주택 정비사업의 투자 포인트라는 의미죠. 소규모 주택 정비사업은 신속한 사업진행이 특히 중요합니다. 부족한 사업성을 만회하기 위해서는 그만큼 신속하게 사업을 진행함으로써 분양원가 상승을 최대한 억제해야 하기 때문입니다.

같은 맥락에서 볼 때 소규모 주택 정비사업 투자 시 고민해야 할 첫 번째 포인트는 투자기간을 중요하게 고려해야 한다는 것을 들 수 있습니다. 단, 이때 투자기간은 단순하게 '소규모 주택 정비사업이 완료될 때까지 소요되는 기간이 얼마나 될 것인가?'에만 국한되는 것은 아닙니다. 한 발 더 나아가 '투자자 스스로 계획하고 있는 예상 투자기간이 얼마나 되느냐'까지를 포함하는 개념이어야 합니다. 그렇다면 왜 투자기간이 첫 번째 포인트가 되어야만 하는 것일까요?

투자기간이 투자수익률을 결정하고 동시에 투자원금의 회수시점도 결정하기 때문입니다. 아무리 사업성이 뛰어난 사업장이라 할지라도 투자기간이 길어지면 길어질수록 사업추진과 관련된 위험에 노출되기 쉽습니다. 단적인 예로 사업기간이 늘어나면 각종 사업비가 상승하게 됩니다. 하지만 강남과 같은 일부 우량지역이 아닌 이상 사업비 상승분을 분양가격을 올려서 대응하기 힘든 경우가 대부분이죠. 당연히 수익성은 떨어지게 됩니다. 한편, 투자기간이 늘어나면 투자원금의 회수시점도 덩달아 늘어나게 됩니다. 사업성 측면에서 투자기간을 중요하게 고려해야 하는 첫 번째 이유라고 할 수 있습니다.

투자기간에 따라 어떻게 투자자금을 조달해야 할지가 결정되기 때문입니다. 소규모 주택 정비사업은 신속한 사업 추진이 가장 큰 장점입니다. 3년 6개월 정도면 입주까지 가능하다고 볼 수 있으니까요. 그렇기 때문에 3년 정도의 투자기간을 예상하고 여유자금이 아닌 대출을 끼고 소규모 주택 정비사업장 소재 주택을 매입하는 경우도 무리가 아니라고 할 수 있습니다. 그러나 모든 사업장이 동일하게 3년 6개월이면 입주까지 마무리 될 수 있는 것은 아닙니다. 경우에 따라서는 그 이상의 기간이 소요되는 경우도 얼마든지 있을 수 있기 때문입니다. 실제로 공기업 참여형 가로주택 정비사업의 경우 주민 동의에서 사업시행인가를 받는 데까지 소요된 기간만 3년에 육박하는 경우도 발생하고 있다는 점을 간과해서는 곤란합니다. 그러니 매입하고자 하는 소규모 주택 정비사업장이 어디까지 사업이 진행되고 있는지, 진행속도는 어떤 수준인지를 사전에 충분히 파악하는 것이 중요하고 이를 기초로 적절한 투자자금을 조달하는 것이 필요합니다.

다음으로 소규모 주택 정비사업의 투자여부를 결정하는 데 있어 어쩌면 투자기간 보다 더 중요한 포인트가 있습니다. 투자를 통해 얼마의 수익을 기대할 수 있느냐의 문제, 즉, 투자수익의 규모가 소규모 주택 정비사업 투자시 고민해야 할 또 다른 투자 포인트입니다. 물론 이때의 투자수익은 소규모 주택 정비사업에 투자함으로써 예상되는 기대수익을 말합니다. 투자수익은 많으면 많을수록 좋습니다. 높은 투자수익을 싫어하는 사람은 없을 테니까요. 그러나 소규모 주택 정비사업은 일부 재개발이나 재건축 정비사업장에서 경험할 수 있는 것과 같은 엄청난 투자수익을 기대하는 것 자체가 불가능합니다. 그러나 투자에 앞서 투자수익의 규모를 철저하게 따져보아야 하는 것입니다. 이를 통해 쏠쏠한 투자수익을 확보할 수 있을 테니까요.

마지막으로 모든 투자에 공통적으로 적용되는 가장 보편적인 것인데요. 얼마나 준비된 투자자인지 여부가 투자에 앞서 고민해야 할 투자 포인트라고 할 수 있습니다. 여러분은 준비된 투자자입니까?

준비된 투자자가 되기 위해서는 우선 철저한 학습을 통해 소규모 주택 정비사업이 종전의 재개발 및 재건축 정비사업과 어떻게 다른지, 소규모 주택 정비사업의 종류에는 어떤 것이 있고 어떤 방식으로 사업이 진행되는지, 사업성 측면에서 볼 때 어떤 장점과 단점이 있는지 등에 대한 철저한 분석을 해야 합니다. 어쩌면 이 과정이 가장 답답하고 어렵게 느껴질 수도 있습니다. 2018년 2월에 '빈집 및 소규모 주택정비에 관한 특례법'에 시행되었기 때문에 소규모 주택 정비사업 자체에 대한 정보가 충분하지 않기 때문입니다. 그러나 이렇게 정보가 충분하지 않고 구체적인 사례가 존재하지 않을 때야말로 학습을 통해 시장보다 먼저 앞서 갈 수 있는 최적의 시점이라는 사실을 기억해야 할 것입니다.

잠깐 Tip 

소규모 재건축 투자자가 반드시 고민해야 할 7 가지!

- 목표하는 투자기간은 얼마나 되는가?
- 투자수익 혹은 수익률은 어느 정도 수준인가?
- 소규모 주택 정비사업을 잘 이해하고 투자계획을 수립했는가?
- 투자자금은 어떻게 조달할 계획인가?
- 투자목적은 단순투자인가? 아니면 거주와 투자를 동시에 병행할 수 있는 투자인가?
- 투자지역에 대한 사업성분석은 충분한가?
- 비상상황 발생 시 처분전략은 수립되어 있는가?

둘째 마당
놓치면 곤란한
소규모 주택 정비사업
핵심 포인트!

▶ 이것만은 미리 알아두자! ◀

둘째 마당은 소규모 주택 정비사업의 핵심인 가로주택 정비사업과 소규모 재건축사업을 추진하기 위한 전제 조건인 노후、불량 건축물이란 무엇인지를 살펴 볼 것입니다.

소규모 주택 정비사업이나 재개발 · 재건축 정비사업 모두 궁극적으로는 건축된 이후 오랜 시간이 흘러 안전에 문제가 발생하고 주택으로서 제 기능을 발휘하는 데 문제가 있는 건축물을 대상으로 하는 정비사업입니다. 그렇기 때문에 소규모 주택 정비사업을 온전히 이해하기 위해서는 무엇보다 우선 노후、불량 건축물에 대한 이해가 선행되어야 합니다. 한편, 가로주택 정비사업은 첫째 마당에서 살펴 본 것처럼 가로구역이라는 요건을 충족해야만 비로소 사업을 시작할 수 있습니다.

그런데 '빈집 및 소규모 주택정비에 관한 특례법'이 제정된 이후 이 법에 따라 소규모 주택 정비사업이 진행되고 있는 사업장이 재개발이나 재건축 정비사업에 비해 충분하지 않은 관계로 여전히 가로구역이란 무엇인지 개념적으로 명확하게 이해하지 못하고 있는 경우가 많습니다. 그렇기 때문에 가로구역에 대한 명확한 이해를 해두고 넘어가려고 합니다.

마지막으로 말도 많고 탈도 많은 조합원에 대해 짚고 넘어가려고 합니다. 충분한 투자 가치가 있는 소규모 주택 정비사업 대상지를 어렵게 찾아내 매입을 했음에도 불구하고 정작 조합원이 될 수 없다면 이 얼마나 황당할까요? '빈집 및 소규모 주택정비에 관한 특례법'과 지자체의 조례에서 규정하고 있는 조합원과 관련된 규정은 재개발、재건축 정비사업에 비해 상당히 단순하고 명확합니다. 그렇기 때문에 조금만 관심을 가져도 어렵지 않게 조합원 자격을 파악할 수 있습니다. 이상과 같은 내용을 살펴 봄으로써 둘째 마당에서는 사업성분석을 보다 구체화하는 것이 목표입니다.

핵심 개념 풀이

★노후 · 불량 건축물

노후 · 불량 건축물에 대한 정의는 '도시 및 주거환경 정비법(도정법)'에서 확인이 가능. 도정법은 노후 · 불량 건축물을 다음의 4가지 가운데 하나에 해당되는 건축물로 정의하고 있다.

첫째, 건축물이 훼손되거나 일부가 멸실되어 붕괴, 그밖의 안전사고의 우려가 있는 건축물

둘째, 내진성능이 확보되지 아니한 건축물 중 중대한 기능적 결함 또는 부실 설계 · 시공으로 구조적 결함 등이 있는 건축물로서 급수 · 배수 · 오수 설비 등의 설비 또는 지붕 · 외벽 등 마감의 노후화나 손상으로 그 기능을 유지하기 곤란할 것으로 우려되는 건축물, 안전진단기관이 실시한 안전진단 결과 건축물의 내구성 · 내하력(耐荷力) 등이 국토교통부 장관이 정하여 고시하는 기준에 미치지 못할 것으로 예상되어 구조 안전의 확보가 곤란할 것으로 우려되는 건축물

셋째, 주변 토지의 이용 상황 등에 비추어 주거환경이 불량한 곳에 위치하고, 건축물을 철거하고 새로운 건축물을 건설하는 경우 건설에 드는 비용과 비교하여 효용의 현저한 증가가 예상된다는 조건을 요건을 모두 충족하는 건축물로서 대통령령으로 정하는 바에 따라 특별시 · 광역시 · 특별자치시 · 도 · 특별자치도 또는 「지방자치법」 제175조에 따른 서울특별시 · 광역시 및 특별자치시를 제외한 인구 50만 이상 대도시(이하 "대도시"라 한다)의 조례(이하 "시 · 도 조례"라 한다)로 정하는 건축물. 이때 시 · 도 조례로 정하는 건축물은 「건축법」 제57조 제1항에 따라 해당 지방자치단체의 조례로 정하는 면적에 미치지 못하거나 「국토의 계획 및 이용에 관한 법률」에 따른 도시 · 군 계획시설(이하 "도시 · 군 계획시설"이라 한다) 등의 설치로 인하여 효용을 다할 수 없게 된 대지에 있는 건축물, 공장의 매연 · 소음 등으로 인하여 위해를 초래할 우려가 있는 지역에 있는 건축물, 해당 건축물을 준공일 기준으로 40년까지 사용하기 위하여 보수 · 보강하는 데 드는 비용이 철거 후 새로운 건축물을 건설하는 데 드는 비용보다 클것으로 예상되는 건축물 가운데 어느 하나에 해당되는 건축물

넷째, 도시미관을 저해하거나 노후화된 건축물로서 대통령령으로 정하는 바에 따라 시 · 도 조례로 정하는 건축물로 준공된 후 20년 이상 30년 이하의 범위에서 시 · 도 조례로 정하는 기간이 지난 건축물, 「국토의 계획 및 이용에 관한 법률」에 따른 도시 · 군 기본계획의 경관에 관한 사항에 어긋나는 건축물

★가로구역

가로구역은 다음의 요건을 모두 충족해야 한다.

첫째, 도로로 둘러싸인 일단(一團)의 지역일 것

둘째, 해당 구역의 면적이 1만㎡ 미만일 것

셋째, 해당 구역을 통과하는 도시계획도로가 설치되어 있지 아니할 것

★가로주택 정비사업의 조합원

가로주택 정비사업의 조합원은 토지등소유자가 될 수 있다. 이때 토지등소유자란 가로주택 정비사업 시행구역에 위치한 토지 또는 건축물의 소유자, 해당 토지의 지상권자를 말한다.

★소규모 재건축의 조합원 자격

소규모 재건축사업의 조합원은 토지등소유자가 될 수 있다. 이때 토지등소유자란 사업 시행구역에 위치한 건축물 및 그 부속 토지의 소유자로 소규모 재건축사업에 동의한 자이다.

노후 · 불량 건축물

'빈집 및 소규모 주택정비에 관한 특례법'에 따르면 소규모 주택 정비사업은 이 법에서 정한 절차에 따라 노후 · 불량 건축물의 밀집 등 대통령령으로 정하는 요건에 해당하는 지역 또는 가로구역(街路區域)에서 시행하는 자율주택 정비사업, 가로주택 정비사업, 소규모 재건축사업을 말합니다.

소규모 주택 정비사업의 종류

*자율주택 정비사업 : 단독주택 및 다세대주택을 스스로 개량 또는 건설하기 위한 사업

*가로주택 정비사업 : 가로구역에서 종전의 가로를 유지하면서 소규모로 주거환경을 개선하기 위한 사업

*소규모 재건축사업 : 정비 기반시설이 양호한 지역에서 소규모로 공동주택을 재건축하기 위한 사업

소규모 주택 정비사업에서 노후 · 불량 건축물에 대한 이해는 매우 중요합니다. 다른 요건도 충족해야하지만 공통적으로 "노후 · 불량 건축물의 수가 해당 사업 시행구역의 전체 건축물 수의 3분의 2 이상일 것"이라는 요건을 충족해야만 소규모 주택 정비사업의 추진이 가능하기 때문이죠. 노후 · 불량 건축물에 대한 이해가 매우 중요한 것은 재개발 · 재건축 정비사업에서도 동일합니다. 그렇기 때문에 이래저래 노후 · 불량 건축물에 대해 확실히 짚고 넘어가는 것이 좋을 것 같습니다.

노후 · 불량 건축물에 대한 정의는 '빈집 및 소규모 주택정비에 관한 특례법'이 아닌 '도시 및 주거환경 정비법'과 관련 지방자치단체의 조례를 통해 확인할 수 있습니다. 자, 그럼 지금부터 관련된 내용을 하나씩 정리해 볼까요?

Q 노후 · 불량 건축물이란?

먼저 노후 · 불량 건축물에 대한 정의를 살펴 볼까요? '도시 및 주거환경 정비법' 제2조를 보면 노후 · 불량 건축물에 대한 정의를 확인할 수 있습니다.

도시 및 주거환경 정비법

제2조(정의)

3. "노후 · 불량 건축물"이란 다음 각 목의 어느 하나에 해당하는 건축물을 말한다.

가. 건축물이 훼손되거나 일부가 멸실되어 붕괴, 그밖의 안전사고의 우려가 있는 건축물

나. 내진성능이 확보되지 아니한 건축물 중 중대한 기능적 결함 또는 부실 설계 · 시공으로 구조적 결함 등이 있는 건축물로서 대통령령으로 정하는 건축물

다. 다음의 요건을 모두 충족하는 건축물로서 대통령령으로 정하는 바에 따라 특별시·광역시·특별자치시·도·특별자치도 또는 「지방자치법」 제175조에 따른 서울특별시·광역시 및 특별자치시를 제외한 인구 50만 이상 대도시(이하 "대도시"라 한다)의 조례(이하 "시·도 조례"라 한다)로 정하는 건축물

1) 주변 토지의 이용 상황 등에 비추어 주거환경이 불량한 곳에 위치할 것

2) 건축물을 철거하고 새로운 건축물을 건설하는 경우 건설에 드는 비용과 비교하여 효용의 현저한 증가가 예상될 것

라. 도시미관을 저해하거나 노후화된 건축물로서 대통령령으로 정하는 바에 따라 시·도 조례로 정하는 건축물

단순하게 보이지만 법이 어렵게 다가오는 이유는 법에서 모든 것을 정의하지 않고 시행령, 시행규칙, 조례에 자세한 사항을 위임하고 있기 때문입니다. 그렇다고 좌절하시면 안 되죠. 지금부터 해당 내용들을 하나씩 찾아서 정리해 보면 될 테니까요.

노후화에 따른 기준

우선 '제2조 3호 나목'을 보니 대통령령으로 정하는 건축물이라는 표현이 등장합니다. 대통령령은 시행령을 말합니다. 그래서 대통령령(시행령)을 찾아보니 다음과 같네요.

도시 및 주거환경 정비법 시행령

제2조(노후 · 불량 건축물의 범위)

① 「도시 및 주거환경 정비법」(이하 "법"이라 한다) 제2조 제3호 나목에서 "대통령령으로 정하는 건축물"이란 건축물을 건축하거나 대수선할 당시 건축법령에 따른 지진에 대한 안전 여부 확인 대상이 아닌 건축물로서 다음 각 호의 어느 하나에 해당하는 건축물을 말한다.

1. 급수 · 배수 · 오수 설비 등의 설비 또는 지붕 · 외벽 등 마감의 노후화나 손상으로 그 기능을 유지하기 곤란할 것으로 우려되는 건축물

2. 법 제12조 제4항에 따른 안전진단기관이 실시한 안전진단 결과 건축물의 내구성 · 내하력(耐荷力) 등이 같은 조 제5항에 따라 국토교통부장관이 정하여 고시하는 기준에 미치지 못할 것으로 예상되어 구조 안전의 확보가 곤란할 것으로 우려되는 건축물

급수 · 배수 · 오수설비나 지붕, 외벽 등이 노후화되었거나 손상되어 제 기능을 하기 어렵다면 그런 곳에서 어떻게 살 수 있겠습니까? 게다가 안전이 우려되는 건축물이라면 더더욱 사람 살 곳이 못 된다는 말 아닐까요? 확인해 보니 특별히 이해하기 어려운 내용은 없습니다. 단지, 여기저기 왔다갔다 하게 하면서 법령을 찾도록 만든 것이 귀찮고 번거롭게 함으로써 어렵게 느끼도록 하는 것뿐이죠.

면적 및 효용에 따른 기준

계속해서 '도시 및 주거환경 정비법' 제2조 3호 다목을 보니 '대통령령으로 정하는…'이라는 표현이 또 다시 눈에 띄네요. 역시 '도시 및 주거환경 정비법 시행령'을 확인해 보라는 말입니다. 한번 확인해 보죠.

도시 및 주거환경 정비법 시행령

제2조(노후 · 불량건축물의 범위)

② 법 제2조 제3호 다목에 따라 특별시 · 광역시 · 특별자치시 · 도 · 특별자치도 또는 「지방자치법」 제175조에 따른 서울특별시 · 광역시 및 특별자치시를 제외한 인구 50만 이상 대도시의 조례(이하 "시 · 도 조례"라 한다)로 정할 수 있는 건축물은 다음 각 호의 어느 하나에 해당하는 건축물을 말한다.

1. 「건축법」 제57조 제1항에 따라 해당 지방자치단체의 조례로 정하는 면적에 미치지 못하거나 「국토의 계획 및 이용에 관한 법률」 제2조 제7호에 따른 도시 · 군 계획시설(이하 "도시 · 군 계획시설"이라 한다) 등의 설치로 인하여 효용을 다할 수 없게 된 대지에 있는 건축물
2. 공장의 매연 · 소음 등으로 인하여 위해를 초래할 우려가 있는 지역에 있는 건축물
3. 해당 건축물을 준공일 기준으로 40년까지 사용하기 위하여 보수 · 보강하는 데 드는 비용이 철거 후 새로운 건축물을 건설하는 데 드는 비용보다 클 것으로 예상되는 건축물

위 시행령 제2조를 보니 '건축법 제57조 제1항'이 나오고 이에 기초해 조례로 정하는 면적에 미치지 못하거나 도시 · 군 계획시설의 설치로 효용을 다할 수 없게 된 대지에 있는 건축물이 불량 건축물에 해당되는데요. 그렇다면 건축법 제57조 제1항을 검토해 보아야 합니다. 계속 법령을 살펴 보니 머리가 조금 아프죠? 조금만 더 참고 검토해 봅시다!

건축법

제57조(대지의 분할 제한)

① 건축물이 있는 대지는 대통령령으로 정하는 범위에서 해당 지방자치단체의 조례로 정하는 면적에 못 미치게 분할할 수 없다.

분할 범위에 따른 기준

건축법 제57조 ①항은 건축물이 있는 대지는 대통령령(건축법 시행령)으로 정하는 범위 내에서 각 지방자치단체의 조례로 정하는 면적에 못 미치게 분할할 수 없다는 내용입니다. 이렇게 정의한 것을 보니 건축법 시행령을 다시 찾아보아야 할 것 같네요.

건축법 시행령

제80조(건축물이 있는 대지의 분할 제한) 법

제57조 제1항에서 "대통령령으로 정하는 범위"란 다음 각 호의 어느 하나에 해당하는 규모 이상을 말한다.

1. 주거지역: 60제곱미터
2. 상업지역: 150제곱미터
3. 공업지역: 150제곱미터
4. 녹지지역: 200제곱미터
5. 제1호부터 제4호까지의 규정에 해당하지 아니하는 지역: 60제곱미터

건축법 시행령에서 정한 건축물이 있는 대지의 분할 제한은 용도 지역별로 최저 60㎡에서 최대 200㎡ 이상인 경우에만 분할할 수 있음을 확인할 수 있습니다. 그러나 지방자치단체별로 시행령에서 정한 것보다 조례로 분할을 더 어렵게 만들 수도 있습니다. 다음은 서울특별시와 인천광역시의 건축물이 있는 대지의 분할제한 관련 조례입니다.

서울특별시 건축 조례

제29조 (건축물이 있는 대지의 분할제한) 법
제57조제1항 및 영 제80조에 따라 건축물이 있는 대지의 분할은 다음 각 호의 어느 하나에 해당하는 규모 이상으로 한다. 〈개정 2018. 7. 19.〉

1. 주거지역 : 90제곱미터
2. 상업지역 : 150제곱미터
3. 공업지역 : 200제곱미터
4. 녹지지역 : 200제곱미터
5. 제1호부터 제4호까지에 해당하지 아니한 지역 : 90제곱미터

인천광역시 건축 조례

제28조 (대지의 분할 제한)
① 법 제57조제1항 및 영 제80조에 따라 건축물이 있는 대지의 분할은 다음 각 호의 어느 하나에 해당하는 규모 이하로 분할할 수 없다.〈개정 2007.7.30〉〈개정 2009-10-5〉

1. 주거지역 : 90제곱미터
2. 상업지역 : 150제곱미터
3. 공업지역 : 150제곱미터
4. 녹지지역 : 200제곱미터
5. 제1호 내지 제4호에 해당하지 아니하는 지역 : 60제곱미터

②제1항에도 불구하고 「산업입지 및 개발에 관한 법률」에 따른 산업단지의 경우 「산업집적활성화 및 공장설립에 관한 법률」 에 의한 산업단지관리 기본계획에서 정하는 면적 미만으로 분할할 수 없다

서울시와 인천시의 조례를 보니 건축법 시행령에서 정한 것보다 건축물이 있는 대지의 분할이 더 어렵게 면적기준이 강화되어 있음을 확인할 수 있습니다.

소규모 주택 정비사업이나 재개발 · 재건축 정비사업의 법 적용은 위와 같은 체계로 하면 됩니다. 조금 번거롭더라도 법에서 규정하고 있는 내용만 하나씩 찾아가면서 정리하면 되는 것이죠.

도시미관에 따른 기준

마지막으로 '도시 및 주거환경 정비법 제2조 3호 라목'을 보니 도시미관을 저해하거나 노후화된 건축물로서 대통령령으로 정하는 바에 따라 시 · 도 조례로 정하는 건축물이라는 표현이 눈에 들어옵니다. 그러니 우선 대통령령('도시 및 주거환경 정비법 시행령')을 검토해 보아야 할 것 같습니다.

도시 및 주거환경 정비법 시행령

제2조(노후 · 불량 건축물의 범위) ③ 법

제2조 제3호 라목에 따라 시 · 도 조례로 정할 수 있는 건축물은 다음 각 호의 어느 하나에 해당하는 건축물을 말한다.

1. 준공된 후 20년 이상 30년 이하의 범위에서 시 · 도 조례로 정하는 기간이 지난 건축물
2. 「국토의 계획 및 이용에 관한 법률」 제19조 제1항 제8호에 따른 도시 · 군 기본계획의 경관에 관한 사항에 어긋나는 건축물

시행령을 살펴 보았으니 이제 다음 차례는 각 지방자치단체의 조례를 살펴 보는 것일 텐데요. 서울특별시와 경기도, 인천광역시 조례를 살펴 보겠습니다. 이를 통해 각 지방자치단체별로 노후 · 불량 건축물의 기준이 어떻게 되는지를 분명하게 정리할 수 있으리라고 기대합니다.

서울특별시 도시 및 주거환경 정비조례

제3조(노후 · 불량 건축물)

① 영 제2조 제3항 제1호에 따라 노후 · 불량 건축물로 보는 기준은 다음 각 호와 같다.

1. 공동주택

가. 철근 콘크리트 · 철골 콘크리트 · 철골철근 콘크리트 및 강구조인 공동주택: 별표 1에 따른 기간

나. 가목 이외의 공동주택: 20년

2. 공동주택 이외의 건축물

가. 철근 콘크리트 · 철골 콘크리트 · 철골철근 콘크리트 및 강구조 건축물(「건축법 시행령」 별표 1 제1호에 따른 단독주택을 제외한다): 30년

나. 가목 이외의 건축물: 20년

② 영 제2조 제2항 제1호에 따른 노후 · 불량 건축물은 건축대지로서 효용을 다할 수 없는 과소필지 안의 건축물로서 2009년 8월 11일 전에 건축된 건축물을 말한다.

③ 미사용 승인 건축물의 용도별 분류 및 구조는 건축허가 내용에 따르며, 준공 연도는 재산세 및 수도요금 · 전기요금 등의 부과가 개시된 날이 속하는 연도로 한다.

경기도 도시 및 주거환경 정비조례

제3조(노후 · 불량 건축물)

① 「도시 및 주거환경 정비법 시행령」(이하 "영"이라 한다) 제2조 제2항에 따른 노후 · 불량 건축물은 다음 각 호의 어느 하나에 해당하는 건축물을 말한다.

1. 「건축법」 제57조 제1항에 따른 해당 시 · 군 조례가 정하는 면적에 미달되거나 「국토의 계획 및 이용에 관한 법률」 제2조 제7호에 따른 도시 · 군 계획시설 등의 설치로 인하여 효용을 다할 수 없게 된 대지에 있는 건축물 〈개정 2014.1.10., 2015.07.17.〉

2. 공장의 매연 · 소음 등으로 인하여 위해를 초래할 우려가 있는 지역 안에 있는 건축물

3. 해당 건축물을 준공일 기준으로 40년까지 사용하기 위하여 보수 · 보강하는 데 드는 비용이 철거 후 새로운 건축물을 건설하는 데 드는 비용보다 클 것으로 예상되는 건축물

② 영 제2조 제3항 제1호에 따른 노후 · 불량 건축물이란 다음 각 호의 어느 하나에 해당하는 기간을 경과한 건축물을 말한다. 다만, 그 기간이 20년 미만인 경우에는 20년으로 한다.

1. 철근 콘크리트 구조 공동주택의 경우에는 다음 각 목의 어느 하나에 해당하는 기간

가. 5층 이상으로서 1987년 이전에 준공된 건축물은 [20+(준공연도-1983)×2]년, 1988년 이후 준공된 건축물은 30년

나. 4층 이하로서 1992년 이전에 준공된 건축물은 [20+(준공연도- 1983)]년, 1993년 이후 준공된 건축물은 30년 [전문 개정 2015.07.17.]

다. 삭제 〈2015.07.17.〉

라. 가목 및 나목에도 불구하고 도로, 철도 등 공익사업이 주택단지 내 주택으로 쓰이는 건축물 동수의 2분의 1 이상을 지나는 경우의 건축물은 20년 [신설 2017.6.13.]

2. 제1호 이외의 기간의 경우에는 다음 각 목의 어느 하나에 해당하는 기간

가. 단독주택이 아닌 건축물로서, 철근 콘크리트 · 철골철근 콘크리트구조 또는 철골 구조 건축물은 30년 [전문 개정 2015.07.17.]

나. 가목 이외의 건축물(기존의 무허가 건축물 포함)은 20년 [전문 개정 2015.07.17.]

다. 삭제 〈2015.07.17.〉

③ 영 제2조 제3항 제2호에 따른 노후 · 불량 건축물은「국토의 계획 및 이용에 관한 법률」제19조 제1항 제8호에 따른 도시 · 군 기본계획의 경관에 관한 사항에 저촉되는 건축물을 말한다.

④ 삭제 〈2014.1.10.〉

인천광역시 도시 및 주거환경 정비조례

제3조(노후 · 불량 건축물)

① 법 제2조 제3호 다목에서 "대통령령이 정하는 바에 따라 시 · 도 조례로 정하는 건축물"이란 다음 각 호의 어느 하나에 해당하는 건축물을 말한다. 〈개정 2014-12-31〉

1. 분할 제한 면적에 미달하거나 「국토의 계획 및 이용에 관한 법률」 제2조 제7호에 따른 도시계획시설 등의 설치로 인하여 그 효용을 다할 수 없게 된 대지 안의 건축물

2. 공장의 매연 · 소음 등으로 인하여 위해를 초래할 우려가 있는 지역 안에 건축된 것으로서 다음 각 목의 어느 하나에 해당하는 건축물

가. 주요 구조부의 균열 · 파손 또는 변형 등에 따라 손괴의 우려가 있는 건축물

나. 노후 정도가 심하여 거주자의 안전에 위험을 초래할 우려가 큰 건축물

다. 벽 · 기둥 등 주요 구조부의 보존상태가 불량하여 내열 · 방습 등의 기능을 다할 수 없게 된 건축물

라. 목조 · 조적조 등 화재에 취약한 구조로 축조된 건축물로서 층수가 2층 이하인 것

3. 해당 건축물을 40년간 사용하기 위하여 보수 · 보강하는 데 드는 비용이 철거 후 새로운 건축물을 건설하는 데 드는 비용보다 클 것으로 예상되는 건축물

② 법 제2조 제3호 라목에서 "대통령령이 정하는 바에 따라 시 · 도 조례로 정하는 건축물"이란 다음 각 호의 어느 하나에 해당하는 건축물을 말한다. 〈개정 2014-12-31〉

1. 준공된 후 다음 각 목에 따른 경과연수가 지난 건축물

가. 1989년 1월 1일 이후에 준공된 공동주택은 30년

나. 1984년 1월 1일 이후부터 1988년 12월 31일 이전에 준공된 공동주택은 22년+(준공연도-1984)×2년. 다만, 공업지역이나 항만, 폐기물 처리시설 등의 도시계획시설에 인접하여 소음, 진동, 악취, 분진, 안전문제 등이 법적기준을 초과하거나 군수 · 구청장(이하 "구청장 등"이라 한다)이 주거환경이 극히 열악하다고 인정하는 상업지역의 건축물은 20년

다. 1983년 12월 31일 이전에 준공된 공동주택은 20년

라. 철골조, 철골 · 철근 콘크리트조, 철근 콘크리트조 또는 강구조로 건축된 건축물(공동주택을 제외한다)은 30년

마. 가목부터 라목에 해당되지 아니하는 건축물은 30년

2. 「국토의 계획 및 이용에 관한 법률」 제19조 제1항 제8호에 따른 도시기본 계획상의 경관에 관한 사항에 저촉되는 건축물

3. 건축물의 급수 · 배수 · 오수설비 등이 노후화되어 수선만으로는 그 기능을 회복할 수 없게 된 것으로서 다음 각 목의 어느 하나에 해당하는 건축물

가. 침실 · 부엌·화장실 또는 세면장 중 한 가지 이상을 갖추지 못한 건축물

나. 난방시설이 없거나 수선만으로는 정상적인 작동이 불가능한 상태의 건축물

복잡해 보이지만 위 조례들이 노후 · 불량 건축물을 정의하는 것 인만큼 투자하기 원하는 지방자치단체의 조례를 꼼꼼하게 검토해 보기 바랍니다.

소규모 주택 정비사업의 대상지역 & 가로구역

소규모 주택 정비사업이란 '빈집 및 소규모 주택정비에 관한 특례법'에서 정한 절차에 따라 노후·불량 건축물의 밀집 등 대통령령으로 정하는 요건에 해당하는 지역 또는 가로구역에서 시행하는 자율주택 정비사업, 가로주택 정비사업, 소규모 재건축사업을 말합니다. 그런데 각각의 정비사업을 시행할 수 있는 지역은 조금씩 차이가 있습니다.

자율주택 정비사업은 단독주택 및 다세대주택을 스스로 개량 또는 건설하기 위한 사업으로 첫째, '노후·불량 건축물의 수(數) 요건, 둘째, 기존주택이 주택의 종류에 따라 그 수(數)가 정해진 호수 혹은 세대수 미만이어야 한다는 요건을 모두 충족하는 지역에서 시행할 수 있습니다. 이와 관련된 자세한 내용은 '빈집 및 소규모 주택정비에 관한 특례법 시행령' 제3조(소규모 주택 정비사업 대상지역)에서 확인할 수 있습니다.

빈집 및 소규모 주택정비에 관한 특례법 시행령

제3조(소규모 주택 정비사업 대상지역) 법
제2조 제1항 제3호 각 목 외의 부분에서 "노후 · 불량 건축물의 밀집 등 대통령령으로 정하는 요건에 해당하는 지역 또는 가로구역(街路區域)"이란 다음 각 호의 구분에 따른 지역을 말한다. 〈개정 2018. 6. 12.〉

1. 자율주택 정비사업: 「국가균형발전 특별법」에 따른 도시활력 증진지역 개발사업의 시행구역, 「국토의 계획 및 이용에 관한 법률」 제51조에 따른 지구단위 계획구역, 「도시 및 주거 환경 정비법」 제20조 · 제21조에 따라 정비예정구역 · 정비구역이 해제된 지역 또는 같은 법 제23조 제1항 제1호에 따른 방법으로 시행하는 주거환경 개선사업의 정비구역, 「도시재생 활성화 및 지원에 관한 특별법」 제2조 제1항 제5호의 도시재생 활성화 지역 또는 그밖에 특별시 · 광역시 · 특별자치시 · 도 · 특별자치도 또는 「지방자치법」 제175조에 따른 서울특별시 · 광역시 및 특별자치시를 제외한 인구 50만 이상 대도시의 조례(이하 "시 · 도 조례"라 한다)로 정하는 지역으로서 다음 각 목의 요건을 모두 충족한 지역
   가. 노후 · 불량 건축물의 수가 해당사업 시행구역의 전체 건축물 수의 3분의 2 이상일 것
   나. 해당사업 시행구역 내 기존주택(이하 "기존주택"이라 한다)의 호수(戸數) 또는 세대수가 다음의 구분에 따른 기준 미만일 것. 다만, 지역 여건 등을 고려하여 해당 기준의 1.8배 이하의 범위에서 시 · 도 조례로 그 기준을 달리 정할 수 있다.
      1) 기존주택이 모두 「주택법」 제2조 제2호의 단독주택(이하 "단독주택"이라 한다)인 경우: 10호
      2) 기존주택이 모두 「건축법 시행령」 별표 1 제2호 다목에 따른 다세대주택(이하 "다세대주택" 이라 한다)인 경우: 20세대
      3) 기존주택이 단독주택과 다세대주택으로 구성된 경우: 20채(단독주택의 호수와 다세대 주택의 세대수를 합한 수를 말한다)

다음으로 소규모 재건축사업은 정비 기반시설이 양호한 지역에서 소규모로 공동주택을 재건축하기 위한 사업으로 '도시 및 주거환경 정비법'에서 정한 '주택단지'로 첫째, 면적요건, 둘째, 노후 · 불량 건축물의 수(數) 요건, 셋째, 기존주택의 세대수 요건을 모두 충족하는 지역에서 시행할 수 있습니다. 이와 관련된 보다

자세한 사항은 자율주택 정비사업과 마찬가지로 다음의 '빈집 및 소규모 주택정비에 관한 특례법 시행령' 제3조에서 확인할 수 있습니다.

빈집 및 소규모 주택정비에 관한 특례법 시행령

제3조(소규모 주택 정비사업 대상지역)

소규모 재건축사업: 「도시 및 주거환경 정비법」 제2조 제7호의 주택단지로서 다음 각 목의 요건을 모두 충족한 지역

가. 해당사업 시행구역의 면적이 1만 제곱미터 미만일 것(요건 충족 시 주택단지 면적의 20% 미만 범위 내에서 사업 시행구역의 면적 편입 가능)

나. 노후 · 불량 건축물의 수가 해당사업 시행구역 전체 건축물 수의 3분의 2 이상일 것

다. 기존주택의 세대수가 200세대 미만일 것

여기까지는 소규모 주택 정비사업 가운데 자율주택 정비사업과 소규모 재건축 정비사업의 사업 대상지역을 정리한 것입니다. 이미 첫 번째 마당에서 살펴 본 내용이기도 하죠.

한편, 가로주택 정비사업은 가로구역 요건을 충족해야 사업대상지역이 될 수 있습니다. 그렇다면 가로구역은 어떻게 정의할 수 있을까요? 첫째, 도시계획도로나 건축법에 따른 도로로 너비 6m 이상의 도로로 둘러싸인 일단의 지역이고 둘째, 해당 구역의 면적이 1만㎡ 미만이며, 셋째, 해당 구역을 관통하는 도시계획도로가 설치되어 있지 않아야 한다는 요건을 모두 충족하는 구역을 가로구역이라고 합니다. 가로구역에 대한 보다 자세한 내용은 '빈집 및 소규모 주택정비에 관한 특례법 시행 규칙' 제2조에서 확인할 수 있습니다.

빈집 및 소규모 주택정비에 관한 특례법 시행규칙

제2조(가로구역의 범위) 「빈집 및 소규모 주택정비에 관한 특례법 시행령」(이하 "영"이라 한다) 제3조 제2호 각 목 외의 부분 중 "국토교통부령으로 정하는 가로구역"이란 다음 각 호의 요건을 모두 충족한 구역을 말한다.

1. 해당 구역이 다음 각 목의 어느 하나에 해당하는 도로로 둘러싸인 일단(一團)의 지역일 것. 이 경우 해당 지역의 일부가 광장, 공원, 녹지, 하천, 공공공지, 공용주차장 또는 도로예정지(*법 제23조에 따라 조합을 설립하여 가로주택 정비사업을 시행하려는 토지등소유자가 조합설립인가를 신청하는 때에 '국토의 계획 및 이용에 관한 법률', '사도법', 그밖의 관계법령에 따라 너비 6미터 이상의 도로를 신설하거나 변경할 수 있는 계획을 제출한 경우 그 계획에 따른 도로예정지를 말한다. 이하 같다)에 접한 경우에는 해당 시설을 전단에 따른 도로로 본다.
   가. 도시계획도로(「국토의 계획 및 이용에 관한 법률」에 따라 도시 · 군 계획시설로 설치되었거나 신설 · 변경에 관한 고시가 된 도로를 말한다. 이하 이 조에서 같다)
   나. 「건축법」 제2조 제1항 제11호에 따른 도로로서 너비 6미터 이상의 도로. 이 경우 「사도법」에 따라 개설되었거나 신설 · 변경에 관한 고시가 된 도로는 「국토의 계획 및 이용에 관한 법률」 제36조 제1항 제1호 가목부터 다목까지의 규정에 따른 주거지역 · 상업지역 또는 공업지역에서의 도로로 한정한다.
2. 해당 구역의 면적이 1만 제곱미터 미만일 것
3. 해당 구역을 통과하는 도시계획도로(「국토의 계획 및 이용에 관한 법률」에 따라 폐지되었거나 폐지에 관한 고시가 된 도로 또는 너비 4미터 이하의 도로는 제외한다)가 설치되어 있지 아니할 것

* 2019년 변경 시행되고 있음

가로주택 정비사업 가능 여부 확인

가로주택 정비사업은 가로구역 요건을 충족해야 사업대상지역이 될 수 있다는 것을 위에서 확인했습니다. 그렇다면 다음과 같은 토지에서 가로주택 정비사업을 추진할 수 있을까요? 한번 생각해 보시죠. 정답은 바로 밑에 있습니다.

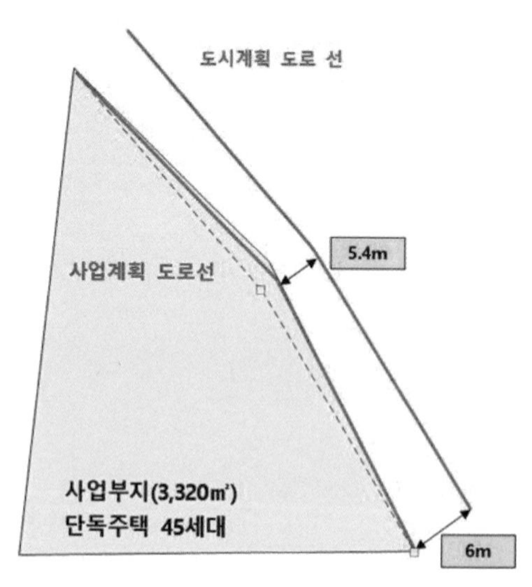

자료 : 국토해양부

정답은 '추진할 수 있다'입니다.

왜 그런지 지금부터 하나씩 그 이유를 찾아볼까요?

위 지역이 가로주택 정비사업을 추진할 수 있는 지역인지를 확인하려면 우선 가로주택 정비사업을 추진하기 위한 대상지역 요건을 충족하고 있는지부터 분석해야 합니다.

이를 위해서는 '빈집 및 소규모 주택정비에 관한 특례법 시행령' 제3조의2에서 규정하고 있는 소규모 주택 정비사업 대상지역 요건을 살펴 봐야 합니다. 물론 우리가 방금 전에 확인한 부분이니 어렵지 않겠죠? 위에서 살펴 본 내용을 전혀 모른다고 가정하고 다시 소규모 주택 정비사업 대상지역 요건을 처음부터 검토해보도록 하죠.

다음은 '빈집 및 소규모 주택정비에 관한 특례법 시행령' 제3조의2에서 규정하고 있는 소규모 주택 정비사업 대상지역 요건 가운데 가로주택 정비사업 대상지역 요건입니다.

소규모 주택 정비사업 대상지역 : 가로주택 정비사업

빈집 및 소규모 주택정비에 관한 특례법 시행령

제3조(소규모 주택 정비사업 대상지역) 법 제2조 제1항 제3호 각 목 외의 부분에서 "노후 · 불량 건축물의 밀집 등 대통령령으로 정하는 요건에 해당하는 지역 또는 가로구역(街路區域)"이란 다음 각 호의 구분에 따른 지역을 말한다. 〈개정 2018. 6. 12.〉

2. 가로주택 정비사업: 국토교통부령으로 정하는 가로구역으로서 다음 각 목의 요건을 모두 충족한 지역

가. 해당사업 시행구역의 면적이 1만 제곱미터 미만일 것

나. 노후 · 불량 건축물의 수가 해당사업 시행구역 전체 건축물 수의 3분의 2 이상일 것

다. 기존주택의 호수 또는 세대수가 다음의 구분에 따른 기준 이상일 것

1) 기존주택이 모두 단독주택인 경우: 10호

2) 기존주택이 모두 「주택법」 제2조 제3호의 공동주택(이하 "공동주택"이라 한다)인 경우: 20세대

3) 기존주택이 단독주택과 공동주택으로 구성된 경우: 20채(단독주택의 호수와 공동주택의 세대수를 합한 수를 말한다. 이하 이 목에서 같다). 다만, 기존주택 중 단독주택이 10호 이상인 경우에는 기존주택의 총합이 20채 미만인 경우에도 20채로 본다.

이렇게 1차적으로 분석해 놓고 보니 가로주택 정비사업은 국토교통부령으로 정하는 가로구역으로서 다음 각 목의 요건을 모두 충족한 지역에서 시행할 수 있다는 것을 확인할 수 있습니다. 그렇다면? 그렇죠. 가로구역이 되기 위한 요건을 알아보면 되겠군요

가로구역 요건을 확인하기 위해 이번에는 국토교통부령 즉, 가로주택 정비에 관한 특례법 시행규칙을 검토해 보도록 하죠.

다음은 '빈집 및 소규모 주택정비에 관한 특례법 시행규칙' 제2조에서 규정하고 있는 가로구역 요건입니다.

가로구역의 요건

빈집 및 소규모 주택정비에 관한 특례법 시행규칙

제2조(가로구역의 범위) 「빈집 및 소규모주택 정비에 관한 특례법 시행령」(이하 "영"이라 한다) 제3조 제2호 각 목 외의 부분 중 "국토교통부령으로 정하는 가로구역"이란 다음 각 호의 요건을 모두 충족한 구역을 말한다.

1. 해당 구역이 다음 각 목의 어느 하나에 해당하는 도로로 둘러싸인 일단(一團)의 지역일 것. 이 경우 해당 지역의 일부가 광장, 공원, 녹지, 하천, 공공공지, 공용주차장 또는 도로예정지(법 제23조에 따라 조합을 설립하여 가로주택 정비사업을 시행하려는 토지등소유자가 조합설립인가를 신청하는 때에 '국토의 계획 및 이용에 관한 법률', '사도법', 그밖의 관계 법령에 따라 너비 6미터 이상의 도로를 신설하거나 변경할 수 있는 계획을 제출한 경우 그 계획에 따른 도로예정지를 말한다. 이하 같다)에 접한 경우에는 해당 시설을 전단에 따른 도로로 본다.
   가. 도시계획도로(「국토의 계획 및 이용에 관한 법률」에 따라 도시 · 군 계획시설로 설치되었거나 신설 · 변경에 관한 고시가 된 도로를 말한다. 이하 이 조에서 같다)
   나. 「건축법」 제2조 제1항 제11호에 따른 도로로서 너비 6미터 이상의 도로. 이 경우 「사도법」에 따라 개설되었거나 신설 · 변경에 관한 고시가 된 도로는 「국토의 계획 및 이용에 관한 법률」 제36조 제1항 제1호 가목부터 다목까지의 규정에 따른 주거지역 · 상업지역 또는 공업지역에서의 도로로 한정한다.
2. 해당 구역의 면적이 1만 제곱미터 미만일 것
3. 해당 구역을 통과하는 도시계획도로(「국토의 계획 및 이용에 관한 법률」에 따라 폐지되었거나 폐지에 관한 고시가 된 도로 또는 너비 4미터 이하의 도로는 제외한다)가 설치되어 있지 아니할 것

'빈집 및 소규모 주택정비에 관한 특례법'에 따른 가로주택 정비사업 대상지역, 가로구역 요건까지 모두 살펴 보았습니다. 답이 나오시나요? 아직 어려우실 것 같으니 '추진할 수 있다'는 결과가 나온 이유를 설명해 드릴게요.

우선 노후불량주택이라는 요건을 충족하고 있다는 전제 하에서 면적요건, 세대수 요건 등 가로주택 정비사업 요건을 충족하고 있습니다. 다만, 현재는 가로구

역 요건 가운데 도로 너비 요건을 충족하지 못하는 상태인 것은 분명합니다. 그렇다면 가로구역 요건 가운데 어떤 것을 충족하지 못하고 있는 것일까요?

바로 도로의 너비 요건입니다.

가로주택 정비사업을 시행하기 위해서는 6m 이상의 도로에 접하고 있어야 하기 때문입니다. 그런데 위 사업부지의 도로는 5.4m입니다. 그런데도 위 사업장은 가로주택 정비사업 추진이 가능할 것 같습니다. '빈집 및 소규모 주택정비에 관한 특례법 시행규칙' 제2조의 1에 따라 토지등소유자가 가로주택 정비사업조합 설립인가를 신청하면서 도로를 추가로 확장(신설)하여 6m라는 도로 너비요건을 충족하겠다는 의지를 보이고 있음을 그림을 통해 확인할 수 있기 때문입니다.

그래서 위 사업부지는 가로주택 정비사업을 시행할 수 있다고 볼 수 있습니다.

가로주택 정비사업과 소규모 재건축 정비사업의 진행 절차

'빈집 및 소규모 주택정비에 관한 특례법'에 따른 가로주택 정비사업과 소규모 재건축사업은 '도시 및 주거환경 정비법'에 따른 재개발·재건축 정비사업에 비해 사업절차가 크게 간소화되었습니다. 이는 첫 번째 마당에서 이미 살펴 본 바가 있습니다.

기억나시죠? 혹시 기억나지 않는다면 가로주택 정비사업과 소규모 재건축사업의 추진절차를 다시 한번 보면 됩니다. 자, 확인해 볼까요?

가로주택 정비사업과 소규모 재건축 사업의 진행 절차

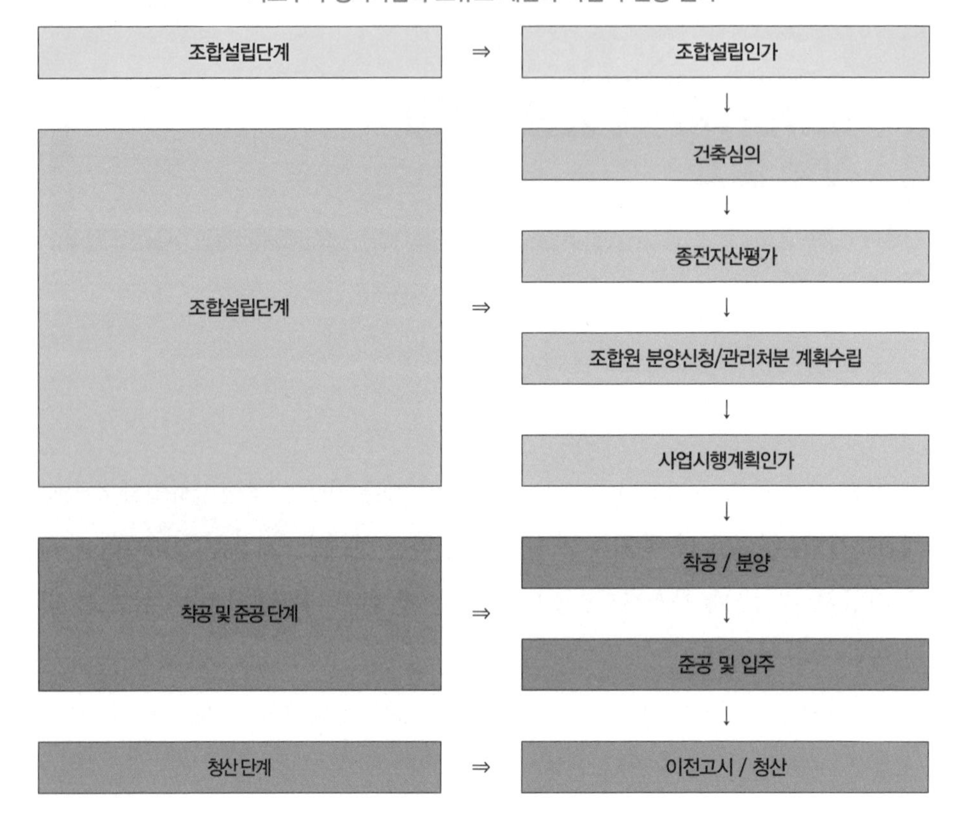

가로주택 정비사업과 소규모 재건축사업은 '도시 및 주거환경 정비법'에 따른 재개발·재건축 정비사업과는 달리 조합설립추진위원회가 없습니다. 곧바로 조합설립인가를 받으면 되죠.

물론 조합설립인가를 받기 위해서는 동의 요건을 충족해야 합니다. 그 외에도 추진절차에서 고려해야 할 사항들이 있습니다. 그래서 지금부터는 '빈집 및 소규모 주택정비에 관한 특례법'에 따른 절차를 좀 더 자세히 살펴 보도록 하겠습니다.

제1단계 : 조합설립인가

가장 먼저 조합설립인가에 대해 알아보죠. 조합설립인가를 받기 위해서는 동의 요건을 충족해야 하는데요. 가로주택 정비사업인 경우와 소규모 재건축인 경우 각각 동의 요건이 다릅니다. 게다가 가로주택 정비사업인 경우에는 단독주택으로 구성된 다시 말해 재개발 형태의 가로주택 정비사업인 경우와 사업대상지역 안에 단독주택과 공동주택(아파트, 연립/다세대주택)이 포함된 경우, 공동주택만 있는 경우 등으로 동의 요건이 또 다시 세분됩니다. 그렇기 때문에 동의 요건을 꼼꼼하게 알아두어야 하는 것입니다.

단독주택만 有	단독주택과 공동주택 혼재	공동주택만 有
• 토지등소유자의 80% 이상의 동의 및 전체 토지 면적의 2/3 이상의 동의	• 토지등소유자의 80% 이상의 동의와 각 동별 구분수유자의 과반수 동의 및 공동주택 외 건축물이 소재하는 전체 토지면적의 2분의 1 이상의 토지 소유자 동의	• 토지등소유자의 80% 이상의 동의와 동별 구분 소유자의 과반수 동의(복리시설의 경우 주택단지의 복리시설 전체를 하나의 동으로 봄)

그렇다면 왜 동의 요건을 알아두어야 하는 것일까요? 투자자 입장에서든 혹은 사업을 추진하기 원하는 조합 입장에서든 제일 중요한 것이 과연 무엇일까요? 아마도 "동의 요건을 충족할 수 있을까?"일 것입니다. 투자를 하든 조합설립을 추진하든 동의 요건을 충족하지 못한다면 투자든 사업이든 애초부터 불가능할 것이기 때문입니다. 그렇다면 동의 요건을 충족할 수 있을지 여부는 어떻게 확인할 수 있을까요?

아주 간단합니다. 분위기를 살펴 보면 됩니다. 투자자라면 매입을 희망하는 지역에 거주하는 사람들이 얼마나 적극적으로 사업추진 의지가 있는지 투자 희망

지역을 직접 방문해 주민들과 대화를 해봄으로써 분위기를 파악할 수 있습니다. 조합설립을 추진하고 있는 경우 역시 해당지역의 주민들이 얼마나 의지를 갖고 있는지를 분석한 후 예상가능한 동의자 숫자를 계산해 보면 사업진행을 위한 동의 요건의 충족 가능성 여부를 따져볼 수 있습니다.

가로주택 정비사업의 동의 요건

가로주택 정비사업의 조합설립을 위한 동의요건은 공동주택이 없는 즉, 단독주택만 있는 재개발형 가로주택 정비사업인 경우에는 토지등소유자의 10분의 8 이상 및 토지면적의 3분의 2 이상의 동의입니다. 즉, 동의율이 80% 이상이고 전체 토지면적의 2/3 이상의 동의를 받아야 조합설립이 가능하다는 말이죠. 또한, 가로주택 정비사업이면서 단독주택과 공동주택이 혼재되어 있는 경우, 동의 요건은 토지등소유자의 80% 이상의 동의율을 확보하고 각 동별 구분 수유자의 과반수 동의 및 공동주택 외 건축물이 소재하는 전체 토지면적의 2분의 1 이상의 토지 소유자 동의가 있어야 조합설립이 가능하다는 점 또한 기억해두어야 합니다.

빈집 및 소규모 주택정비에 관한 특례법

제23조(조합설립인가 등)

① 가로주택 정비사업의 토지등소유자는 조합을 설립하는 경우 토지등소유자의 10분의 8 이상 및 토지면적의 3분의 2 이상의 토지 소유자 동의를 받아 다음 각 호의 사항을 첨부하여 시장 · 군수 등의 인가를 받아야 한다. 이 경우 사업 시행구역의 공동주택은 각 동(복리시설의 경우에는 주택단지의 복리시설 전체를 하나의 동으로 본다)별 구분 소유자의 과반수 동의(공동주택의 각 동별 구분 소유자가 5명 이하인 경우는 제외한다)를, 공동주택 외의 건축물은 해당 건축물이 소재하는 전체 토지면적의 2분의 1 이상의 토지 소유자 동의를 받아야 한다.

1. 정관
2. 공사비 등 소규모 주택 정비사업에 드는 비용(이하 "정비사업비"라 한다)과 관련된 자료 등 국토교통부령으로 정하는 서류
3. 그밖에 시 · 도 조례로 정하는 서류

한편 공동주택(아파트 등)인 경우 가로주택 정비사업 조합설립을 위한 동의 요건은 토지등소유자의 80% 이상의 동의와 동별 구분 소유자의 과반수 동의(복리시설의 경우 주택단지의 복리시설 전체를 하나의 동으로 봄)를 받아야 조합설립이 가능합니다.

소규모 재건축사업의 동의 요건

소규모 재건축사업인 경우 조합설립을 위해서는 각 동(복리시설의 경우에는 주택단지의 복리시설 전체를 하나의 동으로 본다)별 구분 소유자의 과반수 동의(공동주택의 각 동별 구분 소유자가 5명 이하인 경우는 제외한다)와 주택단지의 전체 구분 소유자의 4분의 3 이상 및 토지면적의 4분의 3 이상의 토지 소유자 동의를 받아야 합니다. 또한 주택단지가 아닌 지역(아파트가 아닌 지역)이 포함되어 있다면 주택단지가 아닌 지역의 토지 또는 건축물 소유자의 4분의 3 이상 및 토지면적의 3분의 2 이상의 토지 소유자의 동의를 받아야 조합설립인가를 받을 수 있습니다.

빈집 및 소규모 주택정비에 관한 특례법

제23조(조합설립인가 등)
② 소규모 재건축사업의 토지등소유자는 조합을 설립하는 경우 주택단지의 공동주택의 각 동(복리시설의 경우에는 주택단지의 복리시설 전체를 하나의 동으로 본다)별 구분 소유자의 과반수 동의

(공동주택의 각 동별 구분소유자가 5명 이하인 경우는 제외한다)와 주택단지의 전체 구분 소유자의 4분의 3 이상 및 토지면적의 4분의 3 이상의 토지 소유자 동의를 받아 제1항 각 호의 사항을 첨부하여 시장 · 군수 등의 인가를 받아야 한다.

③ 토지등소유자는 제2항에도 불구하고 주택단지가 아닌 지역이 사업 시행구역에 포함된 경우 주택단지가 아닌 지역의 토지 또는 건축물 소유자의 4분의 3 이상 및 토지면적의 3분의 2 이상의 토지 소유자의 동의를 받아야 한다.

제2단계 : 건축심의

시장·군수(시장, 군수, 구청장)로부터 조합설립인가를 받았다면 다음 단계는 건축심의 단계가 됩니다. 소규모 주택 정비사업의 조합(가로주택 정비사업과 소규모 재건축사업조합)은 사업시행 계획인가를 받기 위해 사업시행 계획서를 작성해야 하는데요. 그 사업시행 계획서를 작성하기에 앞서 지방건축위원회의 심의를 받게 되는데 이를 가리켜 건축심의라고 합니다.

빈집 및 소규모 주택정비에 관한 특례법

제26조(건축심의)

① 가로주택 정비사업 또는 소규모 재건축사업의 사업시행자(사업시행자가 시장 · 군수등인 경우는 제외한다)는 제30조에 따른 사업시행 계획서를 작성하기 전에 사업시행에 따른 건축물의 높이 · 층수 · 용적률 등 대통령령으로 정하는 사항에 대하여 지방건축위원회의 심의를 거쳐야 한다.
② 제1항에 따른 사업시행자(시장 · 군수 등 또는 토지주택공사 등은 제외한다)는 지방건축위원회의 심의를 신청하기 전에 다음 각 호의 어느 하나에 해당하는 동의 또는 의결을 거쳐야 한다.

1. 사업시행자가 토지등소유자인 경우에는 주민합의서에서 정하는 토지등소유자의 동의
2. 사업시행자가 조합인 경우에는 조합총회에서 조합원 과반수의 찬성으로 의결. 다만, 정비사업비가 100분의 10(생산자 물가상승률분 및 제36조에 따른 손실보상 금액은 제외한다) 이상 늘어나는 경우에는 조합원 3분의 2 이상의 찬성으로 의결
3. 사업시행자가 지정개발자인 경우에는 토지등소유자의 과반수 동의 및 토지면적 2분의 1 이상의 토지 소유자의 동의

건축심의에서 심의를 받는 사항은 대통령령으로 정하고 있는데요. 여기에는 첫째, 건축물의 주용도·건폐율·용적률 및 높이에 관한 계획('건축법' 제77조의4에 따라 건축협정을 체결한 경우 건축협정의 내용을 포함한다), 둘째, 건축물의 건축선에 관한 계획, 셋째, 정비기반시설의 설치계획, 넷째, 공동이용시설의 설치계획, 다섯째, 환경보전 및 재난방지에 관한 계획, 여섯째, 그밖에 시·도 조례로 정하는 사항 등이 포함됩니다.

다만, 사업 시행구역이 '국토의 계획 및 이용에 관한 법률'의해 지정된 지구 단위 계획구역인 경우이고 중앙도시계획위원회 또는 시·도 도시계획위원회의 심의(건축위원회와 도시계획위원회가 공동으로 하는 심의를 포함한다)를 거친 사항은 제외합니다. 다음은 위의 내용과 관련된 국토교통부 유권해석 사례입니다. 참고하면 도움이 되겠죠?

질 의 서

일 시 : 2018. 06. 25
수 신 : 국토교통부 주택정비과

발 신 : 석수역세권 가로주택 정비사업조합설립 주민협의회

제 목 : 법령체계 및 사업추진에 관한 질의

석수역세권은 뉴타운(재정비촉진지구)이 해제되고, 특별계획 가능구역으로 지정 고시(서울시고시 제 2017-405호) 되었습니다. 이러한 지역에서 가로주택 정비사업을 시행하려는 경우, 법령체계 및 사업추진에 관하여 알아 보고자 합니다.

질의1) 소규모 주택정비법 제26조(건축심의) 제1항에서 "가로주택 정비사업의 시행자는 사업시행 계획서를 작성하기 전에 사업시행에 따른 건축물의 높이, 층수, 용적율 등 대통령령으로 정하는 사항에 대하여 지방건축위원회의 심의를 거쳐야 한다"고 정하고, 같은 법 시행령 제24조(건축심의) 제1항은 "다만, 사업 시행구역이 「국토의 계획 및 이용에 관한 법률」 제51조에 따라 지정된 지구 단위 계획구역인 경우로서 같은 법 제30조 제3항에 따라 중앙도시계획위원회 또는 시 · 도 도시계획위원회의 심의(건축위원회와 도시계획위원회가 공동으로 하는 심의를 포함한다)를 거친 사항은 제외한다."고 정하고 있다면,

① 이미, 수립된 영, 제1항의 서울시 도시건축공동위원회의 심의를 거친 "지구 단위 계획결정 고시"와 영, 제1항 제6호의 "그밖에 시도 조례로 정하는 사항" 중 어떤 단서에 따라 사업시행 계획서를 작성하여야 하는지요?

민원처리 내용

2. 회신내용

(1) '빈집 및 소규모 주택정비에 관한 특례법(소규모 주택정비법)' 제26조에 따라 가로주택 정비사업 또는 소규모 재건축사업의 시행자는 사업시행 계획서를 작성하기 전에 사업시행에 따른 건축물의 높이 · 층수 · 용적률 등에 대해 지방건축위원회의 심의를 받아야 하며, 소규모 주택정비법 시행령 제24조 제1항에는 건축심의를 받아야 하는 대상 및 제외하는 사항을 규정하고 있습니다.

소규모 주택정비법 시행령 제24조 제1항 단서에 따라 사업 시행구역이 '국토의 계획 및 이용에 관한 법률(국토계획법)' 제51조에 따라 지정된 지구 단위 계획구역인 경우로서 국토계획법 제30조 제3항에 따라 중앙도시계획위원회 또는 시 · 도 도시계획위원회의 심의(건축위원회와 도시계획위원회가 공동으로 하는 심의를 포함함)를 거친 사항은 심의를 거친 사항에 맞게 사업계획을 수립하여야 할 것으로 판단됩니다.

제3단계 : 종전자산평가

소규모 주택 정비사업의 조합(가로주택 정비사업과 소규모 재건축사업조합)이 건축심의를 통과했다면 그 다음 단계는 종전자산평가 즉, 조합원 자산에 대한 감정평가를 하게 됩니다. 이때 종전자산평가는 시장 · 군수 등이 선정 · 계약한 1인 이상의 감정평가업자와 조합총회의 의결로 선정 · 계약한 1인 이상의 감정평가업자가 평가한 금액을 산술평균하여 산정하도록 하고 있습니다.

종전자산평가는 투자자나 조합원들 입장에서 볼 때 정말 중요합니다. 종전자산 평가금액에 비례율을 곱하여 조합원 권리가액이 계산되기 때문입니다. 그래서 대부분의 투자자들이나 조합원들은 종전자산평가를 통해 산출된 평가금액이 무조건 높으면 좋다고 생각하는 경우가 많습니다. 과연 그럴까요?

꼭 그렇지는 않습니다. 물론 그 반대의 경우 역시 반드시 나쁘기만 한 것은 아닙니다. 자세한 내용은 비례율 계산(셋째 마당)에서 살펴 보겠습니다. 어찌되었든 재개발 · 재건축 정비사업과 마찬가지로 가로주택 정비사업이나 소규모 재건축사업 역시 종전자산평가가 이루어진 이후에는 불확실성이 상당 부분 제거되는 한편 명확한 수익성 계산이 가능해집니다.

제4단계 : 조합원 분양신청

소규모 주택 정비사업조합(가로주택 정비사업조합과 소규모 재건축사업조합)은 건축심의 결과를 통지받은 날로부터 90일 이내에 분양대상자별 종전의 토지 또는 건축물의 명세 및 심의 결과를 통지받은 날을 기준으로 한 가격, 조합원(분양대상자) 개인별 분담금 추산액, 분양신청기간, 그밖에 대통령령으로 정하는 사항을 토지등소유자에게 통보하고 이를 해당 지역에서 발간하는 일간신문에 공고하도록 하고 있습니다.

또한, 이때 조합원의 분양신청기간은 위에서 통지한 날로부터 30일 이상 60일 이내로 정하고 있는데 관리처분 계획수립에 지장이 없는 경우 20일 범위 내에서 1번 연기할 수 있습니다. 조합원분양신청 단계에서는 각 조합원별로 종전자산 평가액과 부담해야 할 분담금액의 추산액이 통지됩니다. 이쯤 되면 매물이 거래되는 시장에서 조합원들이나 투자자들의 눈치싸움이 어느 정도 정리가 됩니다. 이 시점부터는 속칭 P가 예상되는 분양가격, 주변 아파트의 시세 등에 민감하게 반응하기 때문입니다.

빈집 및 소규모 주택정비에 관한 특례법

제28조(분양공고 및 분양신청)

① 가로주택 정비사업 또는 소규모 재건축사업의 사업시행자는 제26조에 따른 심의 결과를 통지받은 날부터 90일 이내에 다음 각 호의 사항을 토지등소유자에게 통지하고, 분양의 대상이 되는 대지 또는 건축물의 내역 등 대통령령으로 정하는 사항을 해당 지역에서 발간되는 일간신문에 공고하여야 한다.

1. 분양대상자별 종전의 토지 또는 건축물의 명세 및 제26조에 따른 심의 결과를 통지받은 날을 기준으로 한 가격(제26조에 따른 심의 전에 제37조 제3항에 따라 철거된 건축물은 시장 · 군수 등에게 허가를 받은 날을 기준으로 한 가격)
2. 분양대상자별 분담금의 추산액
3. 분양신청기간
4. 그밖에 대통령령으로 정하는 사항

② 제1항 제3호에 따른 분양신청기간은 제1항에 따라 토지등소유자에게 통지한 날부터 30일 이상 60일 이내로 하여야 한다. 다만, 사업시행자는 제33조 제1항에 따른 관리처분계획의 수립에 지장이 없다고 판단하는 경우에는 분양신청기간을 20일 범위에서 한 차례만 연장할 수 있다.

제5단계 : 관리처분계획 수립

관리처분계획이란 정비사업 시행 후 분양되는 대지 또는 건축시설 등에 대하여 합리적이고 균형 있는 권리의 배분에 관한 사항을 정하는 계획을 말합니다. 이 단계에 이르면 가로주택 정비사업이나 소규모 재건축사업의 불확실성은 거의 대부분 제거된다고 볼 수 있습니다. 종전자산에 대한 관리, 종후자산의 처분 등에 관해 상세하고 구체적으로 계획을 수립하는 단계이기 때문입니다.

빈집 및 소규모 주택정비에 관한 특례법

제33조(관리처분계획의 내용 및 수립 기준)

① 가로주택 정비사업 또는 소규모 재건축사업의 사업시행자는 제28조에 따른 분양신청기간이 종료된 때에는 분양신청의 현황을 기초로 다음 각 호의 사항을 포함하여 제30조 제1항 제10호에 따른 관리처분계획을 수립하여야 한다.

1. 분양설계
2. 분양대상자의 주소 및 성명
3. 분양대상자별 분양예정인 대지 또는 건축물의 추산액(임대관리 위탁주택에 관한 내용을 포함한다)
4. 다음 각 목에 해당하는 보류지 등의 명세와 추산액 및 처분방법
   가. 일반분양분
   나. 임대주택
   다. 그밖에 부대시설 · 복리시설 등
5. 분양대상자별 종전의 토지 또는 건축물 명세 및 제26조에 따른 심의 결과를 받은 날을 기준으로 한 가격(제26조에 따른 심의 전에 제37조 제3항에 따라 철거된 건축물은 시장 · 군수 등에게 허가를 받은 날을 기준으로 한 가격)
6. 정비사업비의 추산액(소규모 재건축사업의 경우에는 「재건축 초과이익 환수에 관한 법률」에 따른 재건축 분담금에 관한 사항을 포함한다) 및 그에 따른 조합원 분담규모 및 분담시기
7. 분양대상자의 종전 토지 또는 건축물에 관한 소유권 외의 권리명세

8. 세입자별 손실보상을 위한 권리명세 및 그 평가액(취약주택정비사업의 경우로 한정한다)

9. 그밖에 소규모 주택 정비사업과 관련한 권리 등에 관하여 대통령령으로 정하는 사항

② 조합은 제29조 제3항 본문에 따른 의결이 필요한 경우 총회 개최일부터 30일 전에 제1항 제3호부터 제6호까지에 해당하는 사항을 조합원에게 문서로 통지하여야 한다.

③ 제1항에 따른 관리처분계획의 내용은 다음 각 호의 기준에 따른다. 〈개정 2018. 3. 20.〉

1. 종전의 토지 또는 건축물의 면적, 이용 상황, 환경, 그밖의 사항을 종합적으로 고려하여 대지 또는 건축물이 균형 있게 분양신청자에게 배분되고 합리적으로 이용되도록 한다.

2. 지나치게 좁거나 넓은 토지 또는 건축물은 넓히거나 좁혀 대지 또는 건축물이 적정 규모가 되도록 한다.

3. 너무 좁은 토지 또는 건축물이나 정비구역 지정 후 분할된 토지를 취득한 자에게는 현금으로 청산할 수 있다.

4. 재해상 또는 위생상의 위해를 방지하기 위하여 토지의 규모를 조정할 특별한 필요가 있는 때에는 너무 좁은 토지를 넓혀 토지에 갈음하여 보상을 하거나 건축물의 일부와 그 건축물이 있는 대지의 공유지분을 교부할 수 있다.

5. 분양설계에 관한 계획은 제28조에 따른 분양신청기간이 만료하는 날을 기준으로 하여 수립한다.

6. 1세대 또는 1명이 하나 이상의 주택 또는 토지를 소유한 경우 1주택을 공급하고, 같은 세대에 속하지 아니하는 2명 이상이 1주택 또는 1토지를 공유한 경우에는 1주택만 공급한다.

7. 제6호에도 불구하고 다음 각 목의 경우에는 각 목의 방법에 따라 주택을 공급할 수 있다.

   가. 2명 이상이 1토지를 공유한 경우로서 시 · 도 조례로 주택공급을 따로 정하고 있는 경우에는 시 · 도 조례로 정하는 바에 따라 주택을 공급할 수 있다.

   나. 다음 어느 하나에 해당하는 토지등소유자에게는 소유한 주택 수만큼 공급할 수 있다.

      1) 「수도권 정비계획법」 제6조 제1항 제1호에 따른 과밀억제권역에 위치하지 아니한 재건축사업의 토지등소유자

      2) 근로자(공무원인 근로자를 포함한다) 숙소, 기숙사 용도로 주택을 소유하고 있는 토지등소유자

      3) 국가, 지방자치단체 및 토지주택공사 등

      4) 「국가균형발전 특별법」 제18조에 따른 공공기관 지방 이전 및 혁신도시 활성화를 위한 시책 등에 따라 이전하는 공공기관이 소유한 주택을 양수한 자

다. 제1항 제5호에 따른 가격의 범위 또는 종전주택의 주거 전용면적의 범위에서 2주택을 공급할 수 있고, 이중 1주택은 주거 전용면적을 60제곱미터 이하로 한다. 다만, 60제곱미터 이하로 공급받은 1주택은 제40조 제2항에 따른 이전 고시일 다음 날부터 3년이 지나기 전에는 주택을 전매(매매 · 증여나 그밖에 권리의 변동을 수반하는 모든 행위를 포함하되 상속의 경우는 제외한다)하거나 전매를 알선할 수 없다.

라. 가로주택 정비사업의 경우에는 3주택 이하로 한정하되, 다가구주택을 소유한 자에 대하여는 제1항 제4호에 따른 가격을 분양주택 중 최소분양 단위 규모의 추산액으로 나눈 값(소수점 이하는 버린다)만큼 공급할 수 있다.

마. 「수도권 정비계획법」 제6조 제1항 제1호에 따른 과밀억제권역에서 투기과열지구에 위치하지 아니한 소규모 재건축사업의 경우에는 토지등소유자가 소유한 주택수의 범위에서 3주택 이하로 한정하여 공급할 수 있다.

④ 제1항부터 제3항까지에 따른 관리처분계획의 내용 및 수립기준, 관리처분의 방법 등에 필요한 사항은 대통령령으로 정한다.

⑤ 제1항부터 제4항까지는 시장 · 군수 등이 직접 수립하는 관리처분계획에 준용한다.

Q 제6단계 : 사업시행계획인가

사업시행자(사업시행자가 시장 · 군수 등인 경우 제외)인 가로주택 정비사업조합과 소규모 재건축사업조합이 소규모 주택 정비사업을 시행하는 경우 사업시행 계획서(이하 "사업시행 계획서"라 한다)에 정관 등과 그밖에 국토교통부령으로 정하는 서류를 첨부하여 시장 · 군수 등에게 제출하고 사업시행계획인가를 받아야 합니다. 인가받은 사항을 변경하는 경우 역시 마찬가지입니다. 다만, 대통령령으로 정하는 경미한 사항을 변경하는 경우에는 시장 · 군수 등에게 신고만으로 가능합니다.

빈집 및 소규모 주택정비에 관한 특례법

제29조(사업시행계획인가)

① 사업시행자(사업시행자가 시장 · 군수 등인 경우는 제외한다)는 소규모 주택 정비사업을 시행하는 경우에는 제30조에 따른 사업시행 계획서(이하 "사업시행 계획서"라 한다)에 정관 등과 그밖에 국토교통부령으로 정하는 서류를 첨부하여 시장 · 군수 등에게 제출하고 사업시행계획인가를 받아야 하며, 인가받은 사항을 변경하는 경우에도 또한 같다. 다만, 대통령령으로 정하는 경미한 사항을 변경하는 경우에는 시장 · 군수 등에게 신고하여야 한다.

② 시장 · 군수 등은 특별한 사유가 없으면 제1항에 따른 사업시행 계획서(사업시행 계획서의 변경을 포함한다)가 제출된 날부터 60일 이내에 인가 여부를 결정하여 사업시행자에게 통보하여야 한다.

③ 사업시행자(시장 · 군수 등 또는 토지주택공사 등은 제외한다)는 사업시행계획인가를 신청하기 전에 미리 제26조 제2항 각 호의 어느 하나에 해당하는 동의 또는 의결을 거쳐야 하며, 인가받은 사항을 변경하거나 사업을 중지 또는 폐지하는 경우에도 또한 같다. 다만, 제1항 단서에 따른 경미한 사항의 변경은 그러하지 아니하다.

④ 제18조 제1항 제1호에 따른 사업(이하 "취약주택 정비사업"이라 한다)의 사업시행자는 제3항 본문에도 불구하고 토지등소유자의 동의를 받지 아니할 수 있다.

⑤ 시장 · 군수 등은 제1항에 따른 사업시행계획인가(시장 · 군수 등이 사업시행 계획서를 작성한 경우를 포함한다)를 하거나 사업을 변경 · 중지 또는 폐지하는 경우에는 국토교통부령으로 정하는 방법 및 절차에 따라 그 내용을 해당 지방자치단체의 공보에 고시하여야 한다. 다만, 제1항 단서에 따른 경미한 사항을 변경하는 경우에는 그러하지 아니하다.

⑥ 시장 · 군수 등이 사업시행계획인가를 하거나 제30조에 따라 사업시행 계획서를 작성하는 경우에는 관계 서류의 사본을 14일 이상 일반인이 공람할 수 있게 하여야 하고 토지등소유자, 이해 관계인 등으로부터 의견을 청취할 수 있다.

사업시행 계획서에는 사업시행구역과 면적, 토지이용계획, 정비 기반시설 및 공동이용시설의 설치계획, 주민 이주대책 등은 물론 정비사업비, 분양설계 등 관리처분계획까지 포함하게 됩니다. 그야말로 해당 사업의 모든 내용을 망라한 것이 바로 사업시행 계획서라고 할 수 있는 것입니다.

빈집 및 소규모 주택정비에 관한 특례법

제30조(사업시행 계획서의 작성)

① 사업시행자는 다음 각 호의 사항을 포함하는 사업시행 계획서를 작성하여야 한다. 다만, 자율주택 정비사업의 경우에는 제1호 · 제2호 · 제3호 · 제6호 및 제7호의 사항으로 한정한다.

1. 사업시행구역 및 그 면적
2. 토지이용계획(건축물배치계획을 포함한다)
3. 정비기반시설 및 공동이용시설의 설치계획
4. 임시거주시설을 포함한 주민 이주대책
5. 사업시행기간 동안 사업 시행구역 내 가로등 설치, 폐쇄회로 텔레비전 설치 등 범죄예방대책
6. 임대주택의 건설계획
7. 건축물의 높이 및 용적률 등에 관한 건축계획(「건축법」 제77조의 4에 따라 건축협정을 체결한 경우 건축협정의 내용을 포함한다)
8. 사업시행과정에서 발생하는 폐기물의 처리계획
9. 정비사업비
10. 분양설계 등 관리처분계획
11. 그밖에 사업시행을 위한 사항으로서 대통령령으로 정하는 바에 따라 시 · 도 조례로 정하는 사항

② 사업시행자가 제1항에 따른 사업시행 계획서에 「공공주택 특별법」 제2조 제1호에 따른 공공주택(이하 "공공주택"이라 한다) 건설계획을 포함하는 경우에는 공공주택의 구조 · 기능 및 설비에 관한 기준과 부대시설 · 복리시설의 범위, 설치기준 등에 필요한 사항은 「공공주택 특별법」 제37조에 따른다.

제7단계 : 착공 및 분양

사업시행계획인가까지 모두 마무리했다면 이제 남은 것은 이주 및 착공과 분양입니다. 이 시점부터는 조합원이든 투자자든 시간과의 싸움만 남습니다. 미분양이 발생하거나 부동산 경기의 영향으로 당초 예상보다 분양가격을 낮춰야 할 상황만 발생하지 않는다면 크게 문제가 될 여지가 없기 때문입니다. 또한, 투자자 입장에서 볼 때 투자수익이 확정되는 단계가 바로 분양단계입니다. 물론 조합원들 마찬가지입니다.

빈집 및 소규모 주택정비에 관한 특례법

제34조(사업시행계획인가에 따른 처분 등)

① 가로주택 정비사업 또는 소규모 재건축사업의 사업시행자는 사업의 시행으로 조성된 대지 및 건축물을 사업시행계획 인가에 따라 처분 또는 관리하여야 한다.

② 가로주택 정비사업 또는 소규모 재건축사업의 사업시행자는 사업의 시행으로 건설된 건축물을 제29조에 따라 인가된 관리처분계획에 따라 토지등소유자에게 공급하여야 한다.

③ 사업시행자는 사업시행구역에 주택을 건설하는 경우 입주자 모집 조건 · 방법 · 절차, 입주금(계약금 · 중도금 및 잔금을 말한다)의 납부 방법 · 시기 · 절차, 주택공급 방법 · 절차 등에 관하여 「주택법」 제54조에도 불구하고 대통령령으로 정하는 범위에서 시장 · 군수 등의 승인을 받아 따로 정할 수 있다.

④ 사업시행자는 제28조에 따른 분양신청을 받은 후 잔여분이 있는 경우에는 정관 등 또는 사업시행계획으로 정하는 목적을 위하여 그 잔여분을 보류지(건축물을 포함한다)로 정하거나 조합원 또는 토지등소유자 외의 자에게 분양할 수 있다. 이 경우 분양공고와 분양신청절차 등에 필요한 사항은 대통령령으로 정한다.

⑤ 국토교통부장관, 시장 · 군수 등 또는 토지주택공사 등은 「민간임대주택에 관한 특별법」 제2조 제5호에 따른 공공지원 민간임대주택(이하 "공공지원 민간임대주택"이라 한다)이 제39조에 따른

준공인가 및 공사완료의 고시가 있은 날까지 공급대상자에게 공급이 되지 아니한 때에는 해당 임대주택을 인수할 수 있다. 이 경우 임대주택의 인수 절차 및 방법, 인수가격 등에 필요한 사항은 대통령령으로 정한다. 〈개정 2018. 1. 16.〉

⑥ 사업시행자는 소규모 주택 정비사업의 시행으로 임대주택을 건설하는 경우 임차인의 자격 · 선정방법, 임대보증금, 임대료 등 임대조건에 관한 기준 및 무주택 세대주에게 우선 매각하도록 하는 기준 등에 관하여 「민간임대주택에 관한 특별법」 제42조 및 제44조, 「공공주택 특별법」 제48조, 제49조 및 제50조의3에도 불구하고 대통령령으로 정하는 범위에서 시장 · 군수 등의 승인을 받아 따로 정할 수 있다.

⑦ 사업시행자는 제2항부터 제6항까지에 따른 공급대상자에게 주택을 공급하고 남은 주택을 제2항부터 제6항까지에 따른 공급대상자 외의 자에게 공급할 수 있다.

⑧ 제7항에 따른 주택의 공급 방법 · 절차 등은 「주택법」 제54조를 준용한다. 다만, 사업시행자가 제35조에 따른 매도청구소송을 통하여 법원의 승소판결을 받은 후 입주예정자에게 피해가 없도록 손실보상금을 공탁하고 분양예정인 건축물을 담보한 경우에는 법원의 승소판결이 확정되기 전이라도 「주택법」 제54조에도 불구하고 입주자를 모집할 수 있으나, 제39조에 따른 준공인가 신청 전까지 해당 주택건설 대지의 소유권을 확보하여야 한다.

제8단계 : 이전고시 및 청산

가로주택 정비사업조합과 소규모 재건축사업조합이 소규모 주택 정비사업 공사를 완료한 경우 시장 · 군수 등의 준공인가를 받아야 합니다. 또한, 시장 · 군수 등은 준공검사를 실시한 결과 소규모 주택 정비사업이 인가받은 사업시행계획대로 완료되었다고 인정되는 때에는 준공인가를 하고 그 사실을 해당 지방자치단체의 공보에 고시하도록 하고 있습니다.

한편, 청산과 관련하여 '빈집 및 소규모 주택 정비사업에 관한 특례법'은 "사업시행자는 대지 또는 건축물을 분양받은 자가 종전에 소유하고 있던 토지 또는 건축물의 가격과 분양받은 대지 또는 건축물의 가격 사이에 차이가 있는 경우 이전고시가 있은 후에 그 차액에 상당하는 금액(이하 "청산금"이라 한다)을 분양받은 자로부터 징수하거나 분양받은 자에게 지급하여야 한다."라고 규정하고 있습니다.

빈집 및 소규모 주택정비에 관한 특례법

제40조(이전고시 및 권리변동의 제한 등)

① 사업시행자는 제39조 제3항 및 제4항에 따른 고시가 있은 때에는 지체 없이 대지확정측량을 하고 토지의 분할절차를 거쳐 관리처분계획에서 정한 사항을 분양받을 자에게 통지하고 대지 또는 건축물의 소유권을 이전하여야 한다. 다만, 소규모 주택 정비사업의 효율적인 추진을 위하여 필요한 경우에는 해당 소규모 주택 정비사업에 관한 공사가 전부 완료되기 전이라도 완공된 부분은 준공인가를 받아 대지 또는 건축물별로 분양받을 자에게 그 소유권을 이전할 수 있다.

② 사업시행자는 제1항에 따라 대지 및 건축물의 소유권을 이전하는 때에는 그 내용을 해당 지방자치단체의 공보에 고시한 후 시장 · 군수 등에게 보고하여야 한다. 이 경우 대지 또는 건축물을 분양받을 자는 고시가 있은 날의 다음 날에 그 대지 또는 건축물의 소유권을 취득한다.

③ 사업시행자는 제2항에 따른 이전고시가 있은 때에는 지체 없이 대지 및 건축물에 관한 등기를 지방법원 또는 등기소에 촉탁 또는 신청하여야 한다. 이 경우 등기에 관한 사항은 대법원규칙으로 정한다.

④ 소규모 주택 정비사업에 관하여 제2항에 따른 이전고시가 있은 날부터 제3항에 따른 등기가 있을 때까지는 저당권 등의 다른 등기를 하지 못한다.

빈집 및 소규모 주택정비에 관한 특례법

제41조(청산금 등)

① 사업시행자는 대지 또는 건축물을 분양받은 자가 종전에 소유하고 있던 토지 또는 건축물의 가격과 분양받은 대지 또는 건축물의 가격 사이에 차이가 있는 경우 제40조 제2항에 따른 이전고시가 있은 후에 그 차액에 상당하는 금액(이하 "청산금"이라 한다)을 분양받은 자로부터 징수하거나 분양받은 자에게 지급하여야 한다.

② 사업시행자는 제1항에도 불구하고 정관 등에서 분할징수 및 분할지급을 정하고 있거나 총회의 의결을 거쳐 따로 정한 경우에는 사업시행계획인가 후부터 제40조 제2항에 따른 이전고시가 있은 날까지 일정 기간별로 분할징수하거나 분할지급할 수 있다.

③ 사업시행구역에 있는 토지 또는 건축물에 저당권을 설정한 권리자는 사업시행자가 저당권이 설정된 토지 또는 건축물의 소유자에게 청산금을 지급하기 전에 압류절차를 거쳐 저당권을 행사할 수 있다.

이전고시와 관련해 주의해야 할 점이 한 가지 있습니다. 전매제한과 관련된 부분이다. 재개발 · 재건축인 경우 조합원 자격으로 추가로 분양받은 전용 60㎡이하의 주택(이른바 1+1 주택)은 3년간 전매제한을 적용받는데 이때 그 기간이 입주시점부터 따지는 것이 아니라 이전고시일로부터 3년이라는 점이 그것입니다. 보통 입주는 소유권이전 등기 전에도 가능합니다. 그러나 소유권이전 등기는 이전고시가 있은 후에만 가능합니다. 그런데 이전고시는 입주 후 수개월이 지난 뒤에 가능한 경우가 대부분입니다. 가로주택 정비사업에 따라 공급되는 주택을 공급받는 경우 역시 이에 따라야 합니다. 자칫 계산을 잘못하면 전매제한 기간을 위반하여 예상치 못한 낭패를 당할 수 있으니 조심해야 합니다.

소규모 주택 정비사업의 매수 · 매도 타이밍은?

소규모 주택 정비사업인 가로주택 정비사업과 소규모 재건축사업에 투자하기 위한 최적의 매수 타이밍은 언제일까요? 또, 각각의 사업구역 내 조합원인 경우 언제가 최적의 매도 타이밍이라고 할 수 있을까요?

위 질문에 답하는 것만큼 어려운 것이 없을 것 같습니다. 조합설립 이전 단계에서는 누구도 예측이 매우 어렵기 때문에 답하기 힘들고 조합설립인가 이후 건축심의, 사업시행계획인가 등 사업이 진행되면 진행될수록 사업과 관련한 위험이 제거됨에 따라 투자자 입장에서는 저위험, 저수익 투자물건이 되기 쉽고, 조합원 입장에서는 추후 조합원 분양분가격 상승으로 더 큰 수익을 조기에 포기하는 위험을 감수해야 하기 때문입니다.

결국 사업초기에 투자하면 투자할수록 '고위험, 고수익'을 기대할 수 있고, 사업이 진행되면 진행될수록 '저위험, 저수익'이 된다는 뜻입니다.

매우 애매모호한 답이죠? 어떤 투자가 되었든 투자에는 본질적으로 정답이 있을 수 없기 때문에 애매모호한 답이 나올 수밖에 없습니다.

그렇다고 해서 "정답이 없으니 그렇다면 각자 재량껏 알아서 하면 되지 않을까요?"라는 식으로 접근해서는 곤란합니다. 애매모호하지만 그속에서도 애매모호함을 최소화할 수 있는 나름의 투자 포인트들이 있기 때문입니다.

첫째, 조합설립인가 단계라면…,

철저한 학습을 통해 구축한 분석기법을 활용해 사업성이 어떨지에 대한 예측을 해본 후 투자여부를 결정합니다.

둘째, 건축심의 단계라면…,

조합설립인가 이후 보다 구체적인 사업성분석이 가능해지는 단계입니다. 건축심의 이후 종전자산평가가 이루어지는 만큼 조합설립인가 단계에 비해 보다 더 정확한 권리가액의 계산이 가능해지죠. 이를 기초로 정확한 비례율의 추정도 가능해집니다. 조합설립인가 단계에 비해 위험이 제거되었기 때문에 P를 더 주고 매입해야 하는 단계입니다.

셋째, 사업시행계획인가 단계라면…,

가로주택 정비사업이나 소규모 재건축사업에서 사업시행계획인가 단계라면 거의 대부분의 위험이 제거된 단계라고 볼 수 있습니다. 당연히 더 많은 투자자금이 필요해지죠. 이 단계에서 매입이나 매도여부를 결정하기 위해서는 주변 중고아파트의 시세, 분야예정가격의 적정성 등을 따져보는 것이 중요합니다.

넷째, 일반분양 단계라면…,

향후 부동산경기가 어떻게 될지를 따져보는 것이 아주 중요합니다. 혹시라도 미분양 발생하거나 부득이하게 분양가격을 낮추어야만 하는 경우 추가 분담금이 발생해 투자수익이 하락할 수 있기 때문이죠. 그 반대인 경우라면 투자자나 조합원 모두 경제적 이익이 커지게 되죠.

다섯째, 준공 및 입주를 앞두고 있는 단계라면…,

사실 이 단계에서는 가로주택 정비사업이나 소규모 재건축사업으로 인한 불확실성은 모두 제거되었다고 볼 수 있습니다. 남은 불확실싱이라고는 "위 사업에 따라 건축된 아파트들의 시세가 어떤 방향으로 움직일 것인가?"밖에 없을 것이기 때문이죠. 그렇기 때문에 이 단계에서 매입 혹은 매도의 포인트는 오직 한 가지 밖에 없습니다.

"경쟁력 있는 아파트단지가 될 수 있을까?"가 바로 그것입니다. 그러니 경쟁력 있는 아파트가 될 수 있을지, 어느 정도 미래가격이 형성될 수 있을지 만을 판단해서 매입 혹은 매도 의사결정을 하는 것이 바람직하다고 할 수 있죠.

가로주택 정비사업과 소규모 주택 재건축사업의 조합원

가로주택 정비사업이나 소규모 주택 재건축사업의 시행으로 분양을 받기 위해서는 각각의 사업에서 조합원 자격을 갖추고 있어야 합니다. 이와 관련해 '빈집 및 소규모 주택정비에 관한 특례법'은 가로주택 정비사업은 토지등소유자를, 소규모 재건축사업은 소규모 재건축사업에 동의한 자를 각각 조합원라고 정의하고 있습니다.

빈집 및 소규모주택 정비에 관한 특례법

제2조 (정의)

6. "토지등소유자"란 다음 각 목에서 정하는 자를 말한다. 다만, 제19조 제1항에 따라 「자본시장과 금융투자업에 관한 법률」 제8조 제7항에 따른 신탁업자(이하 "신탁업자"라 한다)가 사업시행자로 지정된 경우 토지등소유자가 소규모 주택 정비사업을 목적으로 신탁업자에게 신탁한 토지 또는 건축물에 대하여는 위탁자를 토지등소유자로 본다.

가. 자율주택 정비사업 또는 가로주택 정비사업은 사업시행구역에 위치한 토지 또는 건축물의 소유자, 해당 토지의 지상권자

나. 소규모 재건축사업은 사업시행구역에 위치한 건축물 및 그 부속토지의 소유자

소규모 재건축사업은 소규모 재건축사업에 동의한 자를 조합원으로 규정하고 있기 때문에 조합원과 관련된 기준이 명확합니다. 물론 투기과열지구로 지정된 지역에서 소규모 재건축사업을 시행하는 경우에는 조합설립인가 후 해당 사업의 건축물 또는 토지를 양수(매매 · 증여 그밖의 권리의 변동을 수반하는 일체의 행위를 포함하되, 상속 · 이혼으로 인한 양도 · 양수의 경우는 제외한다.)한 자는 조합원이 될 수 없다는 점은 주의해야 합니다.

물론 여기에서도 예외는 있습니다. 양도인이 첫째, 세대원(세대주가 포함된 세대의 구성원을 말한다.)의 근무상 또는 생업상의 사정이나 질병치료 · 취학 · 결혼으로 세대원 모두 해당 사업시행구역이 위치하지 아니한 특별시 · 광역시 · 특별자치시 · 특별자치도 · 시 또는 군으로 이전하거나 둘째, 상속으로 취득한 주택으로 세대원 모두 이전하는 경우이거나 셋째, 세대원 모두 해외로 이주하거나 세대원 모두 2년 이상 해외에 체류하는 경우이거나 넷째, 그밖에 불가피한 사정으로 양도하는 경우로서 대통령령으로 정하는 경우(조합설립인가일부터 2년 이내에 사업시행계획인가 신청이 없고 해당 사업의 건축물을 2년 이상 계속하여 소유하고 있는 경우, 사업시행계획인가일부터 2년 이내에 착공신고 등을 하지 않고 해당 사업의 건축물 또는 토지를 2년 이상 계속하여 소유하고 있는 경우, 착공신고 등을 한 날부터 3년 이내에 준공인가를 받지 않고 있고 해당 사업의 토지를 3년 이상 계속하여 소유하고 있는 경우, 국가 · 지방자치단체 및 금융기관에 대한 채무를 이행하지 못하여 해당 사업의 건축물 또는 토지에 대한 경매 또는 공매가 시작되는 경우) 가운데 하나에 해당되고 이러한 양도인으로부터 그 건축물 또는 토지를 양수한 양수인은 조합원 자격을 가질 수 있습니다.

반면 가로주택 정비사업은 토지등소유자를 조합원으로 규정하고 있기 때문에 이에 대해 좀 더 짚어 볼 필요가 있습니다.

'빈집 및 소규모 주택정비에 관한 특례법' 제2조는 토지등소유자를 사업시행구역에 위치한 토지 또는 건축물의 소유자, 해당 토지의 지상권자라고 규정하고 있습니다. 그러므로 원칙적으로 가로주택 정비사업의 조합원은 토지소유자, 건축물의 소유자, 해당 토지의 지상권자가 될 수 있습니다. 한편, '빈집 및 소규모 주택정비에 관한 특례법' 제24조는 조합원의 자격 등에 대해 규정하고 있는데요. 이 부분을 잘 살펴 보면 누가 조합원 자격을 갖게 되는지 분명하게 이해할 수 있습니다. 한번 살펴 볼까요?

가로주택 정비사업의 조합원 = 토지소유자, 건축물 소유자, 토지의 지상권자

조합원 자격의 대전제는 토지등소유자입니다. 이것이 가장 큰 기준이 되는 것이죠. 토지등소유자는 위에서 살펴 본 것처럼 토지소유자, 건축물의 소유자, 해당 토지의 지상권자입니다. 그런데요. 이 기준은 한 사람이 하나의 토지, 하나의 건축물, 하나의 토지 위에 존속하는 지상권자인 경우만 해당되는 기준입니다. 만일 여러 사람이 소유권을 함께 공유(公有)하고 있는 경우이거나, 여러 명의 토지등소유자가 1세대에 속하는 경우, 1명이 단독으로 소유하던 토지나 건축물, 지상권이 조합설립인가 후 매매되어 여러 명이 소유하고 있는 경우라면 1명만 조합원 자격을 가질 수 있습니다.

다음은 '빈집 및 소규모 주택정비에 관한 특례법'에 따른 조합원의 자격이니 꼼꼼히 읽어주세요.

빈집 및 소규모 주택정비에 관한 특례법

제24조(조합원의 자격 등)

① 조합원은 토지등소유자(소규모 재건축사업의 경우에는 소규모 재건축사업에 동의한 자만 해당한다)로 하되, 다음 각 호의 어느 하나에 해당하는 때에는 그 여러 명을 대표하는 1명을 조합원으로 본다.

가. 토지 또는 건축물의 소유권과 지상권이 여러 명의 공유에 속하는 때

나. 여러 명의 토지등소유자가 1세대에 속하는 때. 이 경우 동일한 세대별 주민등록표상에 등재되어 있지 아니한 배우자 및 미혼인 19세 미만의 직계비속은 1세대로 보며, 1세대로 구성된 여러 명의 토지등소유자가 조합설립인가 후 세대를 분리하여 동일한 세대에 속하지 아니하는 때에도 이혼 및 19세 이상 자녀의 분가(세대별 주민등록을 달리하며 실거주지를 분가한 경우로 한정한다)를 제외하고는 1세대로 본다.

다. 조합설립인가 후 1명의 토지등소유자로부터 토지 또는 건축물의 소유권이나 지상권을 양수하여 여러 명이 소유하게 된 때

② 「주택법」 제63조 제1항에 따른 투기과열지구(이하 "투기과열지구"라 한다)로 지정된 지역에서 소규모 재건축사업을 시행하는 경우 조합설립인가 후 해당 사업의 건축물 또는 토지를 양수(매매 · 증여 그밖의 권리의 변동을 수반하는 일체의 행위를 포함하되, 상속 · 이혼으로 인한 양도 · 양수의 경우는 제외한다. 이하 이 조에서 같다)한 자는 제1항에도 불구하고 조합원이 될 수 없다. 다만, 양도인이 다음 각 호의 어느 하나에 해당하는 경우 그 양도인으로부터 그 건축물 또는 토지를 양수한 자는 그러하지 아니하다.

가. 세대원(세대주가 포함된 세대의 구성원을 말한다. 이하 이 조에서 같다)의 근무상 또는 생업상의 사정이나 질병치료 · 취학 · 결혼으로 세대원 모두 해당 사업시행구역이 위치하지 아니한 특별시 · 광역시 · 특별자치시 · 특별자치도 · 시 또는 군으로 이전하는 경우

나. 상속으로 취득한 주택으로 세대원 모두 이전하는 경우

다. 세대원 모두 해외로 이주하거나 세대원 모두 2년 이상 해외에 체류하는 경우

라. 그밖에 불가피한 사정으로 양도하는 경우로서 대통령령으로 정하는 경우

③ 사업시행자는 제2항 각 호 외의 부분 본문에 따라 조합원의 자격을 취득할 수 없는 경우 토지, 건축물 또는 그밖의 권리를 취득한 자에게 제36조를 준용하여 손실보상을 하여야 한다.

가로주택 정비사업의 분양자격

가로주택 정비사업과 소규모 재건축사업의 조합원들은 당연히 분양을 받을 수 있습니다. 그런데 '빈집 및 소규모 주택정비에 관한 특례법 시행령' 제31조는 "공동주택을 분양하는 경우 시 · 도 조례로 정하는 금액 · 규모 · 취득시기 또는 유형에 관한 기준에 부합하지 아니하는 토지등소유자는 시 · 도 조례로 정하는 바에 따라 분양대상에서 제외할 수 있다."라고 규정하고 있습니다. 과연 이것이 의미하는 것은 무엇일까요?

해당 내용은 가로주택 정비사업의 분양대상과 관련된 것입니다.

가로주택 정비사업의 분양대상이라고요? 그렇습니다. 가로주택 정비사업의 분양대상입니다. 또한, 공동주택을 분양하는 경우 시 · 도 조례로 금액이나 규모, 취득시기 혹은 유형에 관한 기준을 정하고 그 기준에 적합하지 않은 토지등소유자는 분양에서 제외할 수 있도록 하고 있습니다. 다시 말해 시 · 도 조례로 정하고 있는 기준에 부합되지 않을 경우 제 아무리 조합설립에 동의하고 조합원이 되었다 할지라도 정작 분양은 받지 못하게 된다는 말이죠. 아주 무서운 표현이죠? 그래서 시 · 도 조례를 반드시 살펴 봐야 합니다.

자, 그럼 지금부터 서울특별시와 인천광역시의 '빈집 및 소규모 주택정비에 관한 특례법 조례'를 살펴볼까요? 참고로 권리산정 기준일은 조합설립 인가일로 보시면 됩니다.

분양자격

서울특별시 '빈집 및 소규모 주택정비에 관한 특례법 조례'

제32조(가로주택 정비사업의 분양대상)

① 영 제31조 제1항 제3호에 따라 가로주택 정비사업으로 분양하는 주택의 분양대상자는 관리처분 계획기준일 현재 다음 각 호의 어느 하나에 해당하는 토지등소유자로 한다.

1 종전의 건축물 중 주택(주거용으로 사용하고 있는 특정무허가 건축물 중 조합정관 등에서 정한 건축물을 포함한다.) 및 그 부속토지를 소유한 자

2 분양신청자가 소유하고 있는 권리가액이 분양용 최소규모 공동주택 1가구의 추산액 이상인 자. 다만, 분양신청자가 동일한 세대인 경우의 권리가액은 세대원 전원의 가액을 합산하여 산정할 수 있다.

② 제1항에도 불구하고 다음 각 호의 어느 하나에 해당하는 경우에는 여러 명의 분양신청자를 1인의 분양대상자로 본다.

1. 단독주택 또는 다가구주택을 권리산정기준일 후 다세대주택으로 전환한 경우
2. 법 제24조 제1항 제2호에 따라 여러 명의 분양신청자가 1세대에 속하는 경우
3. 1주택 또는 1필지의 토지를 여러 명이 소유하고 있는 경우. 다만, 권리산정기준일 이전부터 공유로 소유한 토지의 지분이 제1항 제1호 또는 권리가액이 제1항 제2호에 해당하는 경우에는 그러하지 아니하다.
4. 1필지의 토지를 권리산정기준일 후 여러 개의 필지로 분할한 경우
5. 하나의 대지 범위 안에 속하는 동일인 소유의 토지와 주택을 건축물 준공 이후 토지와 건축물로 각각 분리하여 소유하는 경우. 다만, 권리산정기준일 이전부터 소유한 토지의 면적이 90제곱미터 이상인 자는 그러하지 아니한다.

6 권리산정기준일 후 나대지에 건축물을 새로이 건축하거나 기존 건축물을 철거하고 다세대 주택, 그밖에 공동주택을 건축하여 토지등소유자가 증가되는 경우

③ 제1항 제1호의 종전 토지의 총면적 및 제1항제2호의 권리가액을 산정함에 있어 다음 각 호의 어느 하나에 해당하는 토지는 포함하지 아니한다.

1. 「건축법」 제2조 제1항 제1호에 따른 하나의 대지범위 안에 속하는 토지가 여러 필지인 경우 권리산정기준일 후에 그 토지의 일부를 취득하였거나 공유지분으로 취득한 토지

2. 하나의 건축물이 하나의 대지범위 안에 속하는 토지를 점유하고 있는 경우로써 권리산정기준일 후 그 건축물과 분리하여 취득한 토지

3. 1필지의 토지를 권리산정기준일 후 분할하여 취득하거나 공유로 취득한 토지

④ 제2항 제3호 본문에도 불구하고 법 제33조 제3항 제7호 가목에 따라 2명 이상이 하나의 토지를 공유한 경우로서 "시 · 도 조례로 정하여 주택을 공급할 수 있는 경우"란 「건축법」 제정(1962.1.20) 이전에 가구별로 독립된 주거의 형태로 건축물이 건축되어 있고 가구별로 지분등기가 되어 있는 토지로서 「도시 및 주거환경 정비법」 제2조 제11호에 따른 정관 등에서 가구별 지분 등기된 토지에 대하여 주택 공급을 정한 경우를 말한다.

인천광역시 '빈집 및 소규모 주택정비에 관한 특례법 조례'

제19조(가로주택 정비사업의 분양대상)

① 영 제31조 제1항 제3호에 따라 가로주택 정비사업으로 분양하는 주택의 분양대상자는 관리처분계획 기준일 현재 다음 각 호의 어느 하나에 해당하는 토지등소유자로 한다.

1. 종전의 건축물 중 주택(주거용으로 사용하고 있는 기존 무허가 건축물 중 조합정관 등에서 정한 건축물을 포함한다.) 및 그 부속 토지를 소유한 자

2. 분양신청자가 소유하고 있는 종전토지의 총면적이 30제곱미터 이상인 자

3. 분양신청자가 소유하고 있는 권리가액이 분양용 최소규모 공동주택 1가구의 추산액 이상인 자. 다만, 분양신청자가 동일한 세대인 경우의 권리가액은 세대원 전원의 가액을 합산하여 산정할 수 있다.

② 제1항에도 불구하고 다음 각 호의 어느 하나에 해당하는 경우에는 여러 명의 분양신청자를 1인의 분양대상자로 본다.

1. 단독주택 또는 다가구주택을 권리산정기준일 후 다세대주택으로 전환한 경우
2. 법 제24조 제1항 제2호에 따라 여러 명의 분양신청자가 1세대에 속하는 경우
3. 1주택 또는 1필지의 토지를 여러 명이 소유하고 있는 경우. 다만, 권리산정기준일 현재 해당 토지를 3년 이상 공유로 소유한 자로서 토지 지분의 합이 90제곱미터 이상인 경우 또는 권리가액이 제1항 제3호에 해당하는 경우에는 그러하지 아니하다.
4. 1필지의 토지를 권리산정기준일 후 여러 개의 필지로 분할한 경우
5. 하나의 대지범위 안에 속하는 동일인 소유의 토지와 주택을 건축물 준공 이후 토지와 건축물로 각각 분리하여 소유하는 경우. 다만, 권리산정기준일 현재 해당 토지를 3년 이상 소유한 자로서 토지의 면적(해당 필지를 기준으로 한다)이 90제곱미터 이상인 경우는 그러하지 아니하다.
6. 권리산정기준일 후 나대지에 건축물을 새로이 건축하거나 기존 건축물을 철거하고 다세대주택, 그밖에 공동주택을 건축하여 토지등소유자가 증가되는 경우
③ 제1항 제1호의 종전 토지의 총면적 및 제1항 제2호의 권리가액을 산정함에 있어 다음 각 호의 어느 하나에 해당하는 토지는 포함하지 아니한다.
1. 「건축법」 제2조 제1항 제1호에 따른 하나의 대지범위 안에 속하는 토지가 여러 필지인 경우 권리산정기준일 후에 그 토지의 일부를 취득하였거나 공유지분으로 취득한 토지
2. 하나의 건축물이 하나의 대지범위 안에 속하는 토지를 점유하고 있는 경우로서 권리산정기준일 후 그 건축물과 분리하여 취득한 토지
3. 1필지의 토지를 권리산정기준일 후 분할하여 취득하거나 공유로 취득한 토지

그냥 읽어보니 조금 어려울 수도 있을 것 같군요. 그래서 간략히 정리해 보겠습니다.

가로주택 정비사업에서 아파트를 분양받을 수 있는 분양대상자가 되기 위해서는 다음의 둘 중 하나에 해당되어야 합니다.

첫째, 주택 및 그 부속 토지를 소유하면 됩니다.

둘째, 권리가액이 분양용 최소규모 공동주택 1가구의 추산액 이상이면 됩니다. 만일 분양용 최소규모 공동주택이 66㎡이라면 권리가액이 66㎡의 분양 추산액 이상이어야 한다는 뜻입니다.

또한, 위 두 가지 요건 가운데 하나를 충족하면서 여러 명의 분양신청자가 있다 할지라도 1명만 분양받을 수 있는 경우에 해당되지 않아야 합니다. 다음은 서울특별시와 인천광역시의 관련 조례를 이해하기 쉽게 풀어 설명한 것이니 참고하도록 하세요.

Q 여러 명의 분양신청자가 있어도 1명만 분양받아야 되는 경우

서울특별시 조례 기준

첫째, 권리산정기준일 이후 여러 명이 거주하지만 1채의 주택으로 인정되는 다가구주택을 여러 채의 주택으로 인정받을 수 있는 다세대주택으로 전환한 경우 여러 명의 소유자가 새롭게 생겨나더라도 1명만 분양받을 수 있습니다.

다가구주택 최00씨 소유		⇒	다세대주택 전환 3명의 소유자		1명만 분양자격 有
	3층			3층 : 최00씨 소유	
	2층			2층 : 박00씨 소유	
	1층			1층 : 이00씨 소유	

둘째, 여러 명이 분양신청을 하지만 동일세대인 경우. 예를 들어 동일 세대인 엄마, 아빠, 딸, 아들 총 4명이 분양신청을 한 경우 원칙적으로 1명만 분양받을 수 있는 자격이 있습니다.

동일 세대의	부(父)	분양신청 ⇒	1명만 분양자격 有
	모(母)		
	딸		
	아들		

셋째, 1주택 또는 1필지의 토지를 여러 명이 소유하고 있는 경우. 예를 들어 주택을 A, B 두 사람이 공동으로 소유하고 있는 경우라면 그 중 1명만 분양받을 수 있습니다. 다만, 권리산정기준일 이전부터 공유로 소유한 토지의 지분이 90㎡ 이상 또는 권리가액이 분양용 최소규모 공동주택 1가구의 추산액 이상인 경우에는 각각 분양받을 수 있는 자격이 있습니다.

주택소유자 (주택 및 토지)	A씨(1/2)	분양신청 ⇒	1명만 분양자격 有
	B씨(1/2)		

주택소유자 (주택 및 토지)	A씨 ⊙ 권리가액 최소규모 분양 공동주택 1가구 추산액 이상	분양신청 ⇒	A씨 : 분양자격 有
	B씨 ⊙ 권리가액 최소규모 분양 공동주택 1가구 추산액 이상		B씨 : 분양자격 有

넷째, 권리산정기준일 후 1필지의 토지를 여러 필지로 분할한 경우. 예를 들어 12번지라는 토지를 분할하여 12-1번지, 12-2번지로 두 필지가 되었다 할지라도 1명만 분양받을 수 있다는 말입니다.

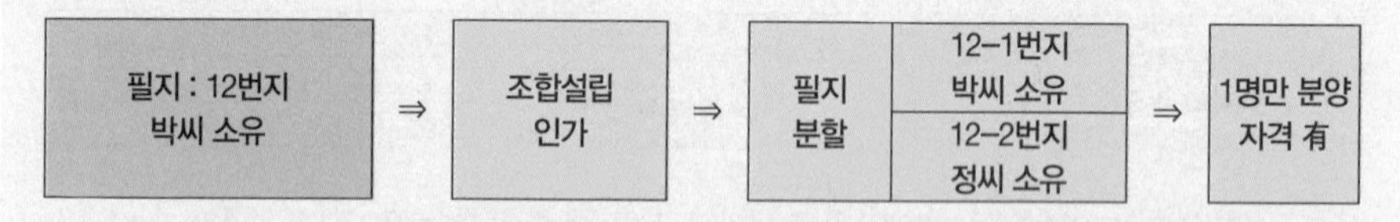

다섯째, 하나의 대지범위 안에 있던 1명 소유의 토지와 주택을 건축물 준공 이후 토지와 건축물로 각각 분리하여 소유하는 경우. 다만, 권리산정기준일 이전부터 소유한 토지의 면적이 90㎡ 이상인 경우는 분양받을 수 있습니다.

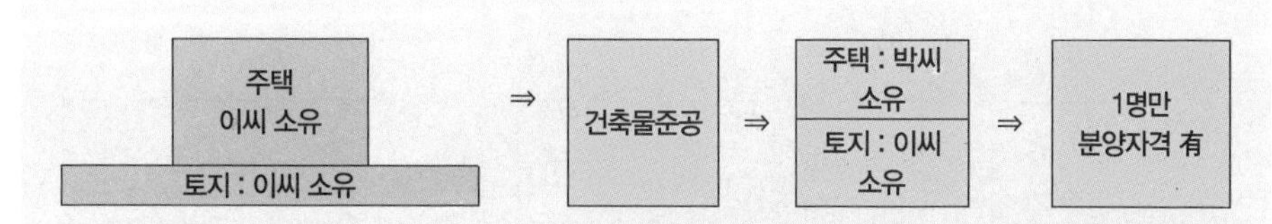

여섯째, 권리산정기준일 후 나대지에 건축물을 새로이 건축하거나 기존 건축물을 철거하고 다세대주택, 그밖에 공동주택을 건축하여 토지등소유자가 증가되는 경우 1명만 분양받을 수 있습니다.

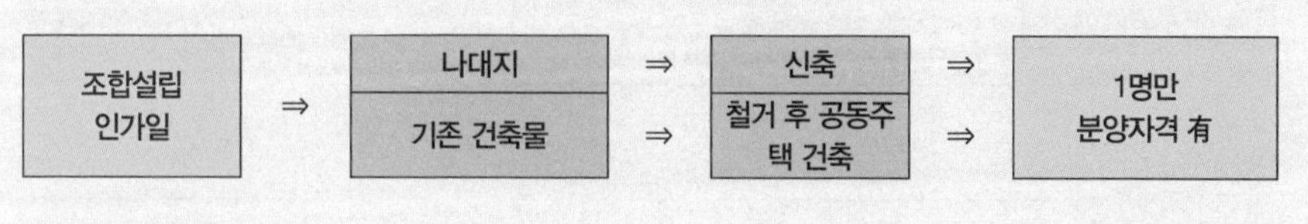

인천광역시 조례 기준

첫째, 서울시와 동일

둘째, 서울시와 동일

셋째, 1주택 또는 1필지의 토지를 여러 명이 소유하고 있는 경우. 예를 들어 주택을 A, B 두 사람이 공동으로 소유하고 있는 경우라면 그 중 1명만 분양받을 수 있습니다. 다만, 권리산정기준일 현재 해당 토지를 3년 이상 공유로 소유한 자로서 토지 지분의 합이 90㎡ 이상인 경우 또는 권리가액이 분양용 최소규모 공동주택 1가구의 추산액 이상인 경우에는 각각 분양받을 수 있는 자격이 있습니다.

〈원칙〉

주택소유자 (주택 및 토지)	A씨(1/2)
	B씨(1/2)

분양신청 ⇒ 1명만 분양자격 有

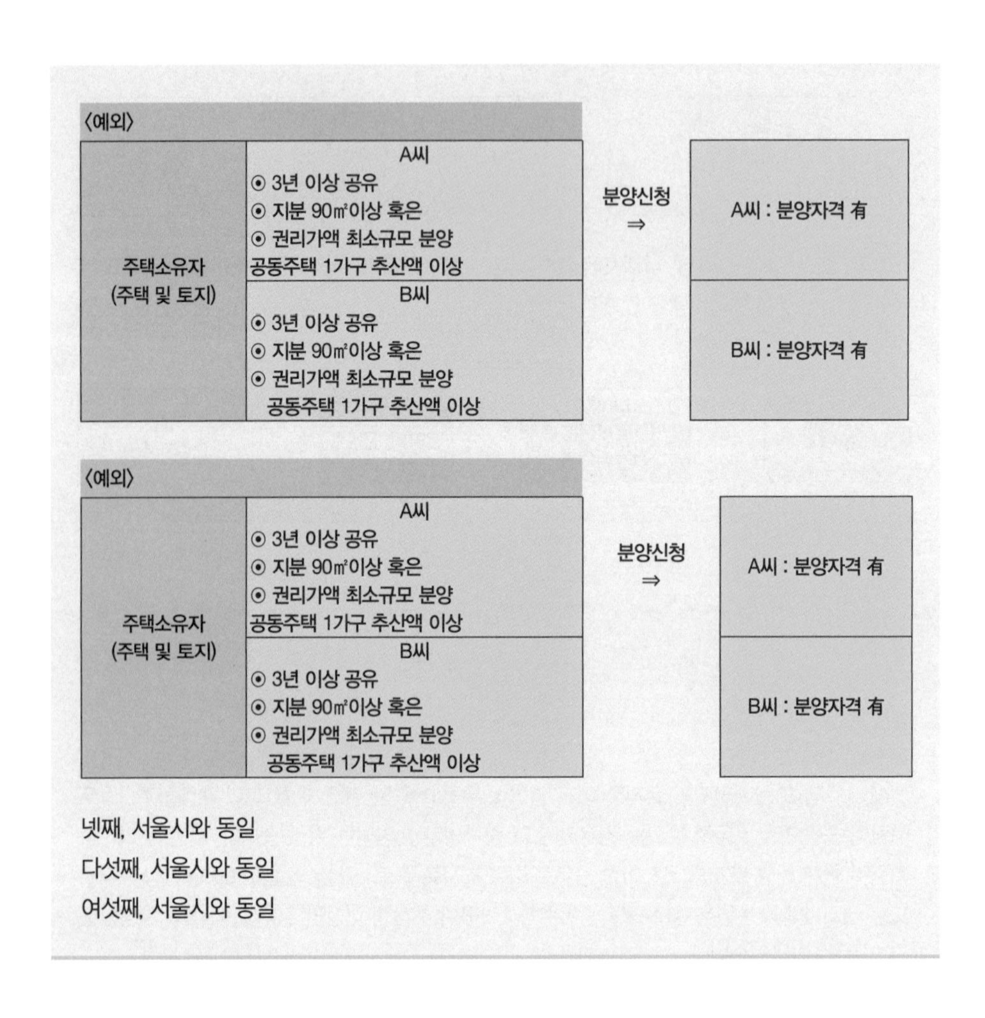

분양받기 위한 자격은 위에서 살펴 본 것처럼 각 광역지방자치단체별로 서로 다를 수 있습니다. 그러니 반드시 '빈집 및 소규모 주택정비에 관한 특례법 조례'에서 규정하고 있는 관련 내용들을 미리 확인해두는 것이 정말 중요합니다.

아, 마지막으로 한 가지만 더 짚고 넘어가겠습니다. 권리가액을 계산할 때 포함시키지 않아야 하는 경우입니다. 다음은 서울특별시와 인천광역시의 조례를 정리한 것인데요. 내용이 똑 같습니다. 그래서 하나로 묶어서 정리했으니 참고하시기 바랍니다.

첫째, 하나의 대지 범위 안에 속하는 토지가 여러 필지인 경우 권리산정기준일 후에 그 토지의 일부를 취득하였거나 공유지분으로 취득한 토지
둘째, 하나의 건축물이 하나의 대지 범위 안에 속하는 토지를 점유하고 있는 경우로서 권리산정 기준일 후 그 건축물과 분리하여 취득한 토지
셋째, 1필지의 토지를 권리산정기준일 후 분할하여 취득하거나 공유로 취득한 토지

무슨 뜻일까요?

토지의 분할 혹은 공유지분을 매입함으로써 종전자산가액을 증가시키고 이를 통해 분양자격이 없던 사람이 분양자격을 갖게 되거나 보다 큰 면적을 신청할 수 있는 상황을 차단한다는 뜻입니다. 따라서 이런 토지를 취득한다고 해서 없던 분양자격이 생기지도 않고 더 큰 면적을 신청할 수 있는 것도 아닐뿐더러 그렇게 취득한 토지들은 전부 청산대상이 되는 것이죠. 그러니 주의하시기 바랍니다. 이 부분 역시 시 · 도 조례로 규정하고 있습니다. 조례를 살펴 보는 것이 얼마나 중요한지 새삼 느끼게 해주는 것이 아닐까요?

소규모 주택 정비사업의 조합원은 몇 개의 입주권을 받을 수 있을까?

소규모 주택 정비사업(가로주택 정비사업과 소규모 재건축사업)의 조합원은 몇 개의 입주권을 받을 수 있을까요? 소규모 주택 정비사업 대상지역에 위치하고 있는 주택을 매입하는 가장 큰 이유는 누가 뭐라고 해도 조합원 자격으로 분양을 받고자 하는 것에 있습니다. 그렇기 때문에 조합원으로서 몇 개의 주택을 분양받을 수 있는지를 따져보는 것은 매우 중요하다고 할 수 있죠.

그럼 지금부터 소규모 주택 정비사업의 조합원이라면 몇 개의 주택을 분양받을 수 있을 것인지를 검토해 보도록 하죠. 관련 내용은 '빈집 및 소규모 주택정비에 관한 특례법' 제33조에서 확인할 수 있습니다.

빈집 및 소규모 주택정비에 관한 특례법

제33조(관리처분계획의 내용 및 수립기준)

③ 제1항에 따른 관리처분계획의 내용은 다음 각 호의 기준에 따른다. 〈개정 2018. 3. 20.〉

1~5 : 생략

6. 1세대 또는 1명이 하나 이상의 주택 또는 토지를 소유한 경우 1주택을 공급하고, 같은 세대에 속하지 아니하는 2명 이상이 1주택 또는 1토지를 공유한 경우에는 1주택만 공급한다.
7. 제6호에도 불구하고 다음 각 목의 경우에는 각 목의 방법에 따라 주택을 공급할 수 있다.
1). 2명 이상이 1토지를 공유한 경우로서 시 · 도 조례로 주택공급을 따로 정하고 있는 경우에는 시 · 도 조례로 정하는 바에 따라 주택을 공급할 수 있다.
2). 다음 어느 하나에 해당하는 토지등소유자에게는 소유한 주택 수만큼 공급할 수 있다.
가. 「수도권정비계획법」 제6조 제1항 제1호에 따른 과밀억제권역에 위치하지 아니한 재건축사업의 토지등소유자
나. 근로자(공무원인 근로자를 포함한다) 숙소, 기숙사 용도로 주택을 소유하고 있는 토지등소유자
다. 국가, 지방자치단체 및 토지주택공사 등
라. 「국가균형발전 특별법」 제18조에 따른 공공기관 지방이전 및 혁신도시 활성화를 위한 시책 등에 따라 이전하는 공공기관이 소유한 주택을 양수한 자
마. 제1항 제5호에 따른 가격의 범위 또는 종전 주택의 주거전용면적의 범위에서 2주택을 공급할 수 있고, 이 중 1주택은 주거전용면적을 60제곱미터 이하로 한다. 다만, 60제곱미터 이하로 공급받은 1주택은 제40조 제2항에 따른 이전고시일 다음 날부터 3년이 지나기 전에는 주택을 전매(매매 · 증여나 그밖에 권리의 변동을 수반하는 모든 행위를 포함하되 상속의 경우는 제외한다)하거나 전매를 알선할 수 없다.
바. 가로주택 정비사업의 경우에는 3주택 이하로 한정하되, 다가구주택을 소유한 자에 대하여는 제1항 제4호에 따른 가격을 분양주택 중 최소분양단위 규모의 추산액으로 나눈 값(소수점 이하는 버린다)만큼 공급할 수 있다.
사. 「수도권정비계획법」 제6조 제1항 제1호에 따른 과밀억제권역에서 투기과열지구에 위치하지 아니한 소규모 재건축사업의 경우에는 토지등소유자가 소유한 주택수의 범위에서 3주택 이하로 한정하여 공급할 수 있다.

④ 제1항부터 제3항까지에 따른 관리처분계획의 내용 및 수립기준, 관리처분의 방법 등에 필요한 사항은 대통령령으로 정한다.

⑤ 제1항부터 제4항까지는 시장 · 군수등이 직접 수립하는 관리처분계획에 준용한다.

위 내용은 '빈집 및 소규모 주택정비에 관한 특례법' 제33조의 ③항부터 ⑤항

까지의 내용으로 ③항 6호와 7호의 가목과 관련된 내용은 앞서 충분히 살펴 보았으니 여기서는 설명을 생략하도록 하겠습니다. 혹시 아직 이해가 안 되는 부분이 있다면 바로 앞쪽을 천천히 읽어보시기 바랍니다. 7호의 나목 역시 그냥 넘어가셔도 좋습니다.

진짜 주목해야 할 부분은 바로 ③항 7호 다목에서 마목까지입니다. 다목에 따르면 종전자산 평가액 또는 주거전용면적의 범위에서 2주택을 분양받을 수 있으며, 이때 1주택은 전용면적 60㎡이하를 분양받아야 하고 이전고시일로부터 3년간 전매가 제한된다고 규정하고 있고, 계속해서 라목은 가로주택 정비사업에서, 마목은 소규모 재건축사업에서 각각 최대 3주택까지 주택을 분양받을 수 있음을 규정하고 있기 때문입니다.

뭐라고요? 최대 3채까지 분양받을 수 있다고요?

그렇습니다. 분명히 가로주택 정비사업과 소규모 재건축사업에서는 조건을 충족하기만 하면 최대 3채까지 분양받을 수 있습니다. 대단하죠?

가로주택 정비사업 소규모 재건축사업	⇒	조건 충족시 최대 3채까지 분양받을 수 있음

자, 그럼 어떤 조건을 충족하면 최대 3채까지 분양받을 수 있을까요?

첫 번째로, 가로주택 정비사업입니다.

가로주택 정비사업의 경우에는 3주택 이하로 한정하되, 다가구주택을 소유한 자에 대하여는 종전자산 평가액을 분양주택 중 최소분양 단위 규모의 추산액으로 나눈 값(소수점 이하는 버린다)만큼 공급할 수 있도록 하고 있습니다. 이를 해석하면 토지등소유자의 종전자산 평가액이나 주거전용면적이 얼마나 되는지, 분양되는 아파트의 분양가격이나 주거전용면적은 어떻게 되는지에 따라 최대 3채까지 분양받을 수 있다는 의미가 됨을 알 수 있습니다. 한편, 다가구주택인 경우 종전자산 평가액이 6억 원이고 최소 분양 아파트의 분양가격이 2억 원이라면 3채(6억 원/2억 원 = 3채)를 분양받을 수 있음을 알 수 있습니다.

두 번째로, 소규모 재건축사업입니다.

소규모 재건축사업에서 최대 3채를 분양받기 위해서는 우선 과밀억제권역내 투기과열지구에 속하지 않아야 합니다. 또한 보유하고 있는 주택의 수가 3채가 되어야 3채를 분양 신청할 수 있습니다. "토지등소유자가 소유한 주택수의 범위에서 3주택 이하로 한정하여 공급할 수 있다."라고 규정하고 있기 때문이죠.

지금까지 분양받을 수 있는 주택의 수가 얼마나 되는지를 살펴 보았습니다. 그런데요. 분양받을 수 있는 것과 실제로 분양을 받는 것은 별개의 문제일 수 있습니다. 왜 그러냐고요? 분양신청을 할 때 우선순위가 있기 때문입니다. 그러니 분양신청에 있어서 우선순위는 어떻게 되는지도 꼼꼼히 살펴 보아야 합니다. 그런데 이 분양신청의 우선순위는 시 · 도 조례로 정하도록 하고 있습니다. 따라서 자신이 관심을 갖고 있는 지역의 조례를 통해 우선순위를 확인하면 됩니다. 다음은 서울특별시와 인천광역시 조례에 따른 주택공급 기준입니다. 이를 통해 분양받을 수 있는 우선순위를 확인할 수 있죠.

서울특별시 및 인천광역시 조례에 따른 주택공급 기준

서울특별시 조례

① 영 제31조 제1항 제7호 및 제2항 제1호에 따른 가로주택 정비사업 및 소규모 재건축사업의 주택공급에 관한 기준은 다음 각 호와 같다.

1. 권리가액에 해당하는 분양주택가액의 주택을 분양한다. 이 경우 권리가액이 2개의 분양주택가액의 사이에 해당하는 경우에는 분양대상자의 신청에 따른다.

2. 제1호에 불구하고 정관 등으로 정하는 경우, 다음 각 목의 기준에 따라 주택을 분양할 수 있다.

가. 국민주택규모 주택은 분양대상자의 권리가액이 많은 순으로 분양할 수 있다.

나. 국민주택규모를 초과하는 주택은 분양대상자에게 권리가액이 많은 순으로 분양할 수 있으며, 분양대상자가 분양받을 국민주택규모의 주택이 부족한 경우에는 그 부족분에 한하여 권리가액이 많은 순으로 추가 공급할 수 있다.

3. 동일규모의 주택분양에 경합이 있는 경우에는 권리가액이 많은 순으로 분양하고, 권리가액이 동일한 경우에는 공개추첨에 따르며, 주택의 동 · 층 및 호의 결정은 주택규모별 공개추첨에 따른다.

인천광역시 조례

제20조(주택공급 기준 등)

① 영 제31조 제1항 제7호 및 제2항 제1호에 따른 가로주택 정비사업 및 소규모 재건축의 주택공급에 관한 기준은 다음 각 호와 같다.

1. 권리가액에 해당하는 분양주택가액의 주택을 분양한다. 이 경우 권리가액이 2개의 분양주택가액의 사이에 해당하는 경우에는 분양대상자의 신청에 따른다.

2. 제1호에 불구하고 정관 등으로 정하는 경우, 다음 각 목의 기준에 따라 주택을 분양할 수 있다.

가. 국민주택규모 주택은 분양대상자의 권리가액이 많은 순으로 분양할 수 있다.
나. 국민주택규모를 초과하는 주택은 분양대상자에게 권리가액이 많은 순으로 분양할 수 있으며, 분양대상자가 분양받을 국민주택규모의 주택이 부족한 경우에는 그 부족분에 한하여 권리가액이 많은 순으로 추가 공급할 수 있다.
3. 동일규모의 주택분양에 경합이 있는 경우에는 권리가액이 많은 순으로 분양하고, 권리가액이 동일한 경우에는 공개추첨에 따른다. 다만, 정관 등으로 동 · 층 및 호의 결정을 따로 정하는 경우에는 총회의 의결을 거쳐 정관 등에서 정하는 바에 따라 동 · 층 및 호를 결정할 수 있다.

간단히 정리하면 다음과 같네요.

첫째, 권리가액에 해당하는 분양주택가액의 주택을 분양

둘째, 정관으로 정하는 경우 국민주택규모 주택은 권리가액이 많은 순으로 분양. 단, 국민주택규모 초과 주택은 권리가액이 많은 순으로 분양하고 분양받을 국민주택규모의 주택이 부족하면 부족분만 권리가액이 많은 순으로 추가 공급

셋째, 동일규모 주택분양에 경합이 있으면 권리가액이 많은 순으로 분양. 단, 권리가액이 같으면 공개추첨

단, 한 가지 주의해야 할 사항이 있습니다. 2채(빈집 및 소규모 주택정비에 관한 특례법 제33조 ③항 제7호 다목에 따른 경우 : 이른바 원 플러스 원 아파트)를 분양신청하거나 가로주택 정비사업, 소규모 재건축사업인 경우 최대 3채를 분양받을 수 있다는 법 규정(빈집 및 소규모주택 정비에 관한 특례법 제33조 ③항 라목, 마목)에 따라 3채를 신청한 경우 만일, 소형 면적형 아파트에 신청자가 많이 몰려 경쟁이 발생하면 우선순위는 어떻게 될까요? 아직 소규모 주택 정비사업에서는 이런 경우가 문제가 되지는 않고 있습니다. 다

만, '도시 및 주거환경 정비법'에 따른 선례를 참고할 경우 1개의 주택만 신청한 사람에게 우선권이 있다고 볼 수 있습니다. 특히, 2채(빈집 및 소규모 주택정비에 관한 특례법 제 33조 ③항 제7호 다목에 따른 경우)를 분양 신청한 경우 소형 면적형에 다수의 분양신청자가 몰려 1주택자들에게 먼저 분양하고 남은 물량이 없다면 분양을 못 받을 수도 있다는 점을 기억해 두셔야 합니다.

법에서 규정하고 있는 권리가액 VS 실무에서 규정하고 있는 권리가액

지방자치단체의 '빈집 및 소규모 주택정비에 관한 특례법' 관련 조례는 권리가액을 규정하고 있습니다. 물론 실무에서도 권리가액을 규정하고 있습니다. 그런데 조례와 실무의 권리가액의 개념이 조금 다릅니다. 어떻게 다를까요? 우선 조례에서 규정하고 있는 권리가액은 다음과 같습니다. 다음은 서울특별시와 인천광역시 조례에서 규정하고 있는 권리가액입니다. 뭐, 다른 지자체도 동일하다고 보시면 됩니다.

서울특별시와 인천광역시 조례에 따른 권리가액의 개념

서울특별시 조례

"권리가액"이란 관리처분 계획기준일 현재 영 제30조에 따라 산정된 종전 토지 등의 총가액을 말한다.

인천광역시 조례

"권리가액"이란 관리처분 계획기준일 현재 관리처분계획에 따라 산정된 종전 토지 등의 총가액을 말한다.

조례에서 규정하고 있는 권리가액을 보면 어디에도 비례율이라는 개념이 없습니다. 따라서 실무에서 다루는 권리가액과는 다소 다른 개념이라는 것을 알 수 있습니다. 그런데요. 우리는 이미 방금 전 조례에서 규정하고 있는 권리가액을 계산하는 방법을 살펴 보았습니다.

다시 한 번 살펴볼까요?

권리가액은 관리처분계획 기준일 현재 관리처분계획에 따라 산정된 종전 토지 등의 총가액인데요. 이때 다음의 세 가지 항목은 차감해야 하고 다음으로 한 가지 항목은 더해 산정할 수 있습니다.

권리가액 산정 시 차감 항목

첫째, 하나의 대지 범위 안에 속하는 토지가 여러 필지인 경우 권리산정기준일 후에 그 토지의 일부를 취득하였거나 공유지분으로 취득한 토지 둘째, 하나의 건축물이 하나의 대지 범위 안에 속하는 토지를 점유하고 있는 경우로서 권리산정 기준일 후 그 건축물과 분리하여 취득한 토지
셋째, 1필지의 토지를 권리산정기준일 후 분할하여 취득하거나 공유로 취득한 토지

권리가액 산정 시 가산할 수 있는 항목

분양신청자가 동일 세대인 경우의 권리가액은 세대원 전원의 가액을 합산해 산정할 수 있다.

그렇다면 실무에서는 권리가액을 어떻게 규정하고 있을까요?
첫째 마당에서 짧게 정리한 것을 다시 한 번 펼쳐 볼까요? 기억나시죠?

권리가액

종전자산 평가액에 비례율을 곱하여 구해진 조합원들의 실질적 자산가치
*권리가액 = 종전자산 평가액 × 비례율

비례율 산정하기

그런데 권리가액을 계산하기 위해서는 종전자산 평가액과 비례율을 알아야 합니다. 종전자산 평가액은 감정평가액입니다. 그렇기 때문에 비례율만 알면 권리가액을 구할 수 있죠. 비례율은 다음과 같이 계산합니다. 첫째 마당에서 살짝 정리한 내용인데, 기억나시죠?

비례율

종후자산 평가액(총수입액)에서 총사업비를 차감하고 이를 종전자산 평가액으로 나눈 후 100을 곱하여 구한 값

$$비례율 = \frac{(종후자산\ 평가액 - 총사업비)}{종전자산\ 평가액} \times 100$$

실무에서 비례율을 산정하는 이유는 분양대상자별로 부담하게 될 분담금을 추산하기 위해서입니다. 이 비례율 공식은 '서울특별시 도시 및 주거환경 정비조례 시행규칙'의 별지 제26호 서식에 규정되어 있는 내용입니다. 별지 제26호 서식에서는 비례율이란 "구역 내 분양대상 대지 및 건축물 등 총 추산액에서 총사업비를 뺀 금액을 종전 토지 및 건축물 총 가액으로 나눈 값을 말함"이라고 규정하고 있기 때문입니다. 이를 정리하면 다음과 같습니다.

$$비례율 = \frac{(구역내\ 분양대상\ 대지\ 및\ 건축물\ 등\ 총추산액 - 총사업비)}{토지\ 및\ 건축물\ 총\ 가액} \times 100$$

'구역내 분양대상 대지 및 건축물 등 총추산액 = 종후자산 평가액'이고 '토지 및 건축물 총 가액 = 종전자산 평가액'입니다. 따라서 우리가 앞서 정의한 바 있는 비례율과 정확히 일치하는 것이죠.

자, 여기서 다시 한 번 짚어 볼까요? 권리가액을 굳이 실무에서 계산하는 방식

이 있는데도 불구하고 그것도 조례로 정한 비례율 공식을 활용해 구하면 되는데도 불구하고 굳이 다르게 정의하고 있는 이유는 대체 뭘까요?

그 이유는 바로 권리가액을 산정하는 목적이 다르기 때문입니다. 실무에서 규정하는 권리가액은 앞서 설명한 것처럼 분양대상자별로 부담하게 될 분담금을 추산하기 위해서입니다. 그러나 조례에서 규정하고 있는 권리가액은 투기를 방지하고, 분양의 우선순위를 정하기 위한 것입니다. 즉, 토지의 분할 혹은 공유지분을 매입함으로써 종전자산가액을 증가시키고 이를 통해 분양자격이 없던 사람이 분양자격을 갖게 되거나 보다 큰 면적을 신청할 수 있는 상황을 차단하는 한편 분양대상자에게 공급되는 아파트를 분양받기 위한 우선순위를 정해야 할 필요성이 있죠. 그래서 권리가액을 다르게 규정하고 있는 것입니다.

투자의 시작은 총회책자를 읽는 것이다

소규모 주택 정비사업(가로주택 정비사업, 소규모 재건축사업)은 재개발이나 재건축 정비사업에 비해 돈 되는 사업이 아닙니다. 일단 규모 자체가 매우 작은 정비사업이 갖는 태생적 한계 때문이죠. 그래서 더더욱 특정 소규모 주택 정비사업이 돈 되는 사업인지 아니면 돈 안 되는 사업인지를 분간하는 것이 매우 중요합니다. 그러나 생각만큼 돈 되는 사업장인지 여부를 구분하는 것이 녹록치 않습니다. 분석이 녹록치 않다 할지라도 분명 누군가는 소규모 주택 정비사업을 통해 내 집 마련과 투자라는 두 마리 토끼를 모두 잡게 될 것입니다. 돈 되는 사업장, 다시 말해 사업성이 뛰어난 사업장을 찾을 수 있는 방법이 분명 있기 때문입니다.

그렇다면 어떤 방법이 있을까요? 바로 총회책자를 살펴 보는 것입니다.

총회책자?

총회책자가 뭔데 돈 되는 사업장인지 여부를 구분할 수 있을 분석할 수 있는 것일까요?

그렇습니다. 총회책자는 소규모 주택 정비사업 조합이 작성하고 조합원들에게 배포하는 것입니다. 그런데 이 총회책자에는 향후 조합이 정비사업을 통해 어느 정도의 수입을 창출하고 그 수입을 창출하기 위해 얼마의 비용(정비사업비)를 쓰게 될 것인지와 관련된 정보들이 담겨 있습니다.

언뜻 보면 굉장히 어려워 보일수도 있습니다만 사실 그렇게 어려운 내용은 아닙니다. 특별히 중요하게 보아야 할 부분만 살펴 보면 되니까요. 자, 그럼 지금부터 중요하게 살펴 볼 항목들에 대해서 살펴볼까요?

분양예정인 대지 및 건축물의 추산액

소규모 주택 정비사업을 통해 발생할 것으로 예상되는 수입액을 추정한 것입니다. 공동주택 수입추산액과 근린생활 수입추정액으로 세분하여 추정할 수 있습니다. 수입추산액은 조합원들에게 분양함으로써 예상되는 수입추산액과 일반분양분에 대한 수입추산액으로 세분됩니다.

조합원 분양가격은 관리처분계획에 따라 확정됩니다. 그러나 일반분양분에 대한 분양가격은 실제로 분양이 이루어질 때 최종적으로 확정되기 때문에 관리처분계획 확정시점에서의 일반분양분에 대한 수입추산액 역시 확정된 것이 아님을 유의해야 합니다.

비례율

분양이 이루어지지 않은 시점에서 계산된 비례율은 모두 추정 비례율입니다. 그렇기 때문에 비례율을 계산하기 위해 필요한 요소들인 종후자산 평가액, 사업비, 종후자산 평가액을 구성하는 항목들이 변동되면 비례율도 덩달아 변동됩니다. 이런 이유로 조합설립 단계에서 제공되는 비례율을 너무 믿으면 안 됩니다. 절대적인 수치가 아니기 때문이죠. 실제로 정비사업비에 대한 불확실성이 대부분 제거된 추산액이나 비례율은 관리처분계획을 위한 총회책자에서 확인할 수 있습니다. 그 이전에는 사업성이 어느 정도 될지 조망해 보는 자료로 참고하는 것이 바람직하다고 할 수 있습니다.

Q 공사비(신축비)

공사비는 아파트를 신축하는 데 소요되는 비용을 말합니다. 신축비용은 물론 철거비용도 포함되죠. 신축비용에는 아파트는 물론 상가 등 부대복리시설을 신축하기 위한 비용도 포함됩니다. 공사비가 소규모 주택 정비사업에서 차지하는 비중은 70%가 넘습니다. 따라서 공사비에 따라 총사업비가 크게 변동될 수 있다는 점을 유념해두셔야 합니다.

공사비 = 철거비용 + 아파트 신축비용 + 상가 등 부대복리시설 신축비용

아, 참. 전체 공사비와 함께 단위면적당 공사비 예를 들면 3.3㎡ 기준으로 환산한 공사비는 어떻게 되는지도 확인해두는 것이 좋습니다.

토지비

토지비는 조합원이 되기를 거부하거나 조합원 자격이 없는 토지등소유자에 대한 현금청산 비용, 매도청구 비용 및 사업부지 내 국공유지의 매입에 소요되는 비용, 이전등기 관련 제세금, 명도소송비용 등을 말합니다. 토지비가 높아지면 대개 현금청산자가 증가하는 경우라고 볼 수 있는데요. 이렇게 되면 초기 사업비 지출이 많아지는 단점은 있으나 적정수준인 경우 최종적으로는 비례율을 높여주는 긍정적인 작용을 할 수 있습니다.

조사용역비

조사용역비란 측량 및 지질조사비, 정비사업 전문관리비, 설계비, 감리비, 문화재조사비나 소음진동 영향평가비 · 친환경인증용역 · 배출소음저감대책용역 · 상수도폐쇄 관리용역 · 지구 외 이전건물 안전진단비용 등과 같은 기타 용역비 등을 말합니다.

판매비

판매비는 조합이 분양하는 아파트 및 상가 등 부대복리시설의 판매를 위해 소요되는 비용입니다. 분양대행수수료, 분양보증수수료, 광고 선전비 등이 대표적입니다.

사업비

사업비는 사업의 진행을 위해 부수적으로 소요되는 성격의 비용을 말합니다. 조합운영비, 각종 총회경비, 회계감사 용역비, 예비비, 입주관리비, 감정평가 수수료 등이 대표적이며 LH공사와 같은 공기업이 공동사업시행자로 참여하는 가로주택 정비사업인 경우에는 사업시행 수수료도 사업비에 포함됩니다. 여기서는 특히 예비비를 주목해 볼 필요가 있습니다. 예비비는 만약의 경우를 대비해 편성한 비용입니다. 그런데 이 예비비 항목은 사업성이 떨어지는 사업장에서는 적게 반대로 사업성이 뛰어난 사업장에서는 충분하게 편성되는 경우가 대부분입니다. 그러므로 예비비가 공사비(혹은 총사업비)의 몇 퍼센트로 책정되어 있는지를 확인함으로써 해당 사업장의 사업성이 얼마나 될 것인지를 개략적으로나마 유추해 볼 수 있습니다. 예비비는 보통 총사업비의 1% 수준에서 책정됩니다.

제세공과금

제세공과금은 보존등기비용, 학교용지부담금, 상수도원인자분담금, 하수도원인자분담금, 재산세, 가스전기 인입분담금, 법인세 등이 포함됩니다. 특히 주목해 볼 항목은 법인세 항목입니다. 조합은 기본적으로 수익이 발생하면 세금을 납부해야 하는데 이때 법인세라는 이름으로 세금을 납부하게 됩니다. 그렇기 때문에 법인세가 많이 책정된 경우라면 사업성이 좋아서 세금을 많이 내야 한다는 것을 의미합니다. 사업성이 그만큼 좋다는 뜻인데요. 당연히 비례율도 높게 나오겠죠?

금융비용

금융비용이란 이주비 대여이자, 사업비이자, 건설자금 조달이자, 기금이자(국민주택기금 융자에 따른 발생이자) 등을 말합니다. 대규모 사업장에 비해 큰 규모는 아니지만 작은 사업장일수록 금융비용이 사업성에 미치는 영향은 더 클 수 있다는 점에서 금융비용 수준(예를 들어 규모나 금리 등)을 꼼꼼하게 확인하는 것이 매우 중요하다고 할 수 있습니다.

가장 중요한 것은 시장상황이다!

총회책자를 통해서 확인할 수 있는 것은 소규모 주택 정비사업을 통해 얼마의 분양수입을 창출할 수 있고 그 분양수입의 창출을 위해 얼마의 비용이 소요되는지에 대한 것입니다. 사업성이 좋아지기 위해서는 당연히 분양수입을 극대화하거나 비용을 최소화해야 합니다. 그런데 비용을 최소화하는 것은 분명 한계가 있습니다. 그래서 사업성은 얼마나 분양수입을 극대화할 수 있느냐에 달려 있다고 볼 수 있습니다. 이런 점에서 볼 때 부동산시장의 상황과 분양가격이 어떻게 되느냐에 따라 사업성이 최종 결정된다고 볼 수 있습니다.

예를 들어 부동산시장이 침체국면에 있는 상태에서 분양을 하게 될 경우 미분양 혹은 분양을 촉진하기 위해 중도금 미분양과 같은 조건을 내걸어야 할 수도 있고, 미분양분의 일부 또는 전부를 LH공사나 지방공사 혹은 임대정비리츠에 매각해야 하는 경우도 발생할 수 있습니다. 결국, 전자의 경우라면 사업비 증가 → 비례율 하락 → 사업성 하락 현상이 발생하게 되고, 후자의 경우라면 수입금액

감소 → 비례율 하락 → 사업성 하락 현상이 발생하게 되는 것이죠. 두 경우 모두 추가부담금을 피해갈 수 없을 것입니다. 만일 시장상황이 양호한 경우라면 반대로 비례율 상승 → 사업성 상승 → 분담금 감소 현상이 발생하게 될 것입니다.

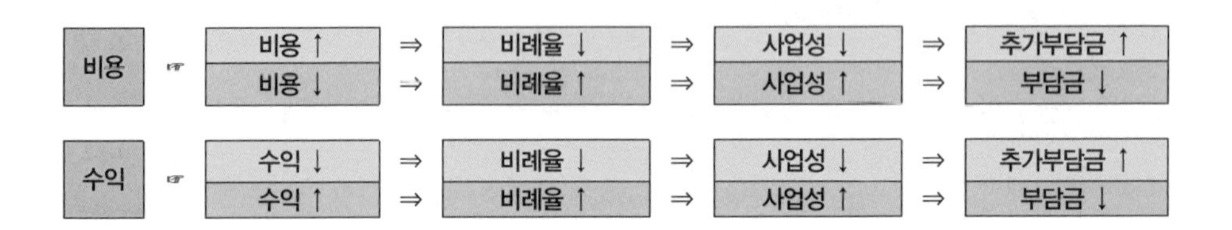

이처럼 가장 중요한 것은 시장상황입니다. 따라서 총회책자를 통해 주요 내용을 살펴 보는 한편, 분양이 이루어지게 될 시점에서의 시장상황이 어떻게 될 것인지를 반드시 사전에 예상해 보는 것이 중요합니다.

총회책자, 이렇게 분석하자

앞서 총회책자를 살펴 보는 것이 중요하다는 사실을 알았습니다. 그래서 이번에는 간략하게 어떻게 총회책자를 활용하면 좋을지에 대해 살펴 보려고 합니다.

소규모 주택 정비사업 역시 사업의 진행됨에 따라 여러 번 총회를 거쳐야 하는데요. 가장 처음 나오는 총회책자는 조합창립총회책자입니다. 당연히 관리처분계획이나 사업시행계획인가를 위한 총회에서 제공되는 책자에 비해 불확실성이 높습니다. 여러 가지 변수가 확정되지 않은 채 남아 있기 때문이죠. 사업이 시작 단계인 만큼 거의 대부분의 항목들이 추정된 것이니 어쩔 수 없죠. 그래서 창립총회책자를 덮어 놓고 믿으면 안 된다고 말하는 것입니다.

그렇다고 해서 소규모 주택 정비사업에서 제공되는 창립총회책자를 불신해서도 안 됩니다. 창립총회책자를 꼼꼼히 살펴 보기만 하면 사업성을 예측해 볼 수 있는 다양한 정보들을 획득할 수 있기 때문입니다. 그래서 지금부터 창립총회책자를 어떻게 활용하면 좋은지 분석해 보려고 합니다.

다음은 실제 가로주택 정비사업조합의 창립총회책자에서 발췌한 내용입니다. 여기서 한 가지 당부의 말씀을 드려야겠군요. 아래의 발췌 자료를 볼 때 사업성이 좋은지 나쁜지는 논외로 하시고 단지 앞에서 살펴 본 내용들을 어떻게 활용하면 되는지에만 집중해주시면 좋겠습니다.

자, 그럼 지금부터 시작해 볼까요?

총사업비 분석하기

먼저 총사업비부터 보겠습니다. 총사업비는 385억 556만 7천 원으로 제시되어 있습니다. 또한, 총사업비는 크게 공사비와 그밖의 사업비용으로 나뉘어져 있고 공사비는 294억 764만 2천 원, 그밖의 사업비용은 90억 9,792만 5천 원인 것으로 제시되어 있습니다.

총사업비

항 목		산출금액(단위 : 천 원)	산출근거
공사비	신축비	29,407,642	• 계약 연면적, 상부 공사비 4,000천 원/3.3㎡ 및 지하층 공사비는 상부 공사비의 70%를 적용하여 산출함
	철거비	신축비에 포함	
그밖의 사업비용		9,097,925	• 공사비를 제외한 조사측량비, 설계감리비, 보상비, 관리비, 부대경비 등
총 계		38,505,567	

철거비 및 신축비 산출내역

* 상기 계산액은 추후 각종 인허가 과정 및 선정된 업체(시공자 등의 협력업체)의 도급단가 및 계약, 면적, 물가인상, 관련 규정 및 기타 제반여건 변경 등에 의하여

비용이 변동될 수 있음.

* '도시 및 주거환경 정비법' 제11조 제4항에 의거하여 사업시행자는 시공자와 공사에 관한 계약을 체결할 때에는 기존 건축물의 철거 공사에 관한 사항을 포함한다는 규정에 따라 철거비가 신축비에 포함됨.

그밖의 사업비용 산출내역

공사비를 제외한 조사측량비, 설계감리비, 보상비, 관리비, 부대경비 등으로 세부내역 참조하세요.

사례의 사업장은 총사업비에서 공사비가 차지하는 비중이 76.37%입니다. 그밖의 사업비용이 차지하는 비중은 23.63%입니다. 사례의 사업장은 '공사비 : 그밖의 사업비용'이 '3.23 : 1'의 관계가 성립되고 있다는 것을 알 수 있습니다.

공사비 분석하기

총사업비를 살펴 보았으니 다음으로 공사비를 살펴 보죠. 공사비는 크게 신축비와 철거비로 세분되어 있지만 도시 및 주거환경 정비법에서 규정하고 있는 바에 따라 철거비는 신축비에 포함되어 있습니다. 보통 철거비는 철거되는 면적을 기준으로 산정할 수도 있고, 신축 연면적 기준으로 산정할 수도 있습니다. 기존 연면적을 기준으로 산정할 경우에는 '기존 연면적 × 단위 면적당(3.3058㎡) 철거공사단가'를 적용하여 계산하고 신축 연면적 기준으로 산정하는 경우에는 '신축 연면적 × 단위 면적당(3.3058㎡) 철거공사단가'로 계산하면 됩니다.

철거비 산정방법	
기존 연면적 기준 산정	기존 연면적 × 단위 면적당(3.3058㎡) 철거공사단가
신축 연면적 기준 산정	신축 연면적 × 단위 면적당(3.3058㎡) 철거공사단가

창립총회책자에서 구체적으로 단위면적당(3.3058㎡) 신축비나 철거비를 제시하지 않고 총액으로 제시하고 있기 때문에 철거비는 신축 연면적 기준으로 계산해 보죠. 대략 3.3058㎡(1평) 당 5만 5천 원(부가세 포함)으로 계산해 보면 되지 않을까 싶습니다.

한편, 총회책자의 공사비는 지상층과 지하층을 구분하여 제시하고 있으나 따로 단위 면적당 단가를 제하지 않고 총액으로 알려주고 있습니다. 단위 면적당 신축비를 추정하기 위해서는 우선 전체 공사비를 신축비와 철거비로 분리해야 합니다. 신축비와 철거비를 분리하기 위해 총회책자에서 지상층 면적과 지하층 면적을 추출해 보니 다음과 같습니다. 이제 지상층 면적에 단위 면적당 철거공사 단가를 곱하면 철거비용을 구할 수 있습니다. 자, 그럼 지금부터 철거비를 계산해 봅시다.

지상층 면적	지하층 면적	총 연면적
20,519.33㎡	3,921.02㎡	24,440.35㎡

철거비를 계산해 보니 다음과 같군요.

$$*철거비 = 지상층\ 신축\ 연면적 \times 단위\ 면적당\ 철거공사단가$$

$$= \frac{20,519.33㎡}{3.3058㎡} \times 55,000원/㎡$$

$$= 341,388,817원$$

철거비를 계산했으니 신축비를 계산해 볼까요? 계산을 해 보니 다음과 같네요.

$$*신축비 = 공사비 - 철거비$$

$$= 29,407,642,000원 - 341,388,817원$$

$$= 29,066,253,183.4원$$

공사비에서 신축비를 분리해냈으니 이제 지하층을 포함한 총 연면적을 기초로 단위 면적당 신축비를 계산하기만 하면 됩니다.

*1평 = 3.3058㎡
1㎡ = 0.3025평

$$단위\ 면적당\ 신축비 = \frac{신축비총액}{(지상층\ 연면적 + 지하층\ 연면적)}$$

$$= \frac{29,006,253,183.4원}{[(20,519.33㎡ + 3,921.02㎡) \times 0.3025평]}$$

$$= 3,931,481.6원/3.305㎡(1평\ 기준)$$

3.3058㎡(1평) 기준 신축비가 393만 원 수준으로 책정되어 있군요. 주 52시간 근로제, 최저임금 인상 등 인건비 상승요인이 크게 부담으로 작용하고 있어 3.3㎡ 기준 430만 원 이상으로 이미 공사비가 상승한 상태이고 향후 지속적인 비용 상승요인으로 작용할 것이라는 점을 감안할 때 공사비의 인상은 피할 수 없을 것으로 예상됩니다. 이 부분만 놓고 보면 '비용 상승 → 비례율 하락 → 사업성 하락 → 추가부담금 증가'라는 문제가 발생할 여지가 있을 것 같습니다.

수입금액 산출하기

공사비를 검토해 보았으니 이제 수입금액을 살펴 볼 차례입니다. 수입금액을 총회책자에서는 분양 예정인 대지 및 건축물의 추산액으로 표시하고 있네요.

수입금액은 크게 공동주택(아파트) 분양수입과 근린생활시설 분양수입으로 구분할 수 있습니다. 이때 분양수입은 조합원에게 분양하는 물량과 일반분양하는 물량을 모두 포함해 계산됩니다. 총회책자를 보니 조합원 분양가는 면적에 차이 없이 3.3058㎡ 기준 730만 원으로 책정되어 있고, 일반분양가는 3.3058㎡ 기준 866만 7천 원으로 책정되어 있군요. 정말 저렴한 분양가격이라고 할 수 있습니다. 이렇게 분양가격이 저렴한 이유는 도대체 뭘까요? 아마도 주변지역의 아파트 시세가 높지 않은 곳이고 세대수가 크지 않은 아파트라는 점 때문이지 않을까라고 추정해 보면 틀리지 않을 것 같습니다. 하지만 그렇다 하더라도 분양가격이 낮게 책정된 감이 없지 않습니다. 전체 분양수입은 아파트 분양수입 446억 3,967만 2천 원과 근린생활시설 분양수입 15억 원을 더한 총 461억 3,967만 2천 원인 것으로 제시되어 있습니다.

공동주택 수입 추정

구분	유형(㎡)	세대수(세대)		조합원분양가		일반분양가		분양수입 (단위 : 천 원)
		조합원	일반분양	평당	세대당	평당	세대당	
분양주택	16	41	임대주택					8,677,793
	26	60						
	36	12	–	7,800	121,090	–	–	1,453,074
	46	30	–	7,800	145,345	–	–	4,360,356
	51	16	12	7,800	163,490	8,667	181,655	4,795,699
	59	7	75	7,800	200,322	8,667	222,580	18,095,714
	66		30	–	–	8,667	241,901	7,257,036
합 계		166	117					44,639,672

근린생활 수입 추정

층별	계약면적 (㎡)	평당 분양가격 (단위 : 천 원)	분양수입 (단위 : 천 원)	비고
1	330.58	15,000	1,500,000	

조합원과 일반분양가의 차이가 3.3058㎡ 당 86만 7,000원입니다. 59㎡ 기준으로 볼 때 총액으로 2,225만 8천 원의 차이가 발생하게 되는데요. 재개발이나 재건축 정비사업에 비해 그 차이가 작다는 것을 알 수 있습니다. 일단, 창립총회 책자 기준으로 그렇다는 것이니 서두에 말씀드렸던 것처럼 이것만 가지고 사업성을 판단하시면 절대로 안 된다는 점을 잊지 마시기 바랍니다.

종전자산 평가액 살펴 보기

종전자산 평가액이란 사업을 하기에 앞서 토지등소유자들이 소유하고 있는 부동산의 가치를 평가한 금액입니다. 그런데 총회책자에서 제공되는 종전자산 평가액은 추정치에 불과합니다. 소규모 주택 정비사업의 경우 건축심의를 받은 이후 종전자산 평가를 하기 때문입니다. 따라서 조합창립총회 시점에서 제시되는 종전자산 평가액은 얼마든지 변동할 수 있다는 점을 감안해두어야 합니다. 다음은 총회책자에서 발췌한 종전자산 평가액입니다.

종전토지 및 주택의 예상가격 추정액

	구분	구성	금액(백만 원)	비고
종전 자산추정	건물 및 토지	62동 62필지	7,616	• 감정평가 시행 전 주변시세 등을 고려하여 종전 자산가치 추정 ※본 자산평가는 유동적이므로 참고만 하시기 바랍니다.

비례율 분석하기

종전자산 평가액까지 검토해 보았으니 이제 비례율을 살펴 볼 차례입니다. 총회책자를 보니 다음과 같이 비례율이 계산되어 있습니다.

$$\text{추정비례율} = \frac{\text{분양수입*(종후자산)} - \text{지출**(총사업비)}}{\text{지본금(종전자산)}} \times 100$$

$$= \frac{46{,}139{,}672{,}000\text{원} - 38{,}505{,}567{,}000\text{원}}{7{,}616{,}000{,}000\text{원}} \times 100$$

$$= 100.2377\%$$

*p145 참조

**p140 참조

비례율은 사업성을 판단하는 데 매우 유용한 지표입니다. 그래서 보통 비례율이 높으면 사업성이 좋다고 판단하죠. 통상 비례율이 100%가 넘으면 사업성이 좋다고 봅니다. 따라서 비례율만 놓고 보면 창립총회책자에 나타난 위 사업장의 사업성은 보통 수준이고 볼 수 있습니다.

위에서 정리한 것들을 기초로 포인트를 정리해 보죠. 소규모 주택 정비사업은 일반분양 물량이 적습니다. 그래서 재개발이나 재건축 정비사업에 비해 사업성이 떨어지는 것이죠. 그러나 역설적이게도 규모가 작은 것이 장점이 될 수도 있는 것이 바로 소규모 주택 정비사업입니다. 예를 들어 분양수입이나 지출비용을 조금만 절약해도 사업성이 크게 개선되는 효과를 기대할 수 있기 때문입니다. 그러나 그럼에도 불구하고 더 중요하게 고려해야 하는 것이 있습니다. 전체적인 부동산 시장상황과 해당 사업장이 위치하고 있는 지역에서 어느 정도 수준까지 분양가격을 수용할 수 있느냐 하는 것이 바로 그것입니다. 결국 소규모 주택 정비사업에서도 시장상황, 해당 사업장의 예상 분양가격이 가장 중요한 요소인 것이죠.

셋째 마당

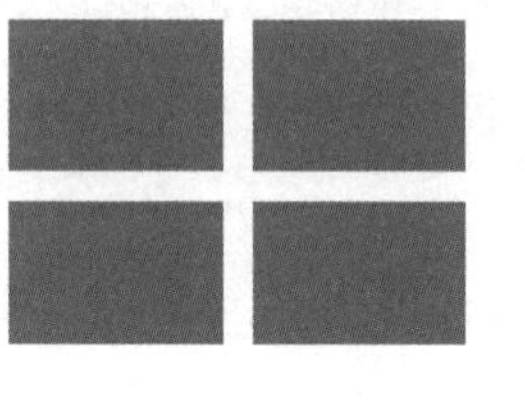

사업성분석하기 1 : 재개발 성격을 갖는 가로주택 정비사업

▶ 이것만은 미리 알아두자! ◀

셋째 마당은 사례를 중심으로 소규모 주택 정비사업을 차근차근 살펴 볼 것입니다. 그 중에서도 특히 가로주택 정비사업에 초점을 맞추고자 합니다. 가로주택 정비사업은 재개발 성격을 갖고 있는 사업장과 재건축 성격을 갖고 있는 사업장으로 구분할 수 있습니다. 사업대상지 자체가 단독주택 밀집지역인 경우와 아파트단지로 구성되어 있는 경우로 구분되기 때문입니다.

그래서 이번 마당에서는 두 가지 유형의 가로주택 정비사업 가운데 우선 재개발 성격을 갖고 있는 가로주택 정비사업을 중점적으로 살펴 보려고 합니다. 자칫 복잡하고 어렵게 보일수도 있지만 소규모 주택 정비사업은 재개발 · 재건축 정비사업에 비해 절차나 요건, 사업과 관련된 주요 내용들이 단순합니다. 누구나 조금만 신경을 쓰면 어렵지 않게 이해할 수 있다는 의미입니다.

가로주택 정비사업 같은 소규모 정비사업은 여러 가지 변수 가운데 특히 사업비가 사업의 성패를 결정하는 매우 중요한 변수가 될 수 있다는 점에서 사업비에 대한 명확한 이해가 반드시 필요합니다. 이번 마당에서 총사업비, 공사비에 대해 좀 더 자세히 살펴 보고 이를 통해 비례율이 왜 중요한지를 다시 한 번 살펴 보려고 합니다. 이 외에도 이번 마당에서는 감정평가액은 어떻게 산출되고, 비례율과 감정평가액 사이의 묘한 관계가 성립하는 이유는 무엇인지, 분담금과 추가부담금이라는 것은 무엇인지 등을 직접 계산해 봄으로써 알아 볼 것입니다.

이상과 같은 내용을 살펴 봄으로써 셋째 마당에서는 재개발형 가로주택 정비사업에 대한 사업성분석을 보다 구체화하겠습니다.

핵심 개념 풀이

★총사업비

가로주택 정비사업의 시행을 위해 투입되는 비용의 총액으로 공사비(신축비)와 기타사업비의 합(기타사업비를 다시 보상비와 기타사업비로 구분할 수도 있음)

★공사비(신축비)

가로주택 정비사업의 시행에 따라 발생하는 공동주택 및 근린생활시설의 신축에 소요될 것으로 추정되는 비용

★기타사업비(그밖의 사업비용)

공사비(신축비)를 제외한 전체 사업비용

★종전자산 평가액(감정평가액)

조합원들이 가로주택 정비사업 이전 보유하고 있던 토지 등의 전체 평가액

★종후자산 평가액(감정평가액)

가로주택 정비사업의 시행으로 분양되는 공동주택(아파트)와 근린생활시설의 분양을 통해 발생할 것으로 예상되는 수입액의 추정치. 즉, 신축될 아파트 및 상가를 건축계획에 따라 분양신청 만료일 현재 준공된 것으로 가정해 세대별 분양가격을 산정한 것.

★비례율

종후자산 평가액(총수입액)에서 총사업비를 차감하고 이를 종전자산 평가액으로 나눈 후 100을 곱하여 구한 값

$$비례율 = \frac{(종후자산\ 평가액 - 총사업비)}{종전자산\ 평가액} \times 100$$

★권리가액

종전자산 평가액에 비례율을 곱하여 구해진 조합원들의 실질적 자산가치

$$권리가액 = 종전자산\ 평가액 \times 비례율$$

★분담금

조합원들이 가로주택 정비사업의 시행에 따라 분양을 받기 위해 지불해야 하는 금액으로 조합원 분양가액에서 권리가액을 차감하여 계산됨.

$$분담금 = 조합원\ 분양가격 - 권리가액$$

★추가부담금

관리처분계획에 따라 조합원들이 납부해야 할 것으로 예상되었던 분담금 외에 사업성 하락에 따른 비례율의 하락으로 인해 조합원들이 추가적으로 부담해야 하는 부담금

가로주택 정비사업의 두 가지 유형

가로주택 정비사업은 재개발 성격을 갖는 가로주택 정비사업과 재건축 성격을 갖는 가로주택 정비사업으로 구분할 수 있습니다. 실제로 대한민국에서 현재 추진되고 있거나 진행단계에 있는 가로주택 정비사업의 유형은 재개발형 즉, 단독주택이나 연립 · 다세대주택들을 함께 묶어 사업이 진행되고 있는 경우 아니면 아파트 단지를 대상으로 하는 가로주택 정비사업으로 구분할 수 있습니다.

가로주택 정비사업의 유형

가로주택 정비사업	⇒	재개발형 가로주택 정비사업
		재건축형 가로주택 정비사업

같은 가로주택 정비사업이라 할지라도 재개발형 가로주택 정비사업과 재건축형 가로주택 정비사업은 고려해야 할 사항들에 다소 차이점가 있는 것이 사실입니다. 예를 들어 재개발형 가로주택 정비사업에서는 종전자산 평가액이 조합원

별로 천자만별인 경우가 대부분인데 비해 재건축형 가로주택 정비사업인 경우에는 아파트이기 때문에 같은 면적형의 아파트라면 큰 차이가 없는 경우가 대부분이죠.

사업이 진행됨에 따라 이사를 가야하는 경우 재개발형 가로주택 정비사업에 비해 재건축형 가로주택 정비사업이 좀 더 빨리 이사 갈 수 있을 가능성이 높습니다. 현실적으로 아파트에 거주하는 경우 인근 지역의 여타 아파트나 주택으로 이사하기 쉬운 경우가 대부분이기 때문입니다.

재개발형 가로주택 정비사업 현장 모습

재건축형 가로주택 정비사업 현장 모습

이처럼 소소하게 챙겨야 할 내용들이 가로주택 정비사업의 유형에 따라 달라진다는 점을 꼭 기억해두어야 합니다. 작은 변수들이 모여 큰 차이를 만든다는 것이 재개발 · 재건축 정비사업을 통해 수없이 경험한 것 아니겠습니까?

총사업비와 공사비는 무엇일까?

총사업비는 말 그대로 사업에 소요되는 전체 비용을 말합니다. 이것은 재개발 · 재건축 정비사업이나 소규모 주택 정비사업이나 다를 것이 하나도 없습니다. 다만 그 구성항목만 달라질 뿐이죠. 가로주택 정비사업이 소규모 주택 정비사업 가운데 하나라는 것은 알고 계시죠?

혹시 헷갈리신다면 소규모 주택 정비사업에는 자율주택 정비사업, 가로주택 정비사업, 소규모 재건축사업이 있습니다. 이 가운데 지금 우리는 가로주택 정비사업의 총사업비와 공사비에 대해 공부하고 있는 것이죠.

자, 계속해서 공부하시죠.

총사업비는 공사비(신축비)와 기타사업비를 구하게 된다는 것은 앞서 공부했습니다. 기억나시죠? 그런데요. 공사비와 기타사업비 사이에는 재미있는 비례관계가 성립됩니다. 비례관계라고요? 네. 그렇습니다. 정확히 비례관계라고 말했습니다.

예를 들어 총사업비를 100%라고 할 때 공사비(신축비)는 약 70~77%를 차지하게 되고, 기타사업비는 23~30% 정도를 차지하게 됩니다. 대략 7%정도(공식처럼 고정된 것은 아님)의 차이가 발생하게 되는데요. 이는 가로주택 정비사업장의 특성에 따라 편차가 발생할 수 있기 때문이라고 보시면 됩니다.

총사업비의 구성비율

총사업비(100%) = 공사비 + 기타 사업비
= 70%~77% + 23%~30%

물론 반드시 총사업비에서 공사비와 기타사업비가 차지하는 비율이 꼭 지켜져야 하는 것은 아닙니다. 실제로 가로주택 정비사업장에서도 이를 따르기 위해 별도의 노력을 하고 있지도 않습니다. 그럼에도 불구하고 대부분의 사업장에서 위와 같은 수준의 비례관계가 어느 정도 형성되고 있습니다. 한 가지 재미있는 사실은 가로주택 정비사업은 물론 재개발 · 재건축 정비사업인 경우에도 위와 같은 관계가 성립한다는 것입니다. 재개발인 경우가 재건축인 경우에 비해 총사업비에서 기타사업비가 차지하는 비중이 좀 더 높게 나타난다는 것만 빼면요. 재개발은 재건축에 비해 기부체납이 많은 것은 물론 재건축에는 없는 임차인에 대한 보상비도 별도로 이루어져야 하기 때문입니다.

가로주택 정비사업은 기부채납도 거의 없고 임차인에 대한 보상비용도 의무적인 것은 아닙니다. 법적인 의무가 없으니 하지 않아도 된다는 뜻이죠. 그럼에도 불구하고 재개발 성격의 가로주택 정비사업인 경우 현실적으로 임차인에 대한 보상을 외면하기 쉽지 않습니다. 재개발 정비사업 현장을 떠올려 보신다면 그 이유를 좀 더 쉽게 이해하실 수 있으실 것입니다. 상대적으로 열악한 임차인들을 무작정 거리로 내모는 것이 가로주택 정비사업의 목적은 아니니까요. 그래서 재개발 성격의 가로주택 정비사업에서는 재건축 성격의 가로주택 정비사업에서는 고려하지 않아도 되는 임차인 보상비가 발생할 수 있는 것이죠. 물론 이것이 기타 사업비를 높이는 이유가운데 하나가 될 수도 있습니다.

다시 본론으로 돌아와서 그렇다면 이런 비례관계를 알아두는 것이 왜 중요할까요?

이 대답은 지극히 간단합니다. 사업성이 얼마나 되는지 추정해보기 위해서입니다. 가로주택 정비사업에 소요되는 비용이 얼마나 될지 개략적으로나마 추정할 수만 있다면 예상되는 수익금액과 비교해 얼마나 수익을 창출해낼 수 있을 것인지를 계산할 수 있을 것이기 때문입니다.

과연 그럴까요? 검증을 해 보는 것이 필요하겠죠? 그래서 지금부터 수도권의 재개발 성격을 갖고 있는 가로주택 정비사업장의 사례를 가지고 가로주택 정비사업의 총사업비와 공사비를 분석해 보도록 하겠습니다. 자, 지금부터 시작하겠습니다. 눈을 번쩍 뜨고 집중해주시기 바랍니다.

다음의 자료는 창립총회 이후 여러 번의 총회를 거치면서 수정된 정비사업비(안)입니다. 하지만 사업이 보다 더 진행됨에 따라 정비사업비가 변동될 수 있다는 점은 반드시 염두해두셔야 합니다. 다만, 창립총회 이후 여러 번의 총회를 거치면서 다듬어진 정비사업비(안)이므로 어느 정도는 신뢰를 해도 될 것 같습니다.

정비사업비

구분	항목	금액(단위 : 천 원)	비고	비율
조사 측량비	측량비	31,063	0.08%	0.285%
	지질조사	42,000	0.10%	
	흙막이 설계비	-	-	
	문화재 조사비	2,000	0.005%	
	석면조사 용역비	40,000	0.10%	
설계 감리비	설계비	446,500	1.10%	3.56%
	전기 / 건축감리	946,576	2.34%	
	소방감리			
	통신감리			
	석면감리	50,000	0.12%	
공사비	대지조성 공사비	30,840,223 단, 통상 공사비 = 건축시설공사비 + 공사비부가세 + 건축물철거비	76.18%	77.06%
	건축시설 공사비			
	공사비 부가세			
	건축물 철거비			
	석면해체 및 지정폐기물처리			
	지장물 이설비(상하수도)	90,000	0.22%	
	지장물 이설비(전기)	90,000	0.22%	
	지장물 이설비(통신)	90,000	0.22%	
	지장물 이설비(도시가스)	90,000	0.22%	
손실 보상비	국공유지 매입비용	598,715	1.48%	4.01%
	청산대상자 청산금	875,383	2.16%	
	영업손실 보상비	-	-	
	주거 이전비	-	-	
	명도소송비용	150,000	0.37%	
관리비	조합운영비	526,575	1.30%	1.85%
	소송비용	100,000	0.25%	
	회계감사비/세무대행 수수료	20,000	0.05%	
	기타 관리비	100,000	0.25%	
	감정평가 수수료	80,000	0.20%	

외주 용역비	정비업체 용역비	476,445	1.18%	2.34%
	고통영향평가 등	-	-	
	경관계획 용역비	43,000	0.11%	
	사전재해 영향성 검토	20,000	0.05%	
	세입자 조사	35,000	0.09%	
	녹색건축물 인증	15,000	0.04%	
	건축물 에너지 효율등급	20,000	0.05%	
	장애물 없는 생활환경	20,000	0.05%	
	친환경인증 성능평가	20,000	0.05%	
	교육환경에 관한 계획	15,000	0.04%	
	국공유지 무상협의	15,000	0.04%	
	범죄예방수립	90,000	0.22%	
	이주 및 공가관리	90,000	0.22%	
각종 부담금	가스전기 인입분담금	42,000	0.10%	1.82%
	학교용지 부담금	367,940	0.91%	
	상수도 원인자 부담금	95,811	0.24%	
	하수도 원인자 부담금	231,792	0.57%	
제세 공과금	보존 등기비	1,021,811	2.52%	2.61%
	법인세 및 재산세	34,724	0.09%	
기타 경비	분양보증 수수료	118,048	0.29%	0.98%
	기타 조사비용	180,000	0.44%	
	민원 처리비	100,000	0.25%	
금융비	기금이자	351,038	0.87%	2.375%
	건설자금 조달이자	406,867	1.005%	
	조합원 이주비 대여금이자	122,554	0.30%	
	기금이자2	82,233	0.20%	
LH 수수료	분양대행 수수료	541,675	1.34%	2.57%
	사업수수료	497,939	1.23%	
예비비	예비비	222,526	0.55%	0.55%
합계		40,485,438	100%	

정비사업비 계획에 따른 총사업비는 404억 8,534만 원입니다. 우리가 익히 알고 있는 재개발이나 재건축 정비사업에 비해 사업비가 상당히 작다는 것을 알 수 있습니다. 그래서 소규모 주택 정비사업이라는 이름이 붙어 있는 것이 아닐까요?

공사비 산출하기

총사업비 가운데 공사비는 312억 223천 원입니다. 그런데 여기서 한 가지 짚고 넘어가야 할 부분이 있군요. 보통 공사비는 건축시설 공사비와 공사비 부가세, 건축물 철거비를 합한 금액을 의미하는데요. 위의 경우에서는 석면 해체 및 지정 폐기물 처리, 지장물 이설비(상하수도), 지장물 이설비(전기), 지장물 이설비(통신), 지장물 이설비(도시가스)까지 포함하고 있네요. 큰 금액은 아니니까 그냥 그렇구나하는 정도로 넘어가시면 될 것 같습니다. 총사업비에서 공사비가 차지하는 비중을 보니 77.06%인 것을 알 수 있습니다.

기타사업비 산출하기

총사업비에서 공사비를 차감하면 기타사업비를 구할 수 있습니다. 사례의 조합은 기타사업비가 92억 8,521만 원이라는 것을 알 수 있는데요. 총사업비의 22.94%에 해당됩니다.

손실보상비 산출하기

재개발형 가로주택 정비사업인 경우 손실보상비가 발생할 수 있다고 했습니다. 그런데 사례의 사업장은 상가 임차인에 대한 영업손실 보상비나 주택임차인에 대한 주거 이전비를 책정해 놓지 않았습니다. 그래서 손실보상비가 총사업비의 4.01%에 불과합니다. 이런 경우는 임차인이 거의 없거나 있더라도 보상비를 지급하지 않아도 될 것으로 예상되는 경우라고 볼 수 있습니다. 하지만 현실적으로 보상비를 전혀 지급하지 않아도 되는 경우가 얼마나 될지 의문이 드는 것이 사실입니다. 이 부분은 다소 걱정이 되는 부분이라고 볼 수 있겠습니다.

금융비 산출하기

금융비는 기금이자, 건설자금이자, 조합원 이주비 대여금 이자, 기금이자로 구성되어 있습니다. 가로주택 정비사업은 HUG(주택도시보증공사)로부터 저리로 융자를 받을 수 있다는 장점이 있습니다. 그래서 금융비도 총사업비의 2.375%로 크지 않다는 사실을 확인할 수 있습니다.

수수료 점검하기

사례의 사업장은 독특한 비용항목이 있습니다. LH수수료라는 항목인데요. 이것은 또 무엇일까요? 생소하시죠? 사례의 사업장은 LH공사가 공동사업시행자로 참여하고 있는 LH참여형 가로주택 정비사업장입니다. 그래서 LH공사에 수수료를 지급해야 하는 것이죠. 그런데요. 수수료 항목이 2개군요. 사업수수료와 분양대행수수료인데요. 총사업비의 2.57%네요. 금융비보다 더 비중이 크군요. 소규모 정비사업인 가로주택 정비사업에는 어울리지 않는 것이 아닌가 하는 생각이 드는군요. 어찌되었든 LH공사나 공기업이 공동사업시행자로 참여하는 경우 수수료 항목을 점검해야 할 필요가 있겠습니다.

예비비 점검하기

예비비는 말 그대로 예비적 성격으로 편성해 놓은 예산입니다. 계획에 없던 비용지출 요인이 생긴다면 낭패가 아닐 수 없습니다. 그래서 이런 경우를 대비해 사전에 편성해 놓은 예산이 바로 예비비입니다. 그렇기 때문에 예비비는 가능한 범위 내에서 충분하게 확보해 놓는 것이 좋습니다. 보통 재개발이나 재건축 정비사업에서는 예비비를 총사업비의 1% 수준으로 확보해 놓는 것이 일반적입니다. 물론 그 보다 더 높은 수준으로 확보해 놓는 경우도 있고 그 이하로 확보해 놓는 경우도 있습니다만 대개 1% 수준으로 예비비를 책정합니다. 그런데 사례의 사업장은 예비비가 0.55%에 그치고 있습니다. 충분하다고 볼 수 없군요.

자, 여기서 한 가지!

"가로주택 정비사업에 소요되는 비용이 얼마나 될지 개략적으로나마 추정할 수만 있다면 예상되는 수익금액과 비교해 얼마나 수익을 창출해낼 수 있을 것인지를 계산할 수 있다."라고 한 말을 기억하십니까?

총사업비가 200억 원이라면 공사비와 기타 사업비의 관계를 통해 공사비와 기타사업비를 개략적으로 추정할 수 있겠죠? 총사업비의 70~77%(140억~154억)가 공사비이고 23~30%(46억~60억)가 기타사업비일 테니까요. 이제 남은 것은 총수익만 추정하면 되겠네요. 그렇죠? 총수익의 추정은 바로 이어지니 조금만 참으세요.

지금까지 실제 재개발 성격을 갖고 있는 가로주택 정비사업장의 정비사업비에 대해 공부했습니다. 이를 통해 우리는 가로주택 정비사업의 총사업비를 구성하는 제반 비용들에는 어떤 것들이 있는지, 그 구성비율은 어떻게 되는지를 개략적으로 살펴 보았습니다.

비례율이 중요한 이유

재개발이나 재건축을 조금이라도 관심이 있는 경우라면 비례율이라는 용어도 익숙하실 텐데요. 사실 조금 과장해서 표현하면 비례율 이야말로 재개발, 재건축의 시작과 끝이라고 볼 수 있습니다. 그만큼 중요한 것이 비례율입니다.

뜬금없이 웬 재개발, 재건축이이냐고 반문하실 수도 있으실 것 같은데요. 가로주택 정비사업도 원래는 재개발, 재건축과 같은 정비사업에 속해 있었기 때문에 재개발, 재건축을 먼저 언급한 것입니다. 물론 현재 가로주택 정비사업은 재개발, 재건축과는 많은 차이가 있죠. 이 부분은 앞에서 이미 살펴 보았으니 살짝 넘어가시죠.

어찌되었든 우리 가로주택 정비사업 역시 비례율이 중요한데 그 이유는 사업의 성격이 재개발, 재건축과 같은 정비사업과 대동소이하다는 정도로만 기억해 두시면 될 것 같습니다.

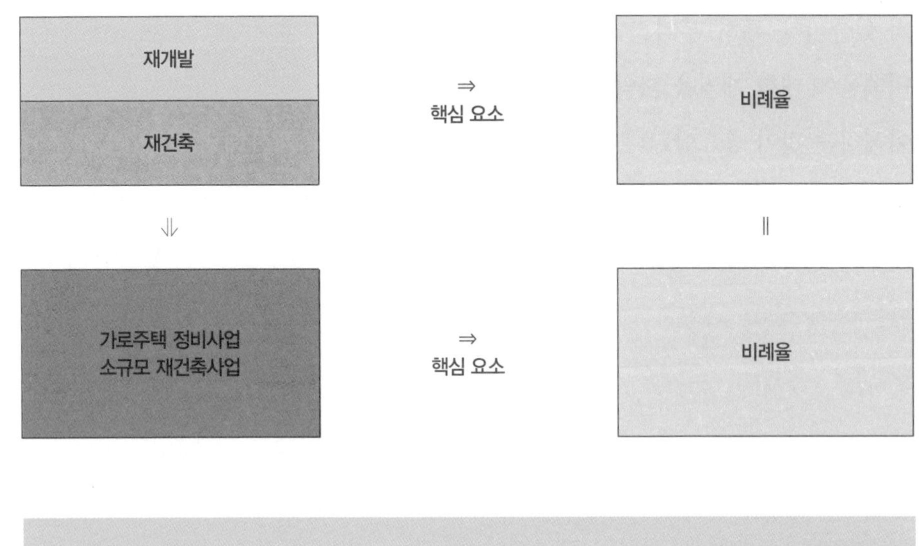

가로주택 정비사업
소규모 재건축사업 의 핵심 요소 = 비례율”

다시 한 번 말씀드리죠. 비례율은 가로주택 정비사업이나 소규모 재건축사업에서도 매우 중요한 개념입니다. 투자여부를 검토하고 있는 경우든 아니면 가로주택 정비사업, 소규모재건축사업의 추진을 검토하는 경우가 되었든 비례율은 지혜로운 의사결정에 강력한 도구가 되어줄 수 있기 때문이죠. 재개발, 재건축을 논할 때마다 수없이 많은 전문가들이 줄기차게 비례율을 강조합니다. 실제로 비례율에 대한 이해 없이 재개발, 재건축에 투자해 큰 낭패를 본 사례들이 정말 많습니다. 그럼에도 불구하고 여전히 비례율이라는 개념을 제대로 이해하지 못하고 있는 경우가 많아서 안타깝습니다.

그래서 소규모 주택 정비사업 그 중에서도 가로주택 정비사업과 소규모 재건축사업을 이해하기 위해서는 먼저 비례율이란 어떤 것인지 개념을 살펴 볼 필요가 있습니다. 특히, 투자를 고민하고 있는 경우라면 더욱 그렇죠. 그러고 나서 즉, 비례율에 대한 개념을 파악한 후 비례율이 어떻게 계산되는지 그 과정을 온전히 이해하는 것이 중요합니다. 이를 통해 정확한 비례율을 계산해낼 수 있기 때문이죠. 마지막으로 가장 중요한 부분이겠죠? 계산된 비례율을 어떻게 활용해야 하는지를 빼놓으면 안 됩니다.

비례율의 개념 잡기

비례율은 사업을 통해서 발생할 것으로 예상되는 순이익(총분양수입-총사업비용)을 사업하기 전의 자산가격(종전자산 평가액이라고 함)으로 나누어 구한 값을 말합니다. 개발을 하기 전 자산의 가치가 얼마나 증가하게 될 것인지를 설명해주는 지표가 바로 비례율인 것이죠.

비례율을 구하는 식은 아주 간단합니다. 위에 글로 풀어쓴 것을 그대로 식으로 바꿔주기만 하면 되기 때문이죠. 먼저 쉼 호흡 한번 크게 해주세요. 그럼 시작해 볼까요!

비례율 계산식

$$\frac{\text{총분양수입} - \text{총사업비용}}{\text{사업하기 전의 자산가격(종전자산 평가액)}} \times 100$$

비례율 계산을 글자가 아닌 식으로 변환시켜 보니 좀 더 이해하기 쉬운가요?

아마 아닐 거예요. 글자로만 보는 것에 비해 좀 더 쉬워지기는 했지만요. 틀림없이 비례율 계산식에 있는 총분양수입, 총사업비용, 사업하기 전의 자산가격(종전자산 평가액)이라는 단어들이 알쏭달쏭 하겠죠. 그렇지 않은가요? 그러니 우선 비례율 계산식에 있는 개념들을 다시 한 번 정리해 보는 것이 필요할 것 같군요.

Q 총분양수입(종후자산 평가액) 산출하기

총분양수입은 종종 종후자산 평가액이라고도 하는데요. 가로주택 정비사업, 소규모 재건축사업, 재개발 · 재건축 정비사업을 하면 아파트와 상가를 건설해 분양을 하게 되죠. 이때 아파트와 상가를 분양해 받게 되는 총수입금을 총분양수입 혹은 종후자산 평가액이라고 합니다.

예를 들어 보죠.

APT		상가	
공급면적(㎡)	110	공급면적(㎡)	1,000
세대수	80세대		
분양가격(㎡)	6,050,000원	분양가격(㎡)	9,075,000원
(A)분양수입	53,240,000,000원	(B)분양수입	9,075,000,000원
총분양수입	62,315,000,000원 (A+B)		

공급면적이 110㎡ 면적형 하나밖에 없고 공급세대는 80세대, ㎡ 당 분양가격이 605만 원인 아파트와 ㎡ 당 분양가격이 907만 5천 원인 상가를 분양하는 경

우의 총분양수입은 아파트의 분양수입(532억 4,000만 원 : 110㎡×80세대×605만 원)과 상가의 분양수입(90억7,500만 원 : 1,000㎡ × 907만 5,000원)을 더하면 됩니다.

총분양수입 = 아파트 분양수입 + 상가 분양수입
= 53,240,000,000원 + 9,075,000,000원
= 62,315,000,000원

그래서 총분양수입은 623억 1,500만 원이 되죠. 쉽죠? 계속해서 총사업비용을 계산해 보죠.

총사업비 산출하기

가로주택 정비사업, 소규모 재건축사업, 재개발 · 재건축 정비사업을 하기 위해 투입되는 비용의 총계를 가리켜 총사업비라고 합니다. 또한, 총사업비는 아파트와 상가를 짓는 데 소요되는 비용인 공사비와 기타사업비(금융비용이나 조합운영비 등 등)로 다시 세분되죠. 그렇기 때문에 총사업비는 공사비와 기타사업비를 더해서 구할 수 있습니다.

예를 들어 시공비가 300억 원이고 기타사업비가 90억 원이라면 총사업비용은 390억 원이 되는 것이죠.

총사업비용 = 시공비 + 기타사업비
= 300억 원 + 90억 원
= 390억 원

사업하기 전의 자산가격(종전자산 평가액) 산출하기

사업하기 전의 자산가격을 종전자산 평가액이라고도 합니다. 그런데 이 종전자산 평가액은 가로주택 정비사업이나 재개발, 재건축 사업을 시행하는 사업장의 조합원들이 보유하고 있는 부동산(토지 및 건축물)의 가치를 모두 더해서 구하게 되는데요. 그렇다면 조합원들이 보유하고 있는 부동산의 가치는 어떻게 구할 수 있을까요?

감정평가사가 평가한 금액이 바로 종전자산 평가액입니다. 그런데 가로주택 정비사업, 소규모재 건축사업인 경우 감정평가사가 종전자산을 평가하는 시점이 건축심의를 받은 이후가 됩니다. 처음 투자를 할 때는 당연히 종전자산 평가액을 알 수 없게 되는 것이죠. 그렇다고 너무 걱정할 필요는 없습니다. 조합창립총회책자를 통해 개략적인 종전자산 평가액을 알 수 있으니까요. 또한 나름대로 종전자산 평가액을 추정해 볼 수 있는 방법도 있답니다. 이 부분은 다시 상세히 설명하는 것으로 하고 계속 진도를 나가도록 하겠습니다.

예를 들어 A라는 가로주택 정비사업 조합이 있고 사업장 내 조합원들이 보유하고 있는 토지와 건축물의 감정평가액을 보니 200억 원이었다면 A조합의 종전자산 평가액은 200억 원이 됩니다.

종전자산 평가액 = 감정평가사가 평가한 조합원들의 전체 부동산 가치
= 200억 원

비례율 계산하기

우리는 비례율을 어떻게 계산하는지 간략하게 살펴 보았습니다. 아마도 여러분들이 처음 생각했던 것보다 너무 간단해서 깜짝 놀라셨을 것 같습니다. 물론 아닐 수도 있겠지만요. 어떤가요? 백 번 듣는 것보다 한 번 직접 계산해 보는 것이 비례율을 보다 완벽하게 이해하는 데 도움이 됩니다.

자, 그럼 지금부터 비례율을 계산해 볼까요?

위에서 언급한 숫자들을 가지고 아주 단순하게 비례율을 계산해 보도록 하겠습니다. 시작해 보죠. 우선 비례율 계산 공식을 소환해 봅니다. 그리고 비례율 공식에 총분양수입, 총사업비, 종전자산 평가액을 하나씩 대입해 봅니다.

$$\frac{\text{총분양수입} - \text{총사업비}}{\text{사업하기 전의 자산가격(종전자산 평가액)}} \times 100$$

$$\frac{62{,}315{,}000{,}000\text{원} - 39{,}000{,}000{,}000\text{원}}{20{,}000{,}000{,}000\text{원}} \times 100$$

= 116.575%

공식에 숫자들을 하나씩 대입해 계산해 보니 비례율이 116.575%인 것을 알 수 있습니다. 굉장히 높네요. 이런 사업장이라면 굉장히 사업성이 좋은 것이라고 볼 수 있습니다. 무슨 근거로 그런 말을 하느냐고요? 이어지는 비례율 활용하기를 꼼꼼하게 읽어보시기만 하면 금방 알 수 있을 것입니다.

비례율 활용하기

비례율을 구했으니 이제 비례율이 어떻게 활용되는지를 알아 볼 차례입니다. 처음 비례율을 설명할 때 "비례율이란 개발을 하기 전 자산의 가치가 얼마나 증가하게 될 것인지를 설명해주는 지표"라고 말했습니다. 기억나시나요?

그럼 지금부터 비례율이 어떻게 활용되는지 살펴 보시죠.

비례율은 개별 조합원들이 조합으로부터 자신들의 감정평가액(흔히 종전자산 평가액이라고도 합니다)을 통보받은 후 조합원 분양신청을 할 때 중요한 역할을 하게 됩니다. 사실 대부분의 경우 조합원 분양신청 이전까지만 해도 비례율은 그저 뜬구름 잡는 수치 그 이상도 이하도 아니라고 생각하기 십상이죠. 그렇지만 비례율은 매우 중요합니다. 이 비례율에 따라 권리가액(*감정평가액 × 비례율 = 권리가액)이 결정되는 것은 물론 조합원 분담금이 결정되기 때문이죠.

위 사례의 가로주택 정비사업장은 비례율이 116%로 매우 높은 것으로 분석되었습니다. 그런데 이 비례율은 어디까지나 자료가 발표된 시점에서의 비례율 입니다. 이는 곧 사업이 더 진행되고 사업시행계획인가를 거쳐 일반분양시점이 되면 얼마든지 비례율이 변동될 수 있다는 뜻이기도 합니다.

여러 번 언급한 것처럼 비례율은 총수입금액과 사업비, 종전자산 평가액에 영향을 받는데요. 특히 분양가격 그 중에서도 일반분양가격의 변동이 비례율에 직접적인 영향을 주게 됩니다. 얼마나 비례율에 영향을 주게 되냐고요? 쉽게 대답할 수 있는 문제는 아닙니다. 일반분양이 이루어지기 전까지는 그 누구도 정확히 비례율을 콕 짚어 말하기는 어렵기 때문입니다. 언제 분양이 되는지, 분양시점에 부동산경기가 어떨지를 정확히 예측하는 것은 매우 어렵죠. 물론 그렇다고 해서 조합에서 발표하는 비례율을 무조건적으로 수용하는 것은 바람직하지 않습니다. 위에서도 말한 것처럼 비례율 자체가 가변적이기 때문입니다. 이런 이유로 보통 다른 조건들은 변하지 않고 분양가격만 상승하거나 하락했을 때 비례율에 어떤 영향을 주게 되는지를 살펴 보게 됩니다.

위 사례에서 다른 것은 변하지 않고 부동산 시장이 호황국면에 진입해 APT와 상가의 분양가격만 각각 제곱미터 당 100만 원씩 상승했다고 가정하죠. 그렇게 되면 총분양수입은 다음과 같이 변하게 됩니다.

APT		상가	
공급면적(㎡)	110	공급면적(㎡)	1,000
세대수	80세대		
분양가격(㎡)	7,050,000원	분양가격(㎡)	10,075,000원
(A)분양수입	62,040,000,000원	(B)분양수입	10,075,000,000원
총분양수입	72,115,000,000원 (A+B)		

분양가격 상승에 따라 총분양수입은 98억 원 증가한 721억 1,500만 원이 됩니다. 이를 기초로 비례율을 계산해 보죠. 비례율 계산 공식은 다음과 같다는 것은 아시죠?

위 공식에 수치를 대입하면 비례율이 계산됩니다.

$$\frac{\text{총분양수입} - \text{총사업비}}{\text{사업하기 전의 자산가격(종전자산 평가액)}} \times 100$$

$$\frac{72{,}115{,}000{,}000\text{원} - 39{,}000{,}000{,}000\text{원}}{20{,}000{,}000{,}000\text{원}} \times 100$$

= 165. 575%

비례율이 무려 165%인 것으로 계산이 됩니다. 이렇게 비례율이 높아진다면 위 사업장의 조합원들은 정말 대박입니다. 조합원 각자가 부담해야 하는 조합원 분담금이 줄어들 것이기 때문입니다. 뿐만 아니라 조합원 분담금이 줄어든다는 것은 사업진행 과정에서 예상외로 늘어나게 된 비용 때문에 조합원 분담금 외에 추가로 부담해야 하는 비용인 조합원 추가부담금도 걱정할 필요가 없어진다는 의미가 되죠. 정말 행복한 상황이 아닐 수 없습니다.

자, 이번에는 반대로 분양가격이 하락하게 되면 어떻게 될까요? 위 사례에서 부동산시장이 불황국면에 진입해 APT와 상가의 분양가격이 모두 ㎡ 당 50만 원씩 하락했다고 해 보죠. 그러면 총분양수입은 아래와 같이 574억 1,500만 원이 될 것입니다.

APT		상가	
공급면적(㎡)	110	공급면적(㎡)	1,000
세대수	80세대		
분양가격(㎡)	5,550,000원	분양가격(㎡)	8,575,000원
(A)분양수입	48,840,000,000원	(B)분양수입	8,575,000,000원
총분양수입	57,415,000,000원 (A+B)		

총분양수입의 변동을 반영해 비례율을 계산하면 다음과 같습니다.

$$\frac{\text{총분양수입} - \text{총사업비}}{\text{사업하기 전의 자산가격(종전자산 평가액)}} \times 100$$

$$\frac{57{,}415{,}000{,}000\text{원} - 39{,}000{,}000{,}000\text{원}}{20{,}000{,}000{,}000\text{원}} \times 100$$

$$= 92.075\%$$

비례율이 116.575%에서 92.075%로 급감했습니다. 조합원 분담금이 당연히 늘어나게 될 것입니다. 물론 추가부담금을 낼 가능성도 매우 높아질 수밖에 없겠죠? 이외에도 비례율에 영향을 미치는 변수로 사업에 소요되는 사업비, 조합원의 종전자산 평가액이 있습니다. 비용이 증가하면 당연히 비례율도 감소하고 사업성도 떨어지게 됩니다. 너무 당연한 것이죠. 그런데 종전자산 평가액 즉, 조합원들의 자산가치인 종전자산 평가액도 비례율에 영향을 준다는 점은 의외죠? 이 부분은 감정평가액의 산출에서 사례를 통해 다시 설명하겠습니다.

이처럼 비례율은 조합원 분담금이나 조합원 추가부담금에 직접 영향을 주죠. 따라서 투자를 목적으로 하던 사업성분석을 목적으로 하던 조합총회책자에서 제시되어 있는 비례율을 무조건 맹신하기보다는 스스로 비례율을 계산하고 이를 비교해 봄으로써 보다 타당한 투자의사결정을 할 수 있습니다.

비례율 과신하면 안 된다. 무조건 높아야 이익일까?

비례율은 조합원 분담금이나 조합원 추가부담금에 직접 영향을 주게 됩니다. 그래서 일반적인 경우라면 비례율이 높은 것이 좋다고 볼 수 있습니다. 그렇다면 비례율이 높으면 늘 조합원들에게도 이익이 될까요?

그렇지 않습니다. 왜 그럴까요? 그 해답은 비례율 공식에서 찾을 수 있습니다. 자, 그럼 다시 비례율 공식을 볼까요.

$$\frac{\text{총분양수입} - \text{총사업비}}{\text{사업하기 전의 자산가격(종전자산 평가액)}} \times 100$$

비례율을 산정하기 위한 공식은 크게 총분양수입, 총사업비, 사업하기 전의 자산가격(종전자산 평가액 = 감정평가액)입니다. 이제는 익숙한 공식이죠?

비례율은 총분양수입, 총사업비, 사업하기 전의 자산가격(종전자산 평가액)이 결정되어야만 비로소 확정이 됩니다. 이를 조금 달리 표현하자면 "총분양수입, 총사업비, 사업하기 전의 자산가격(종전자산 평가액)이 최종적으로 확정되기 전까지는 얼마든지 변동이 가능하다"는 뜻이 되죠. 변동이 가능하다? 도대체 이 표현이 어떤 의미를 갖는지 애매하시죠? 예를 들어 설명해 보겠습니다.

어떤 가로주택 정비사업장이 있다고 하죠. 그런데 아무리해도 비례율이 70% 수준에도 미치지 못하기 때문에 이런 식으로는 도저히 사업진행이 불가능할 것 같다는 생각을 할 수도 있을 것입니다. 그런데 분양가격을 ㎡ 당 100만 원만 높게 책정해서 비례율을 계산할 경우 비례율이 30%정도 올라간다는 것을 알게 되었습니다.

과연 위 사업장은 어떤 선택을 할까요? 양심적으로 비례율이 70%로 너무 낮으니 이쯤에서 더 비용이 지출되기 전에 사업을 멈추는 것이 좋을 것 같다고 선언할까요? 아니면 분양은 당장의 문제가 아니니까 일단 분양가격을 높여 놓고 사업을 진행하는 쪽을 선택할까요? 안타깝지만 후자인 경우가 비일비재합니다. 그러니 비례율이 높으니 무조건 좋다고 이야기할 수 없는 것입니다.

비례율이 낮으면 반드시 손해일까?

보통 비례율이 낮으면 분담금이 많아지기 때문에 높을수록 좋다고 보는 경우가 일반적이죠. 그러나 비례율이 높다고 무조건 좋아해서는 안 되는 이유를 위에서 살펴 보았습니다. 조금 다르기는 하지만 비슷한 논리로 비례율이 낮다고 무조건 절망부터 할 필요도 없습니다. 의외로 사업초기 비례율이 낮아도 크게 문제가 되지 않는 경우도 있기 때문입니다. 어떤 경우가 그럴까요?

첫째, 총분양수입을 보수적으로 책정한 경우가 이에 해당될 수 있습니다. 예를 들어 어떤 가로주택 정비사업장이 있는데 사업을 추진하던 초기 부동산 분양시장에 불확실성이 많아 낙관적으로 분양가격을 책정할 경우 나중에 큰 문제가 될 가능성이 높다고 판단해 "아무리 경기가 나빠도 이정도 분양가격 수준이라면 미분양 문제는 걱정하지 않아도 되겠지?"라는 수준에서 분양가격을 책정했다면 사업초기 비례율은 나쁠 수밖에 없습니다.

둘째, 총사업비를 충분하게 책정한 경우 역시 이에 해당될 수 있습니다. 소규모 주택 정비사업장인 가로주택 정비사업이나 소규모 재건축사업장 뿐만 아니라 규모가 큰 재개발 · 재건축사업장에서도 비례율을 높게 맞추기 위해 의도적으로 비용을 누락하거나 실제보다 작게 반영하는 경우를 어렵지 않게 찾아볼 수 있습니다. 그런데 사업초기부터 현실적으로 비용을 반영하는 한편 혹시 있을지도 모르는 상황에 대비하기 위해 예비비 등을 충분히 반영하는 경우, 비례율 산정 시 예측한 총사업비가 실제 지출사업비를 초과할 수 있습니다. 즉, 예상보다 실제 사업비가 감소한 경우가 발생하는 것이죠. 이런 부분들은 조합의 총회책자를 보면 누구나 쉽게 파악할 수 있습니다. 예를 들어, 보통 총사업비의 1%를 예비비로 책정해 놓게 되는데 이보다 더 많이 예비비를 책정해 놓았다면 총사업비를 충분하게 책정한 경우가 될 수 있겠죠.

셋째, 사업하기 전의 자산가격(종전자산 평가액)이 적정 수준으로 반영되어 있는 경우도 해당됩니다. 비례율은 총분양수입에서 총사업비를 차감한 후 이를 사업하기 전의 자산가격(종전자산 평가액)으로 나누어 구하게 됩니다. 따라서 사업하기 전의 자산가격(종전자산 평가액)이 커지면 커질수록 비례율도 낮아지게 되는 구조입니다. 간혹 비례율을 맞추기 위해 사업하기 전의 자산가격(종전자산 평가액)을 의도적으로 낮게 반영하는 경우가 있습니다. 이런 경우 감정평가를 통해 사업하기 전의 자산가격(종전자산 평가액)이 높아지면 비례율 하락은 피할 수 없게 됩니다. 따라서 사업초기부터 충분히 사업하기 전의 자산가격(종전자산 평가액)을 반영해 놓았다면 적어도 사업진행에 따라 종전자산 평가액이 높아지고 그 결과 비례율이 하락하는 문제는 걱정하지 않아도 되는 것입니다. 이와 같은 이유로 사업초기 비례율이 낮다고 해서 무조건 절망하고 포기할 필요는 없다고 할 수 있는 것입니다.

감정평가액은 어떻게 산출되는 것일까?

재개발이나 재건축과 마찬가지로 가로주택 정비사업(소규모 재건축 포함)에서 등장하는 감정평가액은 크게 두 가지로 구분되는데요. 종전자산평가와 종후자산평가가 있습니다. 우선 종전자산평가를 살펴 보죠.

종전자산평가란 기존 토지 건축물을 '부동산가격공시 감정평가에 관한 법률'에 따라 감정평가업자가 평가한 것으로 사업하기 전의 자산가격이라고도 합니다. 재개발이나 재건축 사업장에서 '감정가액이 너무 낮게 나왔다'거나 '평가가 너무 박하다'라는 표현을 자주 듣게 되는데 이는 대부분 종전자산평가를 말하는 것이라고 보시면 됩니다.

종전자산평가방법은 아파트, 연립 · 다세대주택과 같은 공동주택과 단독 · 다가구주택이 차이가 있습니다. 공동주택은 거래사례 비교법으로 감정평가를 하게 되는데요. 거래사례 비교법은 시중의 거래가격을 감안해 감정평가를 하는 방법입니다. 다만, 감정평가액이 시세를 의미하는 것은 아닙니다. 실제로 감정평가액은 시세의 85%~90% 수준인 경우가 많습니다.

다음은 거래사례 비교법에 따라 산정된 가격인 비준가격을 구하는 산식입니다.

비준가격 = 거래사례가격 × 사정보정 × 시점수정 × 지역요인비교 × 개별요인비교 × 면적비교

위 공식을 단순하게 설명하면 다음과 같습니다.

첫째, 비슷한 공동주택의 거래사례가격을 수집합니다.

예를 들어 전용면적 46㎡인 다세주택을 감정평가하는 경우라면 인근 지역의 비슷한 면적인 다세대주택의 거래사례를 수집하는 것입니다.

둘째, 사례가격이 정상적으로 거래된 가격인지 아니면 경매나 기타 급박한 사정 때문에 거래된 것인지를 따져본 후 정상적인 거래였을 경우의 가격으로 보정을 해줍니다.

셋째, 거래시점에 대한 보정을 해줘야 합니다.

예를 들어 거래사례가 2년 전의 것이라면 부동산가격 상승률 등을 반영해 현재시점으로 보정해주어야 한다는 말입니다.

넷째, 거래사례와 평가대상 다세대주택 간 지역요인의 우세와 열세요인을 반영해줍니다.

다섯째, 거래사례와 평가대상 다세대주택 간 개별요인의 우세와 열세요인을 반영해줍니다.

여섯째, 거래사례와 평가대상 다세대주택의 면적이 유사한 것인지를 따져보고 이를 비교해 보정해줍니다.

하지만 이런 공식을 활용해 종전자산 평가액을 계산하는 것은 매우 어렵습니다. 그래서 간략히 분석을 하기 원하는 경우라면 인근 지역 공동주택 거래가격의 85~90%를 곱해 감정평가액을 산정하는 것도 나쁘지 않습니다. 다만, 이렇게 산출된 수치를 너무 과신하시면 안됩니다.

인근 지역 거래가격을 활용한 종전자산 평가액 추정 방법

1억 5,000만 원	×	*0.85	=	1억 2,750만 원~
(인근 지역 다세대 가격)	×	*0.90		1억 3,500만 원 (예상 종전자산 평가액)

*종전자산 평가액 추정을 위한 보정율

공동주택의 주택공시가격을 활용해서 예상 종전자산 평가액을 구할 수도 있답니다. 주택공시가격에 1.3을 곱해 이를 예상 종전자산 평가액으로 활용할 수 있죠. 단, 이 방법 역시 어디까지 어림셈법이라는 것은 기억해두셔야 합니다. 규모가 작은 주택인 경우 실제 감정평가와 괴리가 클 수도 있으니 주의하셔야 합니다. 또한, 지역에 따라, 언제 추정하느냐에 따라 편차가 많이 발생할 수 있기 때문입니다. 경우에 따라 감정평가액이 공동주택공시가격의 1.3배를 넘어 1.7~1.8배까지 나오는 경우도 있다는 점도 기억해두시기 바랍니다.

인근 지역 거래가격을 활용한 종전자산 평가액 추정 방법

1억 원 (공시가격)	×	1.3	=	1억 3,000만 원 (예상 종전자산 평가액)

공동주택과는 다르게 단독주택 · 다가구주택은 토지와 건물을 분리하여 감정평가(종전자산평가)를 합니다.

단독주택의 종전자산 평가액 = 토지의 감정평가액 + 건물의 감정평가액

토지 부분의 감정평가액은 표준지공시지가라는 것을 기초로 다음과 같은 과정을 거쳐 계산됩니다.

토지의 감정평가액 = 표준지공시지가 × 지역요인비교 × 개별요인비교 × 면적 및 기타요인 비교

어려우시죠? 당연합니다. 감정평가는 감정평가사라는 전문자격이 있는 전문가들의 고유업무영역이니까요. 그래서 단순하게 추정해 볼 수 있는 기준을 활용하는 것이 정확하지는 않아도 나름 유익한 경우가 많습니다.

토지 감정평가 추정 어림셈법 = 개별공시지가 × 1.1~1.3

방법은 아주 간단합니다. 개별공시지가에 1.1~1.3을 곱하면 개략적인 토지의 감정평가액을 구해 볼 수 있습니다. 물론 그 이하로 감정평가액이 산출될 수도 있습니다. 개별공시지가에 1.1~1.3을 곱하는 방법은 어디까지나 개략적인 예상

을 하기 위한 방법일 뿐이니까요.

건물부분의 감정평가액은 동일한 건물을 지금 다시 건축할 경우 예상되는 가격과 건축 후 경과연수를 감안하여 감정평가를 하게 되는데요.

가로주택 정비사업의 개략적인 건물 감정평가액 추정 기준

구조	내용연수	준공 후 경과연수	가격/㎡
철근 콘크리트조	50년	20년	45만 원
		25년	37만 5천 원
		30년	30만 원
		35년	22만 5천 원
		40년	15만 원
벽돌조	45년	20년	36만 1천 원
		25년	28만 8천 원
		30년	21만 6천 원
		35년	14만 4천 원
		40년	7만 2천 원
목조	40년	20년	24만 원
		25년	18만 원
		30년	12만 원
		35년	6만 원

*건물의 추정 평가액은 구조(철근 콘크리트조, 벽돌조, 목조 등)와 준공 후 경과연수에 따라 상이함

가로주택 정비사업인 경우 특별한 경우가 아닌 이상 건축 후 경과연수가 30년 내외인 것을 감안할 때 ㎡를 기준으로 구조에 따라 12만 원~ 30만 원으로 보시면 될 것 같습니다.

한편, 종후자산평가는 분양예정 자산의 감정평가라고도 하는데요. 조건부 평가라는 성격을 갖습니다. 가로주택 정비사업에 따라 건축되는 부동산(평가대상 부동산)이 향후 적법하게 완성된 상태를 가정하고 행해지는 감정평가이기 때문이죠. 종후자산평가(분양예정 자산 감정평가)의 대상은 공동주택은 물론 상가 등 근린생활시설 · 판매 · 업무시설 등이 포함됩니다. 조합원이나 투자자들 입장에서 볼 때 종후자산평가 또한 매우 중요하다고 볼 수 있는네요. 그 이유는 종후자산 평가액이 조합원 분양가액 산정에 있어 기준이 되기 때문입니다.

한편, 가로주택 정비사업에서는 종전자산평가나 종후자산평가 모두 조합이 선정한 감정평가업자와 시장 · 군수 등이 선정한 감정평가업자가 평가한 금액을 산술평균하여 산정하도록 하고 있습니다. 재건축사업의 경우와 동일하다고 보시면 됩니다. 참고로 주거환경 개선사업 또는 재개발사업인 경우에는 시장 · 군수 등이 선정 · 계약한 2인 이상의 감정평가업자가 평가한 금액을 산술평균하도록 하고 있다는 점은 기억해두시기 바랍니다. 종후자산 평가시 공동주택은 종전자산의 평가액과 조합에서 제공받은 자금운용계획서를 기초로 원가방식으로 산정하되 거래사례 비교법에 의해 계산된 비준가격으로 타당성을 검토합니다. 이에 비해 상가 등 복리시설은 거래사례 비교법에 따라 평가하고 원가방식으로 타당성을 검토하죠.

참 어렵죠? 어렵더라도 일단 읽어보고 넘어가시죠. 분석연습을 통해서 좀 더 숙달이 되면 좀 더 편안하게 느끼실 수 있을 테니까요.

감정평가액의 딜레마

감정평가금액에 만족하는 투자자들(조합원들)은 거의 없을 것입니다. 누구라도 자신이 소유하고 있는 부동산이 더 높은 가치를 인정받으면 좋기 때문입니다. 그래서 그런지 몰라도 감정평가 결과가 개별 조합원 입장에서는 매우 민감한 사항이 되는 것이 사실입니다. 그런데 말이죠. 정도의 차이만 있을 뿐 감정평가액은 늘 시세보다 박하다는 평가를 받습니다. 앞서 살펴 본 '인근 지역 거래가격을 활용한 종전자산 평가액 추정 방법'에서도 시세인 거래가격의 85~90% 수준을 추정 감정평가액으로 계산했습니다. 그래서 많은 조합원들이 "시세가 00만 원하는 부동산을 고작 00만 원에 빼앗겠다는 말이냐!"라는 울분을 토하곤 합니다.

그렇다면 감정평가액이 높아야 비로소 조합원들에게 이익이 돌아가는 것일까요? 꼭 그렇지만은 않습니다. 왜 그런지 살펴 보시죠.

Q 감정평가액은 높으면 항상 좋고, 낮으면 무조건 나쁠까?

감정평가액이 낮게 나왔다. 불행한 소식이겠죠? 보통 그렇다고 볼 수 있습니다. 그러나 늘 그런 것은 아닙니다. 전체 조합원들의 감정평가액이 비슷하게 낮게 평가되었다면, 그래서 비례율이 높아지는 결과가 나왔다면 슬퍼할 필요는 없습니다. 이 같은 논리는 비례율 공식을 통해 확인할 수 있죠. 다시 한 번 비례율 공식을 보시죠.

$$\frac{\text{총분양수입} - \text{총사업비}}{\text{사업하기 전의 자산가격(종전자산 평가액)}} \times 100$$

비례율은 총분양수입에서 총사업비를 차감한 후 종전자산 평가액으로 나누어서 계산합니다. 따라서 총사업비의 변동이 없는 상황에서 종전자산가액이 감소하게 되면 비례율은 높아지게 되는 것이죠.

예를 들어 A라는 주택의 시세가 1억 원인데 종전자산 평가액(감정평가액)이 9,000만 원이었다면 시세보다 1,000만 원 낮게 평가된 것입니다. 그런데 종전자산평가 결과 조합원들의 종전자산 평가액도 대체로 비슷한 흐름으로 평가되어 비례율이 상승했고 그 결과 조합설립인가 시점에는 95%였던 비례율이 종전자산 평가 후 115%로 상승했다면 어떤 결과가 발생하게 될까요?

비례율이 상승해 권리가액이 1억 350만 원이 될 것입니다.

권리가액 = 감정평가액 × 비례율
= 9,000만 원 × 1.15
= 1억 350만 원

반면 다른 조합원들의 감정평가액은 높게 나왔는데 자신의 부동산만 감정평가액이 9,000만 원으로 낮게 나왔고, 비례율도 조합설립인가 시점에 예상되었던 95%에서 변화가 없다면? 진짜 슬픈 일이라고 볼 수 있습니다.

권리가액 = 감정평가액 × 비례율
= 9,000만 원 × 0.95
= 8,550만 원

이번에는 감정평가액이 당초 예상보다 높게 나온 경우를 살펴 보시죠. 위의 사례에서 조합설립인가 시점에서 예상되는 감정평가액이 9,000만 원이었는데 종전자산평가 후 감정평가액이 1억 원이 되었고 그 결과 비례율이 115%에서 95%로 하락했다면 어떤 결과가 발생하게 될까요?

권리가액 = 감정평가액 × 비례율
= 1억 원 × 0.95
= 9,500만 원

결국 감정평가액이 낮아도 비례율이 높아지고 그에 따라 조합원 분양가도 낮아진다면 단지 감정평가액이 낮다고 해서 무작정 슬퍼할 필요는 없는 것이죠. 또한, 감정평가액이 높게 나와도 그로 인해 비례율이 낮아지게 된다면 오히려 권리가액이 감소해 손해를 볼 수 있는 것이니 감정평가액이 높게 나왔다고 기뻐해서는 안 되겠죠. 그렇기 때문에 감정평가액에 과도하게 집착하기보다 감정평가액에 따라 비례율이 어떻게 변화되는지를 살펴 보는 것이 보다 더 바람직하다고 할 수 있겠습니다.

Q 알 듯 말 듯 복잡한 이런 저런 가격들 이해하기

흔히 시가 혹은 시세라는 단어나 공시가격, 감정가격이라는 표현을 접하게 되는데요. 뭐가 뭔지 도통 헷갈리는 경우가 많죠. 그래서 여기서 간략하게 짚고 넘어가는 것이 좋겠습니다.

가장 먼저 시가입니다. 시가는 시세를 말합니다. 일반적으로 부동산 시장에서 부동산을 처분할 때 거래되는 가격을 우리는 보통 시세라고 말합니다.

다음으로 공시가격은 주택 공시가격을 말합니다. 여기에는 공동주택 공시가격, 표준단독주택 공시가격, 개별단독주택 공시가격이 있습니다.

첫째, 공동주택 공시가격은 공동주택 중 아파트, 연립주택, 다세대주택을 대상으로 공시되는 가격이죠. 토지와 건물을 일괄하여 적정가격을 공시함으로써 주택시장의 가격정보를 제공하고 적정한 가격형성을 도모하며, 국토의 효율적인 이용과 국민경제의 발전에 이바지하기 위해 매년 공시기준일 현재의 적정가격을 조사 · 산정하여 국가 · 지방자치단체 등의 기관이 과세 등의 업무와 관련하여 주택의 가격을 산정하는 경우 그 기준으로 활용하도록 하기 위해 사용되는 것이 바로 공동주택 공시가격입니다.

둘째, 표준단독주택 공시가격은 국토교통부장관이 용도지역, 건물구조 등이 일반적으로 유사하다고 인정되는 일단의 단독주택 중에서 선정한 표준주택에 대하여 매년 공시기준일(1월 1일)현재의 적정가격을 조사 · 산정하고 중앙부동산가격공시위원회의 심의를 거쳐 공시한 가격인데요. 국가 · 지방자치단체 등의 기관이 행정목적으로 개별주택가격을 상정하는 경우 그 기준으로 적용하기 위해 산정되는 가격입니다.

셋째, 개별단독 주택공시가격은 매년 국토교통부장관이 결정 · 공시하는 표준단독 주택가격을 기준으로 시장 · 군수 · 구청장이 조시한 개별주택의 특성과 비교표준 단독주택의 특성을 상호 · 비교하여 산정한 가격에 대하여 한국감정원의 검증을 받은 주택소유자 등의 의견수렴과 시 · 군 · 구 부동산가격공시위원회 심의를 거쳐 시장 · 군수 · 구청장이 결정 · 공시하는 가격을 말하는데요. 종합부동산세 및 재산세 등 국세 및 지방세의 부과기준 및 부동산 실거래가 신고제도의 검증가격 기준이 되는 주택가격입니다.

넷재, 감정평가액은 감정평가사에 의해 평가된 주택가격을 말합니다. 소규모 주택 정비사업인 가로주택 정비사업이나 소규모 재건축사업은 물론 재개발이나 재건축 사업에서 종전자산가액은 바로 감정평가사가 해당 사업장의 주택을 평가한 가액을 말하는 것입니다.

권리가액은 뭐지?

권리가액은 감정평가액에 비례율을 곱해 계산됩니다.

권리가액 = 종전자산 평가액(감정평가액) × 비례율

권리가액은 중요합니다. 조합원 분담금이 권리가액에 따라 결정되기 때문입니다. 즉, 조합원분양가격에서 권리가액을 차감하여 계산되는 것이 바로 조합원 분담금이 되는 것이죠.

조합원 분담금 = 조합원 분양가 – 권리가액

권리가액은 사업성에 따라 결정됩니다. 이는 권리가액을 계산하는 과정을 보면 알 수 있죠. 종전자산 평가액에 비례율을 곱하게 되는데 바로 이 비례율이 해당 사업장의 사업성이 얼마나 좋으냐를 보여주는 것이기 때문입니다.
간단한 사례를 통해 권리가액을 이해해 보도록 하죠.

K라는 사업장이 있습니다. 그런데 이 사업장은 노른자위 땅에 자리 잡고 있는 사업장이어서 일반분양가도 높을 것으로 예상되고 사업성도 아주 좋은 곳입니다. 그래서 비례율을 계산해 보았더니 150%이었다고 합시다. 이런 사업장에서 감정평가액으로 1억 원을 통보받은 조합원이 있고 이 사람이 분양받기 원하는 아파트의 분양가격이 3억 원이라면 이 사람은 2억 원을 조합원분담금으로 납부해야 할까요?

답부터 말씀드리자면 그렇지 않습니다. 왜냐하면 조합원 분담금을 산정하는 기준이 감정평가액이 아닌 권리가액이기 때문입니다.

즉, 사례의 조합원은 통보받은 감정평가액이 1억 원이었고 해당 사업장의 비례율이 150%였으므로 권리가액은 1억 원 × 150% = 1억 5천만 원이 됩니다. 따라서 조합원 분양가에서 권리가액을 차감하면 1억 5천만 원이 되기 때문에 조합원 분담금은 1억 5천만 원이 됩니다.

정비사업에서 빼 놓을 수 없는 분담금과 추가 부담금을 구분하라

'분담금'이나 '추가 부담금'을 같은 의미로 사용해도 된다고 생각하는 경우가 많습니다. 실제로는 서로 다른 개념인데도 말이죠. 어떻게 다르냐고요?

앞에서 살펴 본 것처럼 조합원 분담금은 조합원이 가로주택 정비사업에 따라 새롭게 건축되는 아파트를 분양받기 위해 납부하는 금원으로 조합원 분양가에서 권리가액을 차감하여 계산되는 것입니다. 그렇기 때문에 권리가액이 큰 조합원일수록 분담금은 작아지고 반대로 권리가액이 작은 조합원일수록 분담금은 늘어나게 됩니다.

> 조합원 분담금 = 조합원 분양가 – 권리가액
> = 조합원 분양가 – 종전자산 평가액(감정평가액) × 비례율

이에 비해 추가 부담금은 말 그대로 추가되는 부담금을 말합니다. 처음에는 발생하지 않을 비용인데 사업이 진행됨에 따라 여러 가지 이유로 조합원들이 부담

해야 할 비용들이 발생하게 되는데 이럴 경우 조합원들이 서로 나누어 부담을 해야 합니다. 이를 가리켜 추가부담금이라고 합니다.

그렇다면 어떤 경우에 추가부담금이 발생하는 것일까요? 여러 가지가 있을 수 있지만 대표적인 경우 몇 가지만 들겠습니다.

첫째, 사업이 지연되는 경우입니다. 예를 들어 처음에는 사업기간을 3년 6개월로 예상하고 사업을 추진했는데 사업이 예상 외로 지연되면서 5년이 소요될 것으로 예상된다면 1년 6개월 동안 비용지출도 증가하고 신축비도 상승하게 될 것입니다. 이런 비용들을 조합원들이 나눠 부담해야 하기 때문에 추가부담금이 발생하게 됩니다.

둘째, 부동산 경기가 침체국면에 진입하면서 일반분양이 잘 되지 않은 경우 역시 당초 계획보다 총수입이 감소할 것입니다. 이런 경우 역시 부족한 수입을 조합원들이 메꾸어야 하기 때문에 추가부담금이 발생하게 됩니다.

어떤 사업장에서 추가부담금이 발생한다는 것은 그만큼 사업성이 떨어지는 사업장이라는 것을 의미할 수 있습니다. 가로주택 정비사업의 경우 종전자산 평가액(감정평가액)은 사업시행인가 시점에서 확정되기 때문에 그 이후 추가부담금이 발생한다면 총수입(일반분양수입)을 증가시켜 이를 상쇄시킬 수 있어야 합니다. 만약 그렇게 하지 못하는 사업장이라면 꼼짝없이 증가된 사업비를 조합원들이 부담해야 하겠죠.

사업성분석하기 2 : 재건축 성격을 갖는 가로주택 정비사업

▶ 이것만은 미리 알아두자! ◀

넷째 마당은 재건축 성격을 갖고 있는 가로주택 정비사업의 사업성분석을 살펴 볼 것입니다. 가로주택 정비사업은 낙후된 구도심을 활성화하기 위해 여러 가지 개발과정에서 정책적으로 혜택을 부여하고 있는 정비사업입니다. 사업추진에 적지 않은 도움이 될 내용들이 많습니다. 하지만 조금 다르게 볼 경우 그런 혜택들이 없다면 사업을 추진하기 쉽지 않을지도 모른다는 의미도 있다고 볼 수 있죠.

필연적으로 대부분의 사업대상지들이 구도심에 입지해 있는데다 사업규모 역시 최대 1만㎡(3,025평)를 넘을 수 없기 때문에 일정 수준 이상 사업성 확보가 어려운 것이 사실이기 때문입니다.

그래서 가로주택 정비사업을 추진하기 원하는 주민이나 투자자들 입장에서 볼 때 가장 중요하게 고려해야 할 사항은 과연 내가 사업을 추진하고, 혹은 투자하고자 하는 아파트가 얼마나 사업성이 있느냐와 관련된 것이어야 할 것입니다.

넷째 마당에서는 대상물건이 공동주택인 경우 즉, 가로주택 정비사업으로 시행되는 재건축인 경우를 대상으로 사업성분석을 살펴 보려고 합니다,

재건축 정비사업은 재건축 초과이익환수가 사업추진에 상당한 부담요인으로 작용하게 됩니다. 그런데 아파트단지의 재건축을 가로주택 정비사업으로 추진하면 재건축 초과이익환수를 피할 수 있습니다. 물론 모든 아파트단지가 가능한 것은 아닙니다. 노후불량주택이 2/3이상이고 전체 공동주택 부지가 1만㎡ 이하라는 요건을 충족해야 가능하기 때문입니다. 그래서 재건축 성격을 갖고 있는 아파트단지에서 가로주택 정비사업을 추진하고자 하는 경우 노후불량주택 요건을 충족하고 있는지, 부지가 1만㎡ 이하이고 가로구역을 충족하고 있는지를 꼼꼼하게 따져 보아야 합니다.

넷째 마당에서는 이상과 같은 내용 외에 일반적으로 재건축 정비사업에서 이해해두어야 할 개념들을 살펴본 후 재건축 성격을 갖고 있는 가로주택 정비사업의 사업성분석을 꼼꼼하게 살펴 볼 것입니다.

핵심 개념 풀이

★ 대지지분

조합원 각자가 보유하고 있는 대지지분으로 등기사항 전부증명서를 보면 각 아파트 세대별로 대지지분을 확인할 수 있습니다.

★ 기부채납되는 대지지분

기부채납이란 국가 또는 지방자치단체가 무상으로 사유재산을 받아들이는 것을 의미합니다. 따라서 기부채납되는 대지지분은 곧 재건축 정비사업을 시행하면서 정비 기반시설을 만들 목적으로 지방자치단체에 무상으로 소유권을 이전해 주게 되는 대지지분을 의미합니다. 아무리 정비 기반시설을 만들기 위해 이전하게 되는 대지지분이더라도 무상으로 넘겨주는 것이니 적을수록 사업성이 좋다고 볼 수 있습니다. 보통 재건축정비사업인 경우 대지지분의 10~15% 정도가 기부채납됩니다.

★ 소요 대지지분

아파트 1채를 건축하는 데 소요되는 대지지분을 의미합니다. 보통 해당 재건축정비사업장의 용적률이 비슷하고 건축되는 아파트의 평형도 비슷하다면 소요대지지분도 비슷하다고 볼 수 있습니다.

★ 일반분양 공헌 대지지분

조합원이 보유하고 있는 대지지분에서 기부채납되는 대지지분과 조합원 자신이 분양을 받기 위해 사용되는 대지지분을 차감한 것을 말합니다. 이를 식으로 나타내면 다음과 같습니다.

대지지분 (a + b + c)	a 기부채납 대지지분
	b 조합원분양 공헌 대지지분
	c 일반분양 공헌 대지지분

★ 조합원분양 공헌 대지지분

조합원 자신이 분양받을 아파트를 건축하는 데 공헌하는 대지지분을 말합니다. 소요 대지지분을 사용합니다.

★ 세대당 건축비(시공비)

1세대를 건축하는 데 소요되는 시공비를 의미하는 것으로 단위면적(㎡)당 공사비에 계약면적을 곱해 산출된다. 계약면적이 사용되는 이유는 건축비는 실제로 전용면적 외에 주거공용면적(복도, 계단, 엘리베이터 등)은 물론 기타공용면적(지하주차장, 경비실, 노인정, 어린이집 등과 같은 각종 편의시설)을 건축하는 데에도 사용되기 때문입니다.

★ 조합원 세대당 총사업비

조합원 세대당 건축비(시공비)와 기타사업비를 합한 것을 말합니다.

★ 일반분양수익

일반분양수익은 일반분양가에서 세대당 건축비(시공비)를 차감하여 계산합니다. 이때 주의할 것은 일반분양수익을 계산할 때 기타사업비는 차감하지 않는다는 점입니다. 왜냐하면 기타사업비는 조합원들이 부담하는 것이기 때문입니다.

일반분양수익 = 일반분양가 × 세대당 건축비(시공비)

★ 단위면적당 일반분양수익

조합원이 보유하고 있는 단위면적당 대지지분이 얼마나 많은 일반분양수익을 창출하고 있는지를 보여주는 것입니다.

$$\text{단위면적당 일반분양 수익} = \frac{\text{일반분양수익}}{\text{소요 대지지분}}$$

*소요대지지분은 보통 용적률에 따라 경험 추정치를 적용함

★ 조합원의 일반분양 공헌액

조합원 각자가 일반분양에 얼마나 기여하게 될 것인지를 보여주는 금액입니다.

조합원의 일반분양 공헌액 =
대지지분 단위면적당 일반분양수익 ×
일반분양공헌 대지지분

★ 분담금

재건축정비사업에 따라 분담해야 하는 금액을 말합니다.

분담금 =
조합원세대당 총사업비 − 조합원의 일반분양 공헌액

재건축 성격의 가로주택 정비사업 사업성분석하기

가로주택 정비사업은 비례율로 시작해서 비례율로 끝난다고 볼 수 있습니다. 이에 비해 보통 재개발이나 재건축은 사업성분석도 조금씩 다르게 접근하게 됩니다. 물론 총사업비나 시공비, 기타사업비, 기부채납, 일반분양수입 등은 재개발이나 재건축 모두 개념상 차이가 없습니다. 그러나 재건축은 다른 개념들도 추가적으로 이해해두는 것이 좋죠. 예를 들어 재개발과는 달리 대지지분이나 기부채납되는 대지지분, 조합원분양 공헌 대지지분, 일반분양 공헌 대지지분, 소요 대지지분, 세대당 건축비(시공비), 조합원 세대당 총사업비, 일반분양수익, 단위면적(㎡)당 일반분양수익, 조합원의 일반분양 공헌액 등을 알아두면 분담금을 예측하는 데 매우 유용하기 때문이죠.

위에서 제시한 개념을 단순하게 그림으로 표현하면 다음과 같습니다.

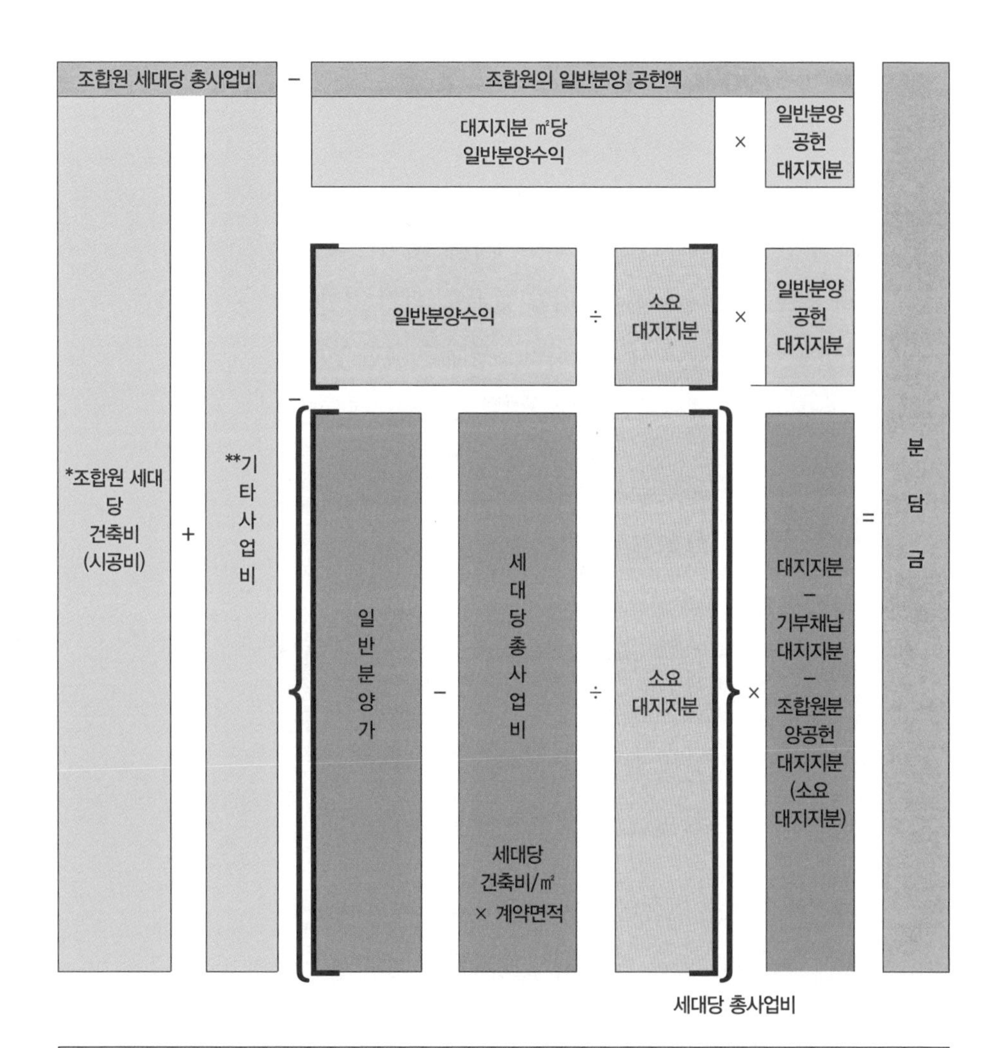
조합원 세대당 총사업비
−
조합원의 일반분양 공헌액
대지지분 ㎡당
일반분양수익
×
일반분양
공헌
대지지분
일반분양수익
÷
소요
대지지분
×
일반분양
공헌
대지지분
*조합원 세대당
건축비
(시공비)
+
**기타사업비
−
일반분양가
−
세대당총사업비
세대당
건축비/㎡
× 계약면적
÷
소요
대지지분
×
대지지분
−
기부채납
대지지분
−
조합원분양공헌
대지지분
(소요
대지지분)
=
분담금
세대당 총사업비
*단위면적당 건축비(시공비) × 계약면적 **주력 평형의 단위면적당 건축비(시공비) × 33%

대지지분 산출하기

좀 더 이해하기 쉽게 그림으로 표현해 보았는데 여러분은 어떠신가요? 혹시 복잡해 보이시나요? 그래서 이쯤에서 재건축 정비사업의 사업성분석에 활용할 수 있는 유용한 팁을 하나 알려드려야 겠군요. 과거 경험에 비추어 볼 때 재건축 정비사업장에 적용받는 용적률에 따라 1세대를 재건축하는 데 필요한 대지지분인 '소요 대지지분'을 개략적으로 일반화할 수 있습니다. 보통 재건축은 2종 일반주거지역이나 3종 일반주거지역인 경우가 대부분이므로 이를 기초로 단순화하면 다음과 같습니다.

용도지역	용적률	소요 대지지분(전용면적 기준)	
		59㎡	84㎡
2종 일반주거지역	250%	약 33㎡	약 44㎡
3종 일반주거지역	300%	약 24㎡	약 36㎡

또한, 재건축은 보통 건축비(시공비)와 기타사업비의 비중이 대략 '75 : 25'의 수준인 경우가 많습니다. 물론 이 수치가 정확하게 떨어지는 것은 아닙니다. 대체로 이런 경향을 보인다는 것이죠. 이 비율을 대략 계산해 보면 건축비(시공비)만 알면 기타사업비도 개략적으로 추정할 수 있습니다. 건축비(시공비)가 75%이고 기타사업비가 25%라고 가정할 경우 기타사업비는 건축비(시공비)의 33.33%가 될 것이기 때문입니다.

자, 위의 내용을 참고하시면서 《매경이코노미》의 기사를 읽어 보시기 바랍니다. 한결 이해하기 쉬우실 것입니다.

차세대 강남 재건축 대장주 '올림픽선수촌' 잠실5단지 버금가는 사업성…대형 '1+1' 가능

중략

올림픽선수촌 단지에서 가장 많은 가구 수를 차지하는 전용 83㎡(1933가구) 대지지분은 68.8㎡다. 통상 재건축 단지는 소유 대지지분 10~15%를 기부채납한다. 15%를 기부채납한다고 하면 남는 대지지분은 58.5㎡. 송파구 인근 리센츠나 엘스 등 재건축 아파트는 용적률이 275%다. 마찬가지로 올림픽선수촌 또한 용적률 275%를 적용받는다고 하자. 용적률이 275%일 때 전용 84㎡에 필요한 대지지분은 39.6㎡다.

즉, 현재 전용 83㎡를 소유한 조합원은 18.9㎡(58.5㎡-39.6㎡) 대지지분을 기여한 셈이다. 이만큼 이익이 돌아간다고 보면 된다.

올림픽선수촌아파트 재건축준비위는 일반분양가를 3.3㎡당 4,200만 원으로 책정했다. 전용 84㎡ 일반분양 가격은 13억 8,600만 원이다. 여기서 건축 비용을 제외하면 일반분양 수익이 나온다. 3.3㎡당 건축 비용을 500만 원으로 잡고 전용 84㎡ 계약 면적(주차장, 공원 등 외부 환경까지 포함한 면적으로 통상 181.5㎡)을 곱하면 건설 비용(2억 7,500만 원)이 나온다. 분양가격에서 건설 비용을 제하면 분양 수익(11억 1,100만 원)이다.

분양 수익에서 필요한 대지지분(39.6㎡)을 나누면 1㎡당 기여금액이 나온다. 1㎡당 2,805만 원이다. 18.9㎡를 기여했기 때문에 해당 조합원은 5억 3,000만 원을 얻는 셈이다.

마지막으로 조합원 분담금을 계산해야 한다. 통상 조합원 분담금은 '시공 비용+사업 비용'으로 계산할 수 있다. 시공 비용은 건축비와 동일하며 사업 비용은 대체로 건축비 3분의 1로 책정된다. 이를 더하면 3억 7,000만 원이다. 3억 7,000만 원에서 5억 3,000만 원을 빼면 마이너스 1억 6,000만 원이다. 83㎡ 조합원은 전용 84㎡를 받고 1억 6,000만 원을 추가로 받을 수 있다.

중략

위 계산은 대략 추정한 수치다. 용적률을 275%로 산정했지만 더 높아질 가능성도 있다. 일반분양가 3.3㎡당 4,200만 원은 부동산 시장 상황에 따라 달라진다. 기부채납 비율이나 건설 비용 또한 달라질 수 있다.

생략

자료 : 《매경이코노미》(2017. 12. 14)

여전히 조금 어렵다고 느껴지시죠? 그러실 것 같습니다. 아무리 단순화해도 공식을 활용해서 재건축을 예측하는 것은 어렵기 마련이죠.

우리가 정리해 본 공식을 적용해 기사내용을 분석해 볼까요?

우선 대지지분인데요. 올림픽 선수촌의 아파트 전용 83㎡의 대지지분은 68.8㎡입니다

이어서 기부채납이 등장합니다. 기부채납비율이 15%라고 가정할 경우 대지지분의 15%인 10.32㎡가 기부채납 대지지분이 됩니다.

다음으로 용적률은 275%를 적용한다고 가정합니다. 용적률이 중요한 이유는 이를 기초로 소요 대지지분을 계산할 수 있기 때문입니다. 용적률 275%는 250%와 300%의 중간입니다. 따라서 84㎡로 재건축 된다는 가정 하에서 소요 대지지분은 약40㎡(위의 표 참조)가 됩니다.

한편, 일반분양공헌 대지지분은 18.48㎡{68.8㎡(대지지분) - 10.32㎡(기부채납 대지지분)-40㎡(소요 대지지분)}가 됩니다. 즉, 이 면적만큼 일반분양 창출에 기여했다는 의미죠.

이제 분양수익을 분석해야 합니다. 분양가격은 3.3㎡당 4,200만 원으로 가정했습니다. 따라서 전용 84㎡의 일반분양가격은 13억 8,600만 원이 되죠. 여기에 건축비(시공비)는 3.3㎡당 500만 원으로 예상했으니 이를 계약면적에 곱해서 총건축비(시공비)를 계산할 수 있습니다. 전용 84㎡의 계약면적은 보통 181.5㎡정도 되니 곱하면 총건축비(시공비)는 2억 7,500만 원이 됩니다. 총건축비(시공비)를 계산했으니 개략적으로 기타사업비의 추정이 가능합니다. 기타 사업비는 총건축비(시공비)의 33.3%가 될테니까요. 그러므로 기타사업비는 9,157만 원이 됩니다.

이제 조합원 세대당 총사업비가 계산되었군요. 3억 6,657만 원이 바로 조합원 세대당 총사업비입니다.

조합원 일반분양 공헌액 계산하기

다음 단계로 조합원의 일반분양 공헌액을 계산해 볼 차례가 되었습니다. 조합원의 일반분양 공헌액을 구하기 위해서는 우선 대지지분 ㎡당 일반분양수익을 계산한 후 일반분양 공헌대지지분을 곱해주어야 합니다. 그런데 대지지분 ㎡당 일반분양수익은 일반분양수익을 소요 대지지분으로 나누어 계산하죠. 일반분양수익이 11억 1,100만 원(13억 8,600만 원-2억 7,500만 원)이고 소요 대지지분이 40㎡이므로 조합원의 일반분양 공헌액 = 2,778만 원/㎡(11억1,100만 원 ÷ 40㎡)가 됩니다. 한편, 일반분양 공헌대지지분은 앞서 계산한 것처럼 18.48㎡이므로 조합원의 일반분양 공헌액은 5억 1,337만 원이 됩니다.

분담금 계산하기

이제 마지막 단계로 분담금 계산 차례가 되었네요.

분담금은 세대당 총사업비에서 조합원의 일반분양 공헌액을 차감해서 계산합니다.

분담금 = 세대당 총사업비 – 조합원의 일반분양 공헌액

∴ 분담금 = 세대당 총사업비 – 조합원의 일반분양 공헌액
= 3억 6,657만 원 – 5억 1,337만 원
= –1억 4,680만 원(환급)

분담금이 마이너스라는 것은 환급을 받는다는 의미입니다. 따라서 올림픽선수촌 아파트의 경우 1억 430만 원을 환급받고 전용면적 84㎡ 아파트로 재건축할 수 있다는 뜻이 됩니다. 필자들이 계산한 환급금 수치와 기사의 수치는 조금 다릅니다. 필자들이 좀 더 보수적으로 수치를 적용한 결과이기 때문입니다.

어떠신가요? 간단하지는 않죠? 그렇습니다. 사실 좀 복잡해 보일수도 있습니다. 그런데 말이죠. 이미 조합설립인가를 받은 가로주택 정비사업은 굳이 복잡하게 분석할 필요가 없답니다. 참, 다행이죠? 왜 그럴까요? 서두에 말씀드린 것처럼 가로주택 정비사업은 재건축형이라 할지라도 비례율로 시작해서 비례율로 끝나기 때문입니다.

자, 그럼 지금부터 사례를 통해 재건축 성격을 갖는 가로주택 정비사업에 대한 사업성분석을 해 보도록 하겠습니다. 준비되셨나요? 그럼 지금부터 달려 보시죠.

노후·불량주택

아파트와 같은 공동주택에 대한 가로주택 정비사업은 재건축의 경우와 동일한 기준을 적용한다고 보면 됩니다. 따라서 도시 및 주거환경 정비법(이하 '도정법')에 따른 노후 · 불량 건축물에 대한 정의를 살펴볼 필요가 있습니다. 이와 관련해서는 둘째 마당에서도 언급한 바 있으니 참고하시기 바랍니다. 자, 그럼 법조항을 살펴 볼까요?

도시 및 주거환경 정비법

제2조 제3호 라목

라. 도시미관을 저해하거나 노후화된 건축물로서 대통령령으로 정하는 바에 따라 시 · 도 조례로 정하는 건축물

도시 및 주거환경 정비법 시행령

제2조 제3호

③ 법 제2조 제3호 라목에 따라 시 · 도 조례로 정할 수 있는 건축물은 다음 각 호의 어느 하나에 해당하는 건축물을 말한다.

1. 준공된 후 20년 이상 30년 이하의 범위에서 시 · 도 조례로 정하는 기간이 지난 건축물
2. 「국토의 계획 및 이용에 관한 법률」 제19조 제1항 제8호에 따른 도시 · 군 기본계획의 경관에 관한 사항에 어긋나는 건축물

시행령 제2조 제3호에 따라 준공된 후 얼마나 경과해야 노후 · 불량주택에 해당되는지는 우선 조례로 정하는 기간을 경과해야 합니다. 따라서 우리는 노후 · 불량주택에 해당되는 기준을 확인하기 위해 각 지방자치단체의 조례를 알아두어야 합니다. 대표적으로 수도권을 살펴 보면 다음과 같습니다.

잠깐 Tip

지방자치단체의 조례로 살펴본 노후불량주택 기준

서울특별시 도시 및 주거환경 정비조례 제4조(노후 · 불량건축물)

제4조(노후 · 불량 건축물)

① 영 제2조 제3항 제1호에 따라 노후 · 불량 건축물로 보는 기준은 다음 각 호와 같다.

1. 공동주택

가. 철근 콘크리트 · 철골 콘크리트 · 철골철근 콘크리트 및 강구조인 공동주택: 별표 에 따른 기간

철근콘크리트 · 철골콘크리트 · 철골철근콘크리트 및 강구조 공동주택의 노후 · 불량건축물 기준

<table>
<tr><th>구분
준공년도</th><th>5층 이상 건축물</th><th>4층 이하 건축물</th></tr>
<tr><td>1981. 12. 31. 이전</td><td>20년</td><td>20년</td></tr>
<tr><td>1982</td><td>22년</td><td>21년</td></tr>
<tr><td>1983</td><td>24년</td><td>22년</td></tr>
<tr><td>1984</td><td>26년</td><td>23년</td></tr>
<tr><td>1985</td><td>28년</td><td>24년</td></tr>
<tr><td>1986</td><td>28년</td><td>25년</td></tr>
<tr><td>1987</td><td rowspan="5">30년</td><td>26년</td></tr>
<tr><td>1988</td><td>27년</td></tr>
<tr><td>1989</td><td>28년</td></tr>
<tr><td>1990</td><td>29년</td></tr>
<tr><td>1991. 1. 1. 이후</td><td>30년</td></tr>
</table>

나. 가목 이외의 공동주택: 20년

2. 공동주택 이외의 건축물

가. 철근 콘크리트 · 철골 콘크리트 · 철골철근 콘크리트 및 강구조 건축물(「건축법 시행령」 별표 1 제1호에 따른 단독주택을 제외한다): 30년

나. 가목 이외의 건축물: 20년

② 영 제2조 제2항 제1호에 따른 노후 · 불량건축물은 건축대지로서 효용을 다할 수 없는 과소필지 안의 건축물로서 2009년 8월 11일 전에 건축된 건축물을 말한다.

③ 미사용 승인건축물의 용도별 분류 및 구조는 건축허가 내용에 따르며, 준공 연도는 재산세 및 수도요금 · 전기요금 등의 부과가 개시된 날이 속하는 연도로 한다.

경기도 도시 및 주거환경정비조례 제3조(노후 · 불량건축물)

제3조(노후 · 불량건축물)

② 영 제2조 제3항 제1호에 따른 노후 · 불량 건축물이란 다음 각 호의 어느 하나에 해당하는 기간을 경과한 건축물을 말한다.

1. 철근 콘크리트 구조 공동주택은 별표 1에 따른다. 다만, 도로 · 철도 등 공익사업이 주택단지 내 주택으로 쓰이는 건축물 동수의 2분의 1 이상을 지나는 경우의 건축물은 20년

철근 콘크리트구조 공동주택의 노후 · 불량 건축물 기준

<table>
<tr><th>구분
준공년도</th><th>5층 이상 공동주택</th><th>4층 이하 공동주택</th></tr>
<tr><td>1983년12.31.이전</td><td>20년</td><td>20년</td></tr>
<tr><td>1984년</td><td>22년</td><td>21년</td></tr>
<tr><td>1985년</td><td>24년</td><td>22년</td></tr>
<tr><td>1986년</td><td>26년</td><td>23년</td></tr>
<tr><td>1987년</td><td>28년</td><td>24년</td></tr>
<tr><td>1988년</td><td rowspan="6">30년</td><td>25년</td></tr>
<tr><td>1989년</td><td>26년</td></tr>
<tr><td>1990년</td><td>27년</td></tr>
<tr><td>1991년</td><td>28년</td></tr>
<tr><td>1992년</td><td>29년</td></tr>
<tr><td>1993년 1.1. 이후</td><td>30년</td></tr>
</table>

2. 제1호 이외의 건축물

가. 단독주택(「건축법 시행령」 별표 1 제1호에 따른 단독주택을 말한다)이 아닌 건축물로서 철근 콘크리트 · 철골철근 콘크리트구조 또는 철골 구조 건축물은 30년

나. 가목 이외의 건축물(기존 무허가 건축물 포함)은 20년

③ 영 제2조 제3항 제2호에 따른 노후 · 불량 건축물은 「국토의 계획 및 이용에 관한 법률」 제19조 제1항 제8호에 따른 도시 · 군 기본계획의 경관에 관한 사항에 저촉되는 건축물을 말한다.

④ 미사용 승인건축물의 준공일을 결정하는 경우 용도별 분류와 구조는 건축허가 내용에 따르며, 준공일은 재산세 또는 수도요금 · 전기요금 등의 최초 부과 개시일로 한다.

인천광역시 도시 및 주거환경 정비조례 제3조(노후 · 불량 건축물)

제3조(노후 · 불량건축물)

② 법 제2조 제3호 라목에서 "시 · 도 조례로 정하는 건축물"이란 다음 각 호의 어느 하나에 해당하는 건축물을 말한다.

1. 공동주택

가. 철근 콘크리트 · 철골 콘크리트 · 철골철근 콘크리트 및 강구조인 공동주택은 30년

나. 가목 이외의 공동주택은 20년

2. 공동주택 이외의 건축물

가. 철근 콘크리트 · 철골 콘크리트 · 철골철근 콘크리트 및 강구조 건축물은 30년(「건축법 시행령」 별표 1 제1호에 따른 단독주택은 제외한다)

나. 가목 이외의 건축물은 20년

건축개요 분석

아래 표는 수도권의 한 가로주택 정비사업장의 조합책자에서 발췌한 것입니다. 당연히 재건축형 가로주택 정비사업이죠. 아파트 단지에서 진행되고 있는 가로주택 정비사업이라는 뜻입니다.

건축 개요

구분		계 획 (안)	비고
대지면적(㎡)		2,958.30㎡	
아파트	26㎡형	39세대	LH매입 (행복주택)
	29㎡형	34세대	*조합원분양 : 34세대
	36㎡형	14세대	*조합원분양 : 14세대
	59㎡형	108세대	*조합원분양 : 30세대 *일반분양 : 78세대
	계	195세대	
상 가	1층	1,200㎡	
	계	1,200㎡	

전체 대지면적은 2,958.30㎡(약 895평)입니다. 그런데 건축세대는 무려 195세대인 것으로 나타나고 있습니다. 어떻게 이런 일이 가능할까요? 답은 용도지역이 준주거지역이기때문입니다. 준주거지역은 용적률이 3종 일반주거지역보다 더 높습니다. 실제로 준주거지역의 용적률은 200~500% 수준입니다. 요건을 충족하기만 하면 준주거지역의 용적률은 최대 500%가 될 수 있다는 뜻이죠. 이에 비해 3종 일반주거지역은 최대 300%입니다. 그러니 더 많은 아파트를 건축할 수 있는 용도지역이 바로 준주거지역인 것입니다. 어쨌든 대지면적이 작음에도 불구하고 195세대나 건축할 수 있다는 것은 용도지역이 주는 큰 혜택이 아닐 수 없습니다.

계속해서 건축개요를 살펴 보시죠. 잘 살펴 보니 아파트 공급면적이 소형면적 위주로 구성되어 있음을 확인할 수 있습니다. 가장 작은 것을 보니 전용면적 기준 26㎡이고 가장 큰 것이라고 해 봐야 59㎡에 불과합니다. 아마도 중대형 평형 아파트에 대한 선호도가 높지 않은 지역이라는 점 때문인 것 같습니다. 게다가 LH공사 매입이라는 부분을 보니 공기업인 LH공사가 공동사업시행자로 참여한 사업장인 것을 확인할 수 있네요. 이제야 굳이 26㎡라는 작은 평형을 공급하는 이유를 알 수 있을 것 같습니다. 행복주택으로 공급하는 물량이네요.

여기서 위에서 공부한 소요 대지지분을 개략적으로 계산해 볼까요? 단순히 전체 대지면적을 공급세대로 나누어 봅시다. 이를 통해서 특히 행복주택 등 임대주택을 공급하는 가로주택 정비사업인 경우의 소요 대지지분을 개략적으로나마 예측해 볼 수 있을 것입니다.

아, 참고로 위 사업장은 준주거지역이고 용적률을 500% 적용받은 경우입니다. 또한, 전체 세대수는 90세대이고, 조합원 1인당 평균 대지지분(2,958.30㎡ ÷ 90세대)은 32.87㎡입니다. 또한, 기부채납 대지지분은 전혀 없는 사업장입니다. 따라서 일반분양 공헌 대지지분은 17.69㎡(32.87㎡ - 0 - 15.18㎡)가 되죠.

소요 대지지분 = 대지면적 ÷ 전체 세대
= 2,958.30㎡ ÷ 195세대
= 15.18㎡

그냥 복습을 한 것이니 너무 긴장하지는 마세요.

총분양수입 분석하기

건축개요를 살펴 보았으니 이제 다음 단계로 총분양수입을 계산해 볼 차례군요. 총분양수입은 아파트 분양수입과 상가분양수입으로 구성됩니다. 따라서 각각의 분양수입을 산출하여 더하면 총분양수입을 구할 수 있습니다.

가장 먼저 아파트 분양수입을 살펴 보시죠. 당연히 아시겠지만 아파트 분양수입은 공동주택 수입추정을 통해 확인하실 수 있습니다. 아파트의 총분양수입은 347억 76만 원인 것을 확인할 수 있군요.

공동주택 수입 추정

구분	유형별(㎡)	세대수(세대)		조합원분양가		일반분양가		분양수입(단위 : 천 원)
		조합원 분양	일반 분양	3.3㎡당 분양가	세대당 분양가	3.3㎡당 분양가	세대당 분양가	
분양주택	26	39	LH 매입					4,152,094 (LH 매입분)
	29	34	–	8,442	116,449	–	–	3,959,264
	36	14	–	8,442	143,569			2,009,970
	59	30	18	8,442	208,280	9,380	231,422	24,641,551
		–	60	–	–	9,380	237,126	
합계		117	78					34,762,880

다음으로 상가도 공급할 것이기 때문에 근린생활시설 수입 추정치도 살펴 봐야 합니다. 근린생활 총분양수입은 65억 3,400만 원입니다.

근린생활 수입 추정

층 별	계약면적(㎡)	㎡당 분양가격	분양수입(단위 : 천 원)	비 고
1F	1,200	5,455	6,534,000	

따라서 아파트 분양수입과 상가분양수입을 합한 총분양수입은 412억 9,688만 원인 것을 알 수 있습니다.

총사업비와 공사비 분석하기

총분양수입을 분석해 보았으니 이제 총사업비와 공사비를 분석해 볼 차례가 되었습니다. 다음의 표는 책자에서 발췌한 정비사업비 항목들입니다. 함께 살펴보시죠.

정비사업비

구분	항목	금액(단위 : 천 원)	비고	비율
조사 측량비	측량 및 지질조사비	59,166	0.164%	0.164%
설계 감리비	설계비	528,418	1.461%	3.88%
	전기 / 건축감리	876,494	2.42%	
	소방감리			
	통신감리			
	석면감리			
공사비	신축비	27,412,009	75.77%	76.64%
	철거비	313,209	0.87%	
손실 보상비	청산대상자 청산금 및 매도청구	609,000	1.68%	1.74%
	소송비	20,648	0.057%	

관리비	조합운영비	489,126	1.35%	1.57%
	회계감사비/세무대행 수수료	20,000	0.055%	
	각종 총회경비	60,000	0.166%	
외주 용역비	감정평가 수수료	71,655	0.198%	1.75%
	정비업체 용역비	382,160	1.06%	
	건축물 에너지 효율등급	20,000	0.055%	
	지하안정성 평가용역	50,000	0.138%	
	기타 용역예비비	30,000	0.083%	
	입주관리비	78,000	0.216%	
각종 부담금	가스전기 인입분담금	17,550	0.049%	1.42%
	학교용지 부담금	278,103	0.769%	
	상수도원인 자부담금	63,765	0.176%	
	하수도원인 자부담금	154,265	0.426%	
제세 공과금	보존 등기비	935,364	2.586%	2.79%
	재산세	35,525	0.098%	
	이전등기 제세금	29,232	0.081%	
	국민주택채권	8,516	0.0235%	
기타 경비	분양보증 수수료	178,449	0.493%	1.46%
	광고 선전비	348,980	0.965%	
금융비	기금이자	1,542,576	4.26%	5.1%
	조합원 이주비 대여금이자	255,780	0.707%	
	기금이자2	45,447	0.126%	
LH 수수료	분양대행 수수료	482,700	1.334%	2.974%
	사업 수수료	593,429	1.64%	
예비비	예비비	185,270	0.512%	0.512%
합계		36,174,836	100%	

총사업비는 361억 7,483만 원인 것으로 확인 됩니다. 이 중 건축비(공사비)는 277억2,521만 원으로 총사업비의 76.64%를 차지하고 있으며, 기타사업비는 84억 4,961만 원으로 총사업비의 23.36%를 차지하고 있는 것을 알 수 있습니다.

종전자산 평가액 분석하기

종전자산 평가액 역시 총회책자를 통해 확인할 수 있습니다. 이미 조합설립인가를 받은 곳이기 때문에 별도로 추정할 필요가 없기 때문이죠.

책자를 보니 종전자산 평가액은 54억 8,100만 원인 것으로 확인되었습니다. 또한, 현재 이 아파트 단지는 13평과 15평이 있는데 종전자산가액을 13평은 6,500만 원, 15평은 7,300만 원을 기준으로 계산했음을 밝히고 있네요. 우와, 굉장히 저렴하죠? 그래서 일반분양가격도 높지 않게 책정이 되어 있었나 봅니다.

참, 여기서 놓치면 안 되는 부분이 하나 있습니다. 사례의 재건축형 가로주택정비사업장은 전체 세대수는 90세대인데 이 중 15평 30세대, 13평 60세대입니다. 따라서 단순하게 종전자산 평가액을 계산하면 (6,500만 원 × 60세대) + (7,300만 원 × 30세대) = 60억 9,000만 원이 되어야 하는데 총회책자에는 종전자산 평가액을 54억 8,100만 원이라고 표시되어 있습니다. 도대체 이게 어떻게 된 것일까요? 숫자 계산에 착오가 있었던 것일까요?

아닙니다. 다른 이유가 있기 때문입니다. 비밀은 정비사업비에 있습니다. 정비사업비에 반영되어 있는 항목 가운데 '청산대상자 청산금 및 매도청구'를 보세요.

여기에 6억 900만 원이 책정되어 있는 것이 보이죠? 청산대상자 청산금 등은 비례율을 계산할 때 비용으로 처리하는 항목입니다. 그 대신 분모의 종전자산 평가액에서도 빼주게 되어 있습니다. 그래서 종전자산 평가액에서 6억 900만 원만큼이 빠져 있는 것입니다.

확인 차원에서 종전자산 평가액에 청산대상자 청산금 및 매도청구 금액을 더해볼까요?

54억 8,100만 원 + 6억 900만 원 = 60억 9,000만 원

자! 이제 이해가 되시죠?

비례율 계산하기

총분양수입과 총사업비 그리고 종전자산 평가액을 모두 확인하였으니 이제 비례율을 계산할 수 있겠군요. 가로주택 정비사업은 비례율로 시작해서 비례율로 끝난다고 했던 것 기억나시죠? 그만큼 비례율이 중요하다는 뜻입니다.

자, 그럼 비례율을 계산해 보시죠.

비례율을 계산하기 위해서 우선 비례율 공식을 다시 한 번 소환해 보도록 하죠.

$$\frac{\text{총분양수입} - \text{총사업비용}}{\text{사업하기 전의 자산가격(종전자산 평가액)}} \times 100$$

$$\frac{\text{*412억 9,700만 원} - \text{**361억 7,500만 원}}{\text{54억8,100만 원}} \times 100$$

= 약 93.5%

*p217 참조
**p220 참조

비례율은 93.5%인 것으로 확인됩니다.

비례율을 무조건 맹신할 필요는 없습니다. 그러나 너무 낮아도 문제가 되죠. 보통 비례율은 100%를 기준으로 판단하게 되는데요. 종종 위 사업장의 경우처럼 100%가 아닌 상태로 사업이 진행되고 있는 경우도 있습니다.

가로주택 정비사업의 소요 대지지분 정리하기

조합설립인가를 받은 가로주택 정비사업은 총회책자를 통해 비례율을 확인할 수 있고 이를 기초로 사업성분석을 할 수 있습니다. 그러나 아직 조합설립인가를 받기 전인 경우라면 스스로 맨땅에서 사업성분석을 해야 합니다. 다행스럽게도 재건축형 가로주택 정비사업인 경우에는 앞서 살펴 본 절차대로 사전에 사업성 분석을 할 수 있죠.

그런데 이때 반드시 필요한 것이 있습니다. 바로 소요 대지지분입니다. 그래서 가로주택 정비사업장의 소요 대지지분을 몇 개 사업장의 실제 사례를 통해 개략적으로라도 정리해 보려고 합니다. 자, 그럼 시작해 볼까요?

가로주택 정비사업의 소요 대지지분 정리

사업장	대지면적(㎡)	용도지역	용적률(%)	세대수	소요대지지분(㎡)	전용면적(㎡)
1	7,404.41	재개발형 2종 일반	250	293	25.271	APT 16㎡,26㎡,36㎡ 46㎡,51㎡,59㎡ 66㎡
2	3,028.4	재개발형 2종 일반	250	102	29.69	APT 19㎡,26㎡,36㎡ 46㎡,59㎡,66㎡
3	3,185	재개발형 2종 일반	250	108세대	29.49	APT 37㎡, 59㎡
*4	2,357.5	재개발형 2종 일반	200	72	32.74	APT 47.68㎡,48.55㎡49.82㎡,52.23㎡ 54.91㎡,56.85㎡ 63.81㎡
*5	1,610.6	재개발형 2종 일반	200	48	33.55	APT 48.53㎡,49.89㎡ 50.92㎡,57.68㎡ 58.32㎡,59.53㎡
6	3,076	재건축형 준공업	248.9 (최대400%)	98	31.38	APT 54㎡,58㎡,59㎡
7	2,958.3	재건축형 준주거	500	195	15.18	APT 26㎡, 29㎡, 36㎡, 59㎡
8	2,846.60	재건축형 2종 일반	200	67	42.48	APT 59㎡, 84㎡
*9	2,302.8	재건축형 2종 일반	200	55	41.87	APT 59㎡, 84㎡
10	1,189.1	재건축형 2종 일반	200	48	24.773	APT 19㎡,41㎡,42㎡ 44㎡,46㎡,47㎡

*11	7,402.77	재건축형 2종 일반	200	179	41.356	APT 59.44㎡,59.47㎡ 59.59㎡,59.93㎡ 67.22㎡,67.24㎡ 67.58㎡,74.98㎡ 80.45㎡,80.96㎡
12	3,087	재건축형 준주거	375.57	130세대	23.746	APT 59.91㎡,59.93㎡ 오피스텔 84.96㎡,84㎡
13	10,064	재건축형 3종 일반	300	295세대	34.11	59㎡
14	8,296.27	(재개발+재건축)형 일반상업	719.13	APT 408세대 오피스텔 398세대	10.293	APT 49㎡, 59㎡ 오피스텔 48㎡
15	15,995	재개발형 일반상업	696.45	APT 627세대 오피스텔 264세대	17.952	APT 49㎡,59㎡,84㎡ 오피스텔 20㎡

LH공사 참여형 가로주택 정비사업 조합 단독 가로주택 정비사업

위 내용을 용도지역별로 평균을 내 보겠습니다. 그러면 다음과 같이 정리가 되겠죠?

가로주택 정비사업의 소요 대지지분 정리표

용도지역	용적률	사업방식		초소형 공급비중		층고제한		형태		소요 대지지분(㎡)
		단독	공동	높음	낮음	유	무	재개발형	재건축형	
2종 일반	200%	⊙			□	◈		⊕		32.74 ~ 33.55㎡ (평균 33.145㎡)
		⊙			□	◈			△	41.87㎡ ~ 41.356㎡ (평균 41.613㎡)
		⊙			□		◇		△	42.48㎡
		⊙		▣			◇		△	24.773㎡
	250%		○	▣			◇	⊕		25.271 ~ 29.69㎡ (평균 27.48㎡)
		⊙			□		◇	⊕		29.49㎡
3종 일반	300%	⊙			□		◇	▲ (재개발형+재건축형)		34.11㎡
준주거	500%		○	▣			◇		△	15.18㎡
	375.5%	⊙			□		◇		△	23.746㎡
일반 상업	696.45%	⊙			□		◇	⊕		17.952㎡
	719.13%	⊙			□		◇	▲ (재개발형+재건축형)		10.293㎡
준공업	248.9%	⊙			□		◇		△	31.38㎡

단, '초소형 공급비중'에서 '초소형'의 기준은 10㎡ ~ 20㎡ 면적대를 말함.

사업방식에서 '공동'이라함은 LH공사, 지방공사 등 공공부문이 참여한 경우를 말함.

조합설립인가 전 재건축형 가로주택 정비사업 사업성분석하기

재건축형 가로주택 정비사업의 사업성분석을 어떻게 할 수 있을까요? 현재 어떤 단계까지 사업이 진행되었느냐에 따라 접근방법이 달라질 수밖에 없을 것입니다.

첫째, 이미 조합설립인가를 받은 경우입니다. 이 경우라면 총회책자를 통해 사업성분석을 하게 됩니다. 즉, 총회책자에 나타난 항목들과 금액들이 적정한 것인지를 검토해봄으로써 일정 수준 이상 정확한 사업성분석을 할 수 있는 것이죠.

둘째, 아직 조합설립인가를 받기 전인 경우입니다. 이런 경우에는 위에서 살펴본 것과 같은 방식으로 사업성을 예측하는 것이 필요합니다.

그냥 말로만 이야기하면 어렵게 느껴지기 십상입니다. 실제로 그렇죠? 그래서 사례를 통해 아직 '조합설립인가를 받기 전인 재건축형 가로주택 정비사업장'의 사업성분석방법을 살펴 보면 어떨까 합니다.

가장 먼저 공식을 소환해 볼까요? 공식입니다!

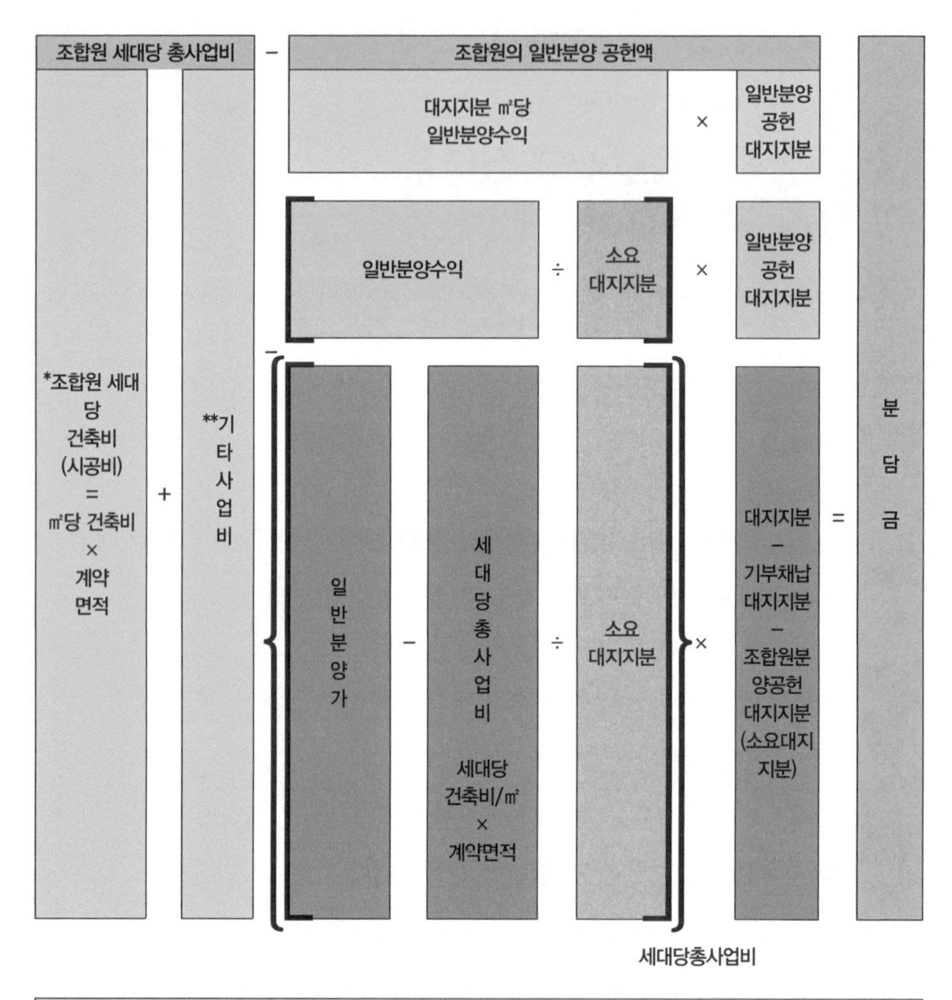

공식을 확인했으니 이제 분석해야 하는 사업장과 관련된 정보를 살펴 볼 차례입니다.

- 용도지역 : 3종 일반
- 용적률 : 300%
- 형태 : 혼재(재건축형)
- 사업방식 : 단독
- 일반분양가 : 393.25만 원/㎡
- 기부채납 대지면적 : 1,213.29㎡(12.06%) – 추정치
- 일반분양 : 전용 59㎡ – 추정
- 세대당 건축비(시공비) : 1,512,500원/㎡ – 추정치
- 계약면적 : 116㎡
- 소요대지지분 : 34.11㎡ (전용 59㎡ 건축)
- 공급면적 : 85.9㎡
- 세대당 기타사업비 : [363만 원 × 0.33]/㎡
- 평균 대지지분 : 50.83㎡

자, 위와 같은 조건을 갖고 있는 사실상 재건축형의 성격을 갖고 있는 혼재형 사업장의 사업성분석을 절차대로 해 보시죠.

가장 먼저 '조합원 분담금'을 알아야 되는데요. 이를 위해서 우선 '조합원 세대당 총사업비'에서 '조합원의 일반분양 공헌액'을 파악해야 합니다. 여기서 기억나시나요? 앞서 살펴 본 것처럼 '조합원 세대당 총사업비'는 '조합원 세대당 건축비(시공비)'에 '기타사업비'를 더해서 구할 수 있습니다. 그런데 조합원 세대당 건축비(시공비)는 1,512,500원/㎡으로 가정했습니다. 따라서 기타사업비는 세대당 건축비(시공비)의 33%인 499,125원/㎡가 됩니다.

결국 '조합원의 세대당 총사업비'는 2,011,625만 원/㎡가 됩니다.

다음으로 '조합원의 일반분양 공헌액'은 '대지지분 ㎡당 일반분양수익'에 '일반분양 공헌 대지지분'을 곱해서 산출됩니다. 여기서 '대지지분 ㎡당 일반분양수익'은 '일반분양수익'을 '소요 대지지분'으로 나누어 산출합되는데요. 다시 '일반분양수익'은 '일반분양가'에서 '세대당 총사업비'를 차감하면 구할 수 있죠. 위에서

㎡ 당 일반분양가는 378만 원/㎡이었고 공급면적은 85.9㎡였으니 이를 곱한 일반분양가는 3억 2,470만 원이 됩니다. 또한, 세대당 총사업비는 건축비(시공비)만 계산하면 됩니다. 이유는 앞에서 설명드렸죠? (기억이 안 나시면 다시 앞으로 가셔서 읽어 보시기 바랍니다.) '세대상 총사업비'는 1,512,500원/㎡으로 추정했고 계약면적은 116㎡입니다.

곱해보니 세대당 총사업비는 1억 7,545만 원이 됩니다.

'일반분양가'에서 '세대당 총사업비'를 차감하면 '조합원의 일반분양 공헌액'은 1억 4,925만 원이 되네요.

이제 소요 대지지분을 계산해야겠죠? 소요 대지지분은 앞서 우리가 이미 계산한 '소요 대지지분 정리표'의 수치를 소환해서 적용하면 됩니다. 3종 일반주거지역, 용적률 300%, 초소형 평형 비중이 낮은 재건축형 가로주택 정비사업인 경우의 소요 대지지분은 34.11㎡입니다. 그래서 34.11㎡를 적용합니다.(p.228 참조)

자, 이제 드디어 '대지지분 ㎡당 일반분양수익'을 계산할 수 있습니다. '조합원의 일반분양 공헌액' 1억 4,925만 원을 '소요대지지분' 34.11㎡로 나눈 437만 5,608원이 '대지지분 ㎡당 일반분양수익'이 됩니다.

또한, '일반분양 공헌 대지지분'은 '대지지분'에서 '기부채납 대지지분'과 '조합원 공헌 대지지분(소요 대지지분)'을 차감하여 계산합니다. 여기서는 계산의 편의를 위해 평균대지지분으로 계산해 봅니다.

그러므로 '일반분양 공헌대지지분'은 '대지지분 - 기부채납 대지지분-조합원

분양 공헌대지지분(소요 대지지분)'이므로 10.59㎡[50.83-6.13(50.83×0.1206)-34.11]가 됩니다. 따라서 '조합원의 일반분양 공헌액'은 46,337,692원(10.59㎡ × 437만 5,608원)이 됩니다.

계약면적은 116㎡, 건축비(시공비)/㎡는 1,512,500원, 기타사업비는 건축비(시공비)/㎡의 33%이고 '조합원의 일반분양 공헌액'은 46,337,692원이므로….

분담금 = 조합원 세대당 총사업비 – 조합원의 일반분양 공헌액
= {[건축비/㎡ × 계약면적] + [건축비/㎡ × 계약면적 × 0.33]} – 46,337,692원
= (175,450,000원 + 57,898,500원) – 46,337,692원
= 187,010,807원

결국 위 사례 가로주택 정비사업장의 조합원은 일반 분양가격이 3억 2,500만 원인 전용면적 59㎡ 아파트를 분양받기 위해 1억 8,700만 원을 분담금으로 납부하고 분양을 받을 수 있다는 결론을 내릴 수 있습니다.

다만, 위와 같이 조합설립인가 전에 분석을 하게 되면 일정 수준 이상 오차는 피할 수 없습니다. 분양가격, 건축비(시공비), 기타사업비 비율, 공급면적 구성 등 다양한 요소들이 많이 변할 수 있기 때문이죠. 따라서 이 방식으로 계산한 결과는 개략적인 초기 사업성분석을 위해 활용하되 적어도 10%~15% 수준의 오차를 염두해두는 것이 좋습니다.

잠깐 Tip

면적의 종류

전용면적

서비스 면적(발코니나 확장된 부분)을 제외한 방, 주방, 거실, 화장실 등 주거에 사용되는 면적을 말합니다. 각 가구가 독립적으로 사용하는 공간이죠. .

주거공용면적

계단과 복도, 1층 현관 등과 같이 한 동내에서 주거를 위해 공동으로 사용되는 면적을 말합니다.

공급면적

전용면적과 주거공용면적을 더한 면적이 공급면적입니다. 흔히 분양면적이라고도 합니다.

기타 공용면적

관리실이나 지하주차장, 노인정 등과 같은 부대시설을 말합니다.

계약면적

전용면적과 주거공용면적 및 기타 공용면적을 모두 포함한 면적을 말합니다.

면적의 종류

<table>
<tr><td colspan="3">계약면적</td></tr>
<tr><td colspan="3">‖</td></tr>
<tr><td colspan="2">공급면적(분양면적)</td><td>기타공용면적</td></tr>
<tr><td colspan="3">‖</td></tr>
<tr><td>전용면적</td><td>주거공용면적</td><td>기타공용면적</td></tr>
</table>

재건축형 가로주택 정비사업 사업성분석 단순계산법

위에서 정리해 놓은 재건축형 가로주택 정비사업 조합원들을 위한 분담금 산정공식을 좀 더 단순하게 활용할 수 있도록 정리해보겠습니다. 이를 활용해 보다 손쉽게 사업성분석을 하실 수 있었으면 좋겠습니다.

사업성분석 단순계산표

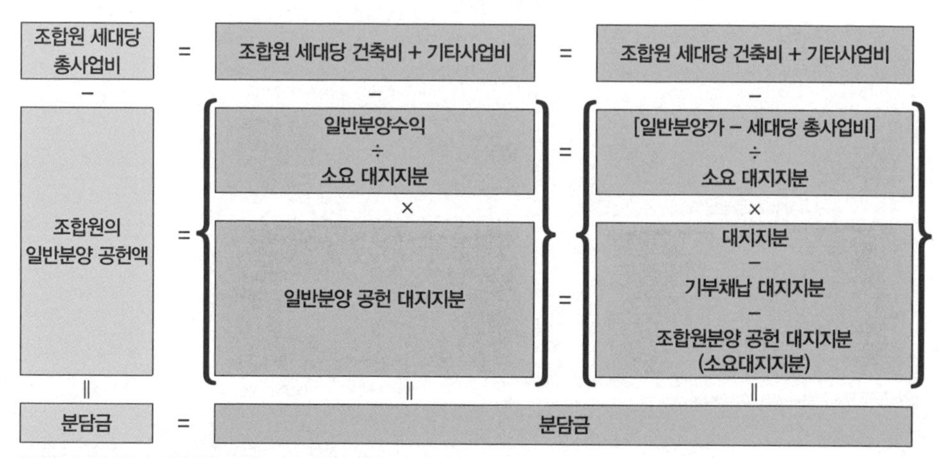

*조합원 세대당 건축비 : 단위면적(㎡ 혹은 3.3㎡ 기준) 당 건축비 × 계약면적

*기타사업비 : 주력 평형의 조합원 세대당 건축비(시공비) × 0.33

*세대당 총사업비 = 조합원 세대당 건축비 × 계약면적

다섯째 마당
가로주택
정비사업
전문가 되기

▶ 이것만은 미리 알아두자! ◀

다섯째 마당은 넷째 마당까지 학습한 내용을 모두 활용하여 실전에서 바로 활용할 수 있는 사업성분석에 대해 살펴 볼 것입니다. 가로주택 정비사업을 재개발형, 재건축형으로 구분하여 사업성분석방법을 설명하였습니다. 물론 현재 가로주택 정비사업이 진행되고 있는 사업장들은 재개발형으로 사업성을 분석하고 있습니다. 즉, 비례율이 중요한 개념이 된다는 뜻입니다.

그러나 비례율을 기초로 사업성분석을 하는 경우 공시지가(표준지공시지가, 개별공시지가)나 주택공시가격(공동주택공시가격, 표준단독 주택공시가격, 개별단독주택 공시가격), 감정평가(종전 및 종후자산 평가) 등 다소 어렵게 느껴지는 개념들을 이해하고 있어야 한다는 점이 늘 사업성분석을 어렵게 만들곤 합니다. 재개발형 가로주택 정비사업의 사업성분석을 위해서는 좀 더 세심한 접근이 필요한 이유입니다.

우리는 이미 넷째 마당에서 재건축형 가로주택 정비사업의 사업성분석을 위해 활용할 수 있는 공식을 도출해냈습니다. 이 방식을 활용한다면 재건축형 가로주택 정비사업의 사업성분석은 누구나 어렵지 않게 할 수 있을 것입니다.

재개발형 가로주택 정비사업의 사업성분석 역시 다섯 째 마당에서 다시 한 번 꼼꼼히 분석해 봄으로써 충분히 가능하다고 생각합니다. 또한, 재건축형과 재개발형에 적용하는 방식을 서로 교차하여 사업성분석도 해 보겠습니다. 일종의 검증이라고 생각하시면 됩니다.

한 가지 아쉬운 점은 어떤 사업장이든 위 공식을 활용하다 하더라도 일정 수준 오차는 발생한다는 점을 감안해야 한다는 것입니다. 하지만 조합설립인가 전인 경우나 총회책자에서 제시된 자료들이 얼마나 타당한 것인지를 분석하기 위해서라면 약간의 차이가 큰 문제가 되지는 않을 것입니다. 그래서 이번 마당에서는 단순한 자료만 가지고 재개발형 가로주택 정비사업, 재건축형 가로주택 정비사업에 대한 사업성분석을 해 볼 것입니다. 위와 같은 과정을 통해 보다 명확한 사업성분석 노하우를 익히고 가다듬어 전문가 수준에 도달하는 것이 다섯째 마당의 목표입니다.

핵심 개념 풀이

★세대당 평균 대지지분

하나의 사업장(가로주택 정비사업, 소규모 재건축 등)의 전체 대지면적을 소유자 수로 나누어 구한 대지지분을 말합니다. 예를 들어 전체 대지면적이 1만㎡이고 소유자 수가 100명인 경우 세대당 평균 대지지분은 100㎡가 됩니다.

★개별공시지가

개별공시지가는 표준지공시지가를 기준으로 시장 · 군수 · 구청장이 조사한 개별토지의 특성과 비교표준지의 특성을 비교하여 토지가격 비준표 상의 토지 특성 차이에 따른 가격배율을 반영하여 시장 · 군수 · 구청장이 결정 · 공시하는 개별토지의 제곱미터(㎡) 당 가격을 말합니다. 개별공시지가는 토지 관련 국세 및 지방세의 부과기준이 되고 개별부담금 등 각종 부담금의 부과기준이 됩니다.

★표준지공시지가

표준지공시지가는 국토교통부장관이 조사 · 평가하여 공시한 표준지의 제곱미터(㎡) 당 적정가격으로 이때 적정가격이란 토지, 주택 및 비주거용 부동산에 대하여 통상적인 시장에서 정상적인 거래가 이루어지는 경우 성립될 가능성이 가장 높다고 인정되는 가격을 말합니다. 공시지가는 토지시장의 지가정보를 제공하고, 일반적인 토지거래의 지표가 되며 무엇보다 국가 · 지방자치단체 등이 업무와 관련하여 지가를 산정하는 경우 기준이 되고, 감정평가업자가 개별적으로 토지를 감정 · 평가하는 경우 그 기준이 됩니다.

★표준단독 주택가격

국토교통부장관이 용도지역, 건물구조 등이 일반적으로 유사하다고 인정되는 일단의 단독주택 중에서 선정한 표준주택에 대하여 매년 공시기준일(1월 1일)현재의 적정가격을 조사 · 산정하고 중앙부동산가격공시위원회의 심의를 거쳐 공시한 가격인데요. 국가 · 지방자치단체 등의 기관이 행정 목적으로 개별주택가격을 상정하는 경우 그 기준으로 적용하기 위해 산정되는 가격입니다.

★개별단독주택 공시가격

매년 국토교통부장관이 결정 · 공시하는 표준단독주택 가격을 기준으로 시장 · 군수 · 구청장이 조시한 개별주택의 특성과 비교표준 단독주택의 특성을 상호 · 비교하여 산정한 가격에 대하여 한국감정원의 검증을 받은 주택소유자 등의 의견수렴과 시 · 군 · 구 부동산가격공시위원회 심의를 거쳐 시장 · 군수 · 구청장이 결정 · 공시하는 가격을 말하는데요. 종합부동산세 및 재산세 등 국세 및 지방세의 부과기준 및 부동산 실거래가 신고제도의 검증가격 기준이 되는 주택가격입니다.

★공동주택공시가격

공동주택 중 아파트, 연립주택, 다세대주택을 대상으로 공시되는 가격을 말합니다. 공공주택공시가격은 단독주택과 다르게 토지와 건물을 일괄하여 적정가격을 공시합니다. 주택시장의 가격정보를 제공하고 적정한 가격형성을 도모하며, 국토의 효율적인 이용과 국민경제의 발전에 이바지하기 위해 매년 공시기준일 현재의 적정가격을 조사 · 산정하여 국가 · 지방자치단체 등의 기관이 과세 등의 업무와 관련하여 주택의 가격을 산정하는 경우 그 기준으로 활용하도록 하기 위해 사용되고 있습니다.

실전 조합설립인가 전 재건축형 가로주택 정비사업 분석하기

드디어 완벽한 사업성분석으로 가로주택 정비사업 전문가 되기 위한 단계에 도달했습니다. 지금부터 넷째 마당까지 배운 것을 떠올리면서 천천히 사업성분석을 해 보도록 하겠습니다. 가장 최근에 배운 것이 기억에 남아 있으시죠? 그래서 재건축형 가로주택 정비사업의 사업성분석 노하우를 살펴 보려고 합니다.

가장 먼저 넷째 마당에서 정리했던 사업성분석 단순계산표를 소환해 보죠. 기억하시죠? 재건축형 가로주택 정비사업을 분석하는 데 특히 유용하다고 말씀드렸던 것 같습니다. 혹시 아직 어렵게 느껴지신다면 넷째 마당을 다시 한 번 읽고 오세요. 여기서 기다리고 있겠습니다.

다시 한 번 읽고 오셨나요? 그렇다면 지금부터 시작하겠습니다.

사업성분석 단순계산표

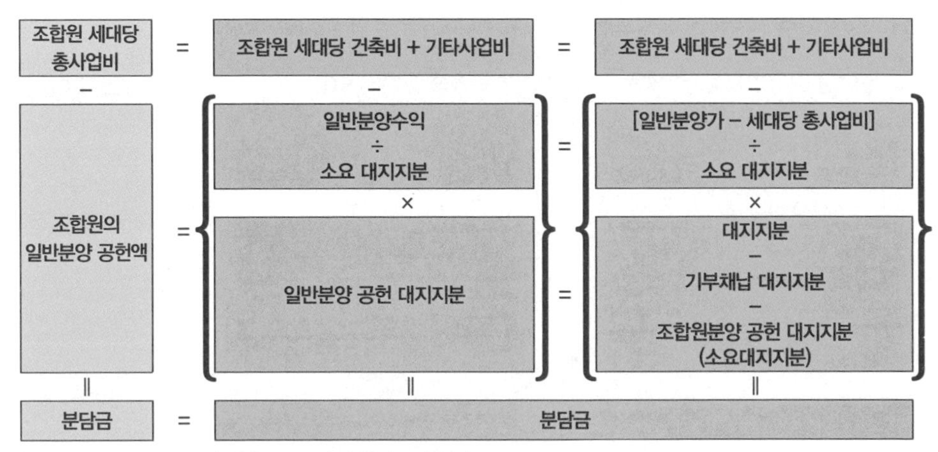

*조합원 세대당 건축비 : 단위면적(㎡ 혹은 3.3㎡ 기준) 당 건축비 × 계약면적

*기타사업비 : 주력 평형의 조합원 세대당 건축비(시공비) × 0.33

*세대당 총사업비 = 조합원 세대당 건축비 × 계약면적

사업성분석 단순계산표를 보면 분담금을 계산하기 위해

'1단계 : 조합원 세대당 총사업비'를 계산한 후

'2단계 : 조합원의 일반분양 공헌액 '을 계산하여 차감하면 되는 것을 알 수 있습니다.

아주 단순합니다. 그렇죠?

다음으로 소요 대지지분을 알아야 하는데요. 우리가 넷째 마당에서 이미 정리해 놓은 소요 대지지분 정리표를 소환하면 해결될 수 있겠죠? 그럼 당장 소환해 보시죠.

가로주택 정비사업의 소요 대지지분 정리표

용도지역	용적률	사업방식		초소형 공급비중		층고제한		형태		소요 대지지분(㎡)
		단독	공동	높음	낮음	유	무	재개발형	재건축형	
2종 일반	200%	⊙			□	◈		⌖		32.74 ~ 33.55㎡ (평균 33.145㎡)
		⊙			□	◈			△	41.87㎡ ~ 41.356㎡ (평균 41.613㎡)
		⊙			□		◇		△	42.48㎡
		⊙		▣			◇		△	24.773㎡
	250%		○	▣			◇	⌖		25.271 ~ 29.69㎡ (평균 27.48㎡)
		⊙			□		◇	⌖		29.49㎡
3종 일반	300%	⊙			□		◇	▲ (재개발형+재건축형)		34.11㎡
준주거	500%		○	▣			◇		△	15.18㎡
	375.5%	⊙			□		◇		△	23.746㎡
일반 상업	696.45%	⊙			□		◇	⌖		17.952㎡
	719.13%	⊙			□		◇	▲ (재개발형+재건축형)		10.293㎡
준공업	248.9%	⊙			□		◇		△	31.38㎡

단, '초소형 공급비중'에서 '초소형'의 기준은 10㎡ ~ 20㎡ 면적대를 말함.

사업방식에서 '공동'이라함은 LH공사, 지방공사 등 공공부문이 참여한 경우를 말함.

그러니 '사업성분석 단순계산표'와 '소요 대지지분 정리표'를 소환했으니 이제 사업장과 관련된 정보만 있으면 사업성분석을 할 수 있을 것 같군요.

다음은 분석하고자 하는 수도권의 한 재건축형 가로주택 정비사업장과 관련된 자료를 정리한 것입니다.

- 용도지역 : 준주거
- 형태 : 재건축형
- 일반분양가 : 363만 원/㎡
- 일반분양 : 전용 59.73㎡
- 계약면적 : 112.70㎡
- 공급면적 : 85.50㎡
- 평균 대지지분 : 51.45㎡
- 분양세대 : 130(조합원 60세대)
- 용적률 : 370%
- 사업방식 : 단독
- 기부채납 대지면적 : 0
- 세대당 건축비(시공비) : 130만 원/㎡ – 추정치
- 소요대지지분 : 33.66㎡ (전용 59㎡ 기준)
- 세대당 기타사업비 : 42.9만 원/㎡ (130만 원 × 0.33)
- 공동주택공시가격 : 9,600만 원

조합원 세대당 총사업비 계산

조합원 세대당 총사업비 계산 = 조합원 세대 당 건축비 + 기타사업비

조합원 세대당 건축비 : 단위면적(㎡) 당 건축비 × 계약면적(㎡)

130만 원 × 112.70㎡ = 146,510,000원

조합원 세대당 기타사업비 : 조합원 세대당 건축비 × 0.33(기타사업비 비율)

146,510,000원 × 0.33 = 48,348,300원

∴ 조합원 세대당 총사업비 = 194,858,300원

조합원의 일반분양 공헌액 계산

$$\text{조합원의 일반분양 공헌액} = \frac{\text{일반분양수익}}{\text{소요 대지지분}} \times \text{일반분양 공헌 대지지분}$$

⊙ 일반분양수익 = 일반분양가 - 세대당 총사업비

85.50×363만 원 - 112.70×130만 원 = 163,855,000원

⊙ 소요 대지지분 : 준주거지역 375%를 기준으로 환산

$$\frac{370\%}{375\%} \times 0.3411 = 33.66㎡$$

∴ 소요 대지지분 = 33.66㎡

⊙ 일반분양 공헌대지지분 =

대지지분 - 기부채납 대지지분 - 조합원분양 공헌대지지분

51.45㎡ - 0㎡ - 33.66㎡ = 17.79㎡

∴ 일반분양 공헌대지지분 = 17.79㎡

∴ 조합원의 일반분양 공헌액 = 163,855,000÷33.66×17.79 = 86,600,726원

분담금 계산

분담금 계산 = 조합원 세대당 총사업비 − 조합원의 일반분양 공헌액

194,858,300원 - 86,600,726원 = 108,257,574원

∴ <u>분담금 = 108,257,574원</u>

해석하면 대지지분이 51.45㎡인 조합원이 전용면적 59.73㎡를 분양받을 경우 분담금으로 1억 825만 7,574원을 부담하면 분양받을 수 있다는 뜻인데요. 위 사례의 아파트는 수도권의 소규모 저층 아파트 단지입니다. 분양가를 보면 서울은 아니라는 것을 어렵지 않게 파악하셨으리라 생각합니다. 그렇다면 위 사례의 사업장은 유망한 곳일까요? 해답은 여러분 각자가 찾아 보시기 바랍니다! 한 가지 힌트를 드리자면, 해당 사업장은 이주 및 착공단계를 지나고 있습니다. 사업성이 있으니 진행되고 있지 않을까요?

재개발형 가로주택 정비사업 분석방법으로 분담금의 적정성 검증하기

이번에는 재건축형 가로주택 정비사업을 재개발형 가로주택 정비사업 방식으로 분석을 해 보죠. 왜 이렇게 하냐고요? 이왕이면 두 가지 방식으로 모두 계산해 보면 좀 더 명확하게 사업성 분석을 할 수 있지 않을까 하는 마음에서입니다. 재개발형 가로주택 정비사업 방식으로 사업성분석을 하기 위해서는 비례율 공식을 소환해야 합니다. 비례율 공식을 소환해 보시죠!

비례율 계산식

$$\frac{\text{총분양수입} - \text{총사업비용}}{\text{사업하기 전의 자산가격(종전자산 평가액)}} \times 100$$

위의 비례율 계산식에 따라 비례율이 계산되면 감정평가액에 비례율을 곱하여 권리가액이 계산되죠. 이 권리가액을 조합원 분양가에서 빼면 조합원 분담금이 계산됩니다.

조합원분양가	−	권리가액	=	분담금
조합원분양가	−	(감정평가액 × 비례율)		

자, 그럼 위에 나와 있는 공식대로 하나씩 계산해 보시죠!

총분양수입

총분양수입 = 분양가 × 공급면적

363만 원×85.50㎡×130세대 = 40,347,450,000원

∴ 총분양수입 = 40,347,450,000원

총사업비용 (⇒단, 75 : 25 비율 가정)

총사업비용 = 건축비(시공비) + 기타사업비

[130만 원×112.70㎡(계약면적)×130세대]+

[130만 원×112.70㎡×130세대×0.33] = 25,331,579,000원

∴ 총사업비용 = 25,331,579,000원

종전자산 평가액

단일 평형으로 구성되어 있고 공동주택 공시가격인 9,600만 원을 종전자산평가를 위해 활용하도록 하겠습니다. 예측을 위해 실무에서는 공동주택 공시가격에 1.3을 곱해 이를 예상 종전자산 평가액으로 활용하곤 합니다. 이를 적용해 종전자산 평가액을 계산합니다.

종전자산 평가액 = 공동주택공시가격 × 1.3

⊙ 개별세대의 종전자산 평가액은 ….

9,600만 원 × 1.3 = 1억 2,480만원

⊙ 전체세대의 종전자산 평가액은 ….

9,600만 원 × 1.3 × 60세대 = 7,488,000,000원

∴ 종전자산 평가액 = 7,488,000,000원

그러므로 비례율은 다음과 같습니다.

비례율 계산식

$$\frac{\text{총분양수입} - \text{총사업비용}}{\text{사업하기 전의 자산가격(종전자산 평가액)}} \times 100$$

$$\frac{40{,}347{,}450{,}000\text{원} - 25{,}331{,}579{,}000\text{원}}{7{,}488{,}000{,}000\text{원}} \times 100$$

$= 200.53\%$

권리가액

개별세대의 권리가액 = 감정평가액 × 비례율

124,800,000원 × 2.0053 = 250,261,440원

∴ 권리가액 = 250,261,440원

분담금 계산

분담금 계산 : 분양가액 – 권리가액

310,365,000원 - 250,261,440원 = 60,103,560원

∴ 분담금 = 60,103,560원

자, 그럼 두 가지 방식에 따른 분담금을 비교해 볼까요?

재건축형 사업성분석 방식 적용 결과	재개발형 사업성분석 방식 적용 결과
108,257,574원	60,103,560원

차이가 4,815만 원 수준입니다. 크게 보일 수도 있지만 사실 그다지 큰 차이는 아니라고 볼 수 있습니다. 예측치니까요. 따라서 어떤 방법을 적용하든 사업성분석에는 큰 무리가 없는 것을 확인할 수 있습니다.

실전 조합설립인가 전 재개발형 가로주택 정비사업 분석하기

이번에는 재개발형 가로주택 정비사업장의 사업성분석을 해 볼 차례입니다. 이제부터는 비례율이 핵심이 될 것입니다. 다시 비례율 계산식을 눈에 담아두세요.

비례율 계산식

$$\frac{\text{총분양수입} - \text{총사업비용}}{\text{사업하기 전의 자산가격(종전자산 평가액)}} \times 100$$

바로 위에서 분석했던 것과 동일하게 위 계산식에 따라 비례율이 계산되면 감정평가액에 비례율을 곱하여 권리가액을 계산하게 됩니다. 그 다음은 조합원 분양가에서 권리가액을 차감하여 조합원 분담금을 계산하면 되는 것이죠.

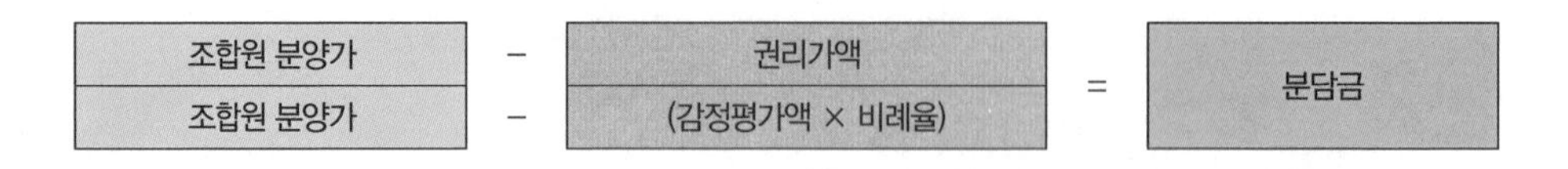

자, 그럼 위에 나와 있는 공식대로 하나씩 계산해 보겠습니다!

다음은 수도권의 한 재개발형 가로주택 정비사업장과 관련된 자료입니다.

단, 이 자료는 계산의 편의를 위해 분양을 85.90㎡만 한다고 가정하였기에 비례율이 너무 높게 계산될 것이라는 점을 사전에 밝혀둡니다.

- 용도지역 : 2종 일반
- 형태 : 재개발형
- 일반분양가 : 302.5만 원/㎡
- 일반분양 : 전용 59.64㎡
- 계약면적 : 112.40㎡
- 공급면적 : 85.90㎡
- 전체부지면적 : 3,160㎡
- 분양세대 : 108(조합원분양 34세대)
- 용적률 : 250%
- 사업방식 : 단독
- 조합원분양가 : 일반분양가의 90%
- 세대당 건축비(시공비) : 128.5만 원/㎡ – 추정치
- 소요 대지지분 : 33㎡ (전용 59㎡ 기준)
- 세대당 기타사업비 : 42.9만 원/㎡ (130만 원 × 0.33)
- 소유 대지면적 : 80㎡(건물 48㎡)

자 그럼, 비례율을 계산해 보시죠!

총분양수입

총분양수입 = (조합원분양가 × 공급면적 × 분양가율 × 조합원 분양수) +
일반분양가(분양가 × 공급면적 × 일반분양수)

(302.5만 원×85.90㎡×0.9×34세대)+(302.5만 원×85.90㎡×74세대)
= 27,180,048,500원

∴ 총분양수입 = 27,180,048,500원

총사업비용 (⇒ 75 : 25 비율 가정)

건축비를 계산할 때 재건축형 가로주택 정비사업과 달리 계약면적이 아닌 공급면적을 기준으로 계산해야한다는 점을 유의하셔야 합니다.

총사업비용 = 건축비(공급면적) + 기타사업비

[1,285,000원×85.90㎡(공급면적)×108세대]
+[1,285,000원×85.90㎡×108세대×0.33]
= 15,855,198,660원

∴ 총사업비용 = 15,855,198,660원

*75:공사비 비율 / 25: 기타사업비 비율(공사비의 33%)

종전자산 평가액

재개발형 가로주택 정비사업의 사업성분석을 추정하는 데 있어 가장 어려운 것이 종전자산 평가액이라고 할 수 있습니다. 아파트 같은 경우는 공동주택 공시가격이 분석의 기준점이 되어줄 수 있지만 낙후된 단독주택인 경우 종종 무허가 건축물, 미등기건축물 등 전문가가 아닌 이상 평가하기 어려운 대상들이 많기 때문이죠. 따라서 조합설립인가를 받기 전인 가로주택 정비사업장이라면 종전자산 평가액을 최대한 단순화해서 평가할 수밖에 없습니다.

좀 더 디테일하게 종전자산가액을 평가할 수도 있습니다. 복습해 볼까요?

우선 단독주택은 토지의 감정평가액 + 건물의 감정평가액으로 구분하게 되죠.

단독주택의 종전자산 평가액 = 토지의 감정평가액 + 건물의 감정평가액

다음으로 토지의 감정평가액은 다음과 같은 공식에 의해 산정되나 쉽지 않다고 말씀드렸죠.

토지의 감정평가액 =
표준지공시지가 × 지역요인비교 × 개별요인비교 × 면적 및 기타요인 비교

그래서 어림셈법을 활용하시라고 했습니다.

토지 감정평가 추정 어림셈법 = 개별공시지가 × 1.1~1.3

가로주택 정비사업의 개략적인 건물 감정평가액 추정 기준

구조	내용연수	준공 후 경과연수	가격/㎡
철근 콘크리트조	50년	20년	45만 원
		25년	37만 5천 원
		30년	30만 원
		35년	22만 5천 원
		40년	15 만원
벽돌조	45년	20년	36만 1천 원
		25년	28만 8천 원
		30년	21만 6천 원
		35년	14만 4천 원
		40년	7만 2천 원
목조	40년	20년	24만 원
		25년	18만 원
		30년	12만 원
		35년	6만 원

*건물의 추정 평가액은 구조(철근 콘크리트조, 벽돌조, 목조 등)와 준공 후 경과연수에 따라 상이함

또한, 건물 감정평가는 건물의 구조에 따라 다음과 같은 기준을 적용하시라고 했습니다.

위와 같은 방법으로 종전자산가액을 추정하면 됩니다. 그런데, 쉽지가 않죠?

그래서 전체를 어림셈법으로 구하는 방법을 말씀드리려고 합니다. 이건 어디까지나 필자들의 개인적인 방법이니까 반드시 따라하실 필요는 없습니다. 괜찮겠다고 생각되시는 분들만 따라해 보시면 좋을 듯합니다.

일단, 전체 토지의 특성을 대표하는 토지 3곳을 선택하세요. 도로변의 토지, 이면도로 토지 1곳 가장 안쪽 토지 총 3곳의 토지를 선택하신 후 개별공시지가를 찾아보세요. 개별공시지가는 국토교통부의 부동산 공시가격 알리미 사이트(www.realtyprice.kr:447)에 접속하셔서 확인하실 수 있습니다. 이렇게 계산된 3곳의 개별공시지가를 모두 더해 산술평균을 구한 후 어림셈법에 따라 토지가격을 구하면 됩니다.

그러므로 토지의 개략적인 감정평가액은 다음과 같이 계산할 수 있죠.

$$\text{퇴지의 감정평가액} = \frac{(1{,}055{,}000\text{원} + 1{,}007{,}000\text{원} + 975{,}600)\text{원}}{3}$$

$$= 1{,}012{,}533\text{원/㎡}$$

따라서 전체 토지의 감정평가액을 어림셈법에 적용하고, 청산대상자들이 5.3%정도 있을 것이라는 점을 가정할 경우 종전자산평가에 반영되는 감정평가 대상 부지면적은 2,992.5㎡(3,160㎡×0.947)이 되기 때문에 토지감정평가액은 다음과 같이 계산됩니다.

개별공시지가 : 1,012,533원 × 1.1 = 1,113,786원
토지 감정평가액 = 1,113,786원 × 2,992.5㎡
= 3,333,004,605원

또 다른 방법으로 평균 거리시세를 구한 후 그 금액의 80~85% 정도로 계산해도 되나 아무래도 위 방법에 비해서는 좀 더 개략적인 예측이라는 점은 염두해 두셔야 합니다.

다음으로 건물의 감정평가액을 구해 보시죠.

대부분 노후불량주택의 요건을 충족하고 있는 곳이고 단독주택들인 점을 감안할 때 벽돌조 혹은 목조인 경우가 대부분입니다. 사례의 경우 벽돌조가 많기 때문에 구조는 벽돌조를 적용하고 건축 후 경과연도는 35년 이상이라고 보아야 하기 때문에 35년을 적용합니다. 따라서 ㎡ 당 잔존가치는 14만 4,000원이 됩니다. 다음으로 오래전에 건축되어졌고 중간 중간에 대지만 남아 있는 곳도 있다는 점을 감안해 건폐율 60%를 적용하여 건물면적을 개략적으로 계산해 볼 수 있습니다.

건물 면적 : 1,896㎡(3,160㎡ × 0.6)
건물 감정평가액 = 144,000원 × 1,896㎡
= 273,024,000원

비례율 계산식

$$\frac{27,180,048,500원 - 15,855,198,660원}{3,606,028,605원} \times 100 = 3.14.1\%$$

권리가액 = 감정평가액 × 비례율

대지 80㎡와 건물 48㎡(80㎡×0.6)를 소유한 경우의 권리가액은 감정가액에 비례율을 곱하여 계산하는데 감정가액은 토지와 건물의 합으로 구성되죠.

이때 토지의 감정가액은 80㎡ × *1,113,786원이고, 건물의 감정가액은 48㎡ × **144,000원이 됩니다. 따라서 토지와 건물의 감정가액은 96,014,880원(80㎡ × 1,113,786원 + 48㎡ × 144,000원)이 됩니다.(*p257, **p255 참조)

감정평가액 : 96,014,880원

권리가액은 감정평가액에 비례율을 곱하여 계산되므로 다음과 같겠죠?

권리가액 = 96,014,880원(감정평가액) ×314.1%(비례율)

= 301,582,738원

분담금 계산

이제 최종적으로 위 조합원이 전용면적 59.64㎡ 아파트를 분양받기 위해 부담해야 되는 분담금을 계산해 볼 차례입니다. 재개발형 가로주택 정비사업장의 조합원 분담금은 다음과 같은 공식에 따라 최종 계산되죠. 기억하시죠?

조합원별 분양가 – 조합원별 권리가액 = 조합원별 분담금

조합원 분양가 : 공급면적 × ㎡ 당 분양가 × 0.9(일반분양가의 90%)
= 85.9㎡ × 302.5만 원 × 0.9
= 233,862,750원

분담금 : 조합원 분양가 - 조합원별 권리가액
= 233,862,750원 - 301,582,738원
= -67,719,988원(환급)

해석하면 대지지분이 80㎡인 재개발형 가로주택 정비사업 조합원일 때, 전용면적 59.64㎡를 분양받을 경우 6,771만 9,988원을 환급받고 분양받을 수 있습니다. 모두 말도 안 되는 비례율 덕분에 가능합니다. 계산의 편의를 위해 실제보다 규모가 큰 단일면적형으로 공급한다고 가정하다 보니 분양수입이 과대평가된 것이죠. 위 사례의 아파트는 수도권 주요 우량지역은 아닙니다. 분양가격이나 개

별공시지가만 보면 알 수 있죠. 그렇다면 위 사례의 사업장은 유망한 곳일까요? 답은 여러분 스스로 찾아 보셔야 합니다. 위와 같은 분석을 내놓았다면 해당 사업장에 대해 누구보다 잘 아고 계실테니까요.

재건축형 가로주택 정비사업 분석방법으로 분담금의 적정성 검증하기

자, 이번에는 위 사례를 재건축형 가로주택 정비사업의 분담금 계산방법을 활용해 분석해 보도록 하겠습니다. 위 사례의 재개발형 가로주택 정비사업장과 관련된 자료 중 필요한 자료만 선택해 소환해 보겠습니다.

- 용도지역 : 2종 일반
- 형태 : 재개발형
- 일반분양가 : 302.5만 원/㎡
- 일반분양 : 전용 59.64㎡
- 계약면적 : 112.40㎡
- 공급면적 : 85.90㎡
- 평균 대지지분 : 87.77㎡*
- 분양세대 : 108(조합원분양 34세대)
  *전체 조합원 36세대
- 용적률 : 250%
- 사업방식 : 단독
- 기부채납 대지면적 : ○
- 세대당 건축비(시공비) : 128.5만 원/㎡ – 추정치
- 소요 대지지분 : 29.49㎡
- 세대당 기타사업비 : 42.9만 원/㎡
  (130만 원 × 0.33)
- 소유 대지면적 : 87.77㎡

*전체 조합원 36명이고 그 중 34명이 조합원 분양을 받을 것으로 가정.
따라서 재건축형 가로주택 정비사업으로 분석시 평균 대지지분은 87.77㎡(3,160÷36세대)

자료를 확인했으니 이제 본격적인 분석을 해 보시죠.

조합원 세대당 총사업비 계산

조합원 세대당 총사업비 = 조합원 세대당 건축비 + 기타사업비

⊙ 조합원 세대당 건축비 = 단위면적(㎡) 당 건축비 × 계약면적

= 128.5만원 × 112.40㎡ = 144,434,000원

⊙ 조합원 세대당 기타사업비 = 조합원 세대당 건축비 × 0.33

= 144,434,000원 × 0.33 = 47,663,220원

∴ 조합원 세대당 총사업비 = 192,097,220원

조합원의 일반분양 공헌액 계산

$$\text{조합원의 일반분양 공헌액} = \frac{\text{일반분양수익}}{\text{소요 대지지분}} \times \text{일반분양 공헌 대지지분}$$

일반분양수익 = 일반분양가 - 세대당 건축비(시공비)

= 85.90㎡ × 302.5만 원 - 112.70㎡ × 128.5만 원

= 115,028,000원

소요 대지지분 : 단독시행, 초소형이 없어 소요 대지지분표의 2종 일반주거지역 250% 적용 다만, 2종 일반주거지역, 용적률 250%, 단독시행이지만 초소형 건축물량이 전혀 없기 때문에 소요 대지지분은 용적률 250%인 경우의 재건축 소요 대지지분을 적용하는 것이 좋음

∴ 소요 대지지분 = 29.49㎡

재건축 소요 대지지분

용도 지역	용적률	사업 방식		초소형 공급비중		층고 제한		형태		소요 대지지분(㎡)
		단독	공동	높음	낮음	유	무	재개발형	재건축형	
2종 일반	250%		○	▣			◇	◭		25.271 ~ 29.69㎡
		⊙			□		◇	◭		29.49㎡

일반분양 공헌 대지지분 =

대지지분 - 기부채납 대지지분 - 조합원분양 공헌 대지지분

87.77㎡ - 0㎡ - 29.49㎡ = 58.28

∴ 일반분양 공헌 대지지분 = 58.28㎡

∴ 조합원의 일반분양공헌액 = (115,028,000원 ÷ 29.49㎡) × 58.28㎡

= 227,325,596원

그러나 위에서 계산된 것은 대지지분이 87.77㎡인 경우에 해당되죠. 실제 이 조합원의 소유 대지지분은 80㎡이므로 비율을 반영하여 계산하면 조합원의 일반분양 공헌액은 227,325,596원이 됩니다.

분담금 계산

조합원 세대당 총사업비 – 조합원의 일반분양 공헌액

192,097,220 - 227,325,596원 = -35,228,376원

∴ 분담금 = -35,228,376원

해석하면 87.77㎡ 토지를 보유하고 있는 조합원은 3,522만 8,376원을 환급받고 전용면적 59㎡인 아파트를 분양받을 수 있다는 것을 알 수 있습니다. 재개발형 사업성분석방법과 비교했을 때 분담금(6,771만 원 환급)의 차이가 3,248만 원 수준에 머무르고 있음을 알 수 있습니다. 따라서 재개발형 사업성분석방법과 재건축형 사업성분석방법을 모두 적절하게 병행하면 폭넓은 사업성분석을 할 수 있습니다.

따라서 충분히 사업이 진행되고 데이터가 축적되기 전까지는 재개발형 가로주택 정비사업에 대한 사업성분석은 재개발형 사업성분석방식을 활용하고 재건축형 가로주택 정비사업인 경우 역시 재건축형 가로주택 정비사업 분석방식을 활용하실 것을 권장합니다. 다만, 검증을 위해 서로 다른 방식으로 교차 분석하는 경우, 특히, 재개발형 가로주택 정비사업의 사업성분석을 재건축형 가로주택 정비사업으로 분석할 경우 주의를 요하며 만약 그 차이가 크다면 재개발형 가로주택 정비사업의 분석방법에 따라 계산된 결과에 초점을 맞추실 것을 권장합니다.

지금까지 우리는 총회책자가 없는, 그야말로 정해지지 않은 혼돈스러운 상태에서 어떻게 사업성분석을 할 것인가를 집중적으로 살펴 보았습니다. 그런데 소규모 주택 정비사업인 가로주택 정비사업이나 소규모 재건축 정비사업에 관심을 기울이는 투자자 내지는 토지등소유자들이 진짜 관심을 갖고 의욕적으로 움직이기 시작하는 시기는 조합설립 이후인 경우가 대부분이라고 할 수 있죠. 그래서 총회책자를 통해 어떻게 사업성분석을 하면 좋을지를 살펴 보는 것이 매우 중요합니다.

재건축형 가로주택 정비사업의 사업성분석하기

가로주택 정비사업은 재개발형이든 아니면 재건축형이든 사업성분석을 모두 재개발형으로 분석하는 것이 일반적입니다. 아니 좀 더 정확하게 표현하면 아직까지는 그렇습니다. 그래도 별 문제가 없는 것이 이미 총회책자를 통해 대부분의 내용들이 예측치로 제시되었거나 사업과정을 거치면서 확정되고 있기 때문입니다. 자, 그럼 수도권의 재건축형 가로주택 정비사업 사업장의 책자가 제시한 사업성분석자료를 토대로 보다 정확한 사업성분석을 해 보도록 하겠습니다.

Q 총사업비 분석하기

총사업비는 가로주택 정비사업을 시행하는 데 소요되는 총비용입니다. 그런데 말이죠. 총사업비는 재개발 · 재건축 정비사업이나 소규모 주택 정비사업이나 별 차이가 없답니다. 구성항목만 달라지게 되죠. 총사업비는 공사비(신축비)와 기타업비를 더해서 구하게 된다는 것은 앞서 공부했습니다. 기억나시죠? 공사비와 기타사업비 사이에는 반드시 그런 것은 아니지만 나름의 비례관계가 성립된다고 볼 수 있습니다.

예를 들어 총사업비를 100%라고 할 때 공사비(신축비)는 약 70~77%를 차지하게 되고, 기타사업비는 23~30% 정도를 차지하게 되는 식이죠. 대략 7%정도(공식처럼 고정된 것은 아님)의 차이가 발생하게 되는데요. 보통은 재건축 같은 경우 기타사업비 비중을 25%정도 간주하곤 합니다. 물론 가로주택 정비사업장의 특성에 따라 약간의 편차는 발생할 수 있다는 것은 기억해두시기 바랍니다.

총사업비의 구성비율

총사업비(100%) = 공사비 + 기타사업비
= 70%~77% + 23%~30%

본격적으로 총사업비와 관련 내용을 살펴 보시죠.

정비사업비

구분	항목	금액(단위 : 원)	비율
건축비	직접공사비(445만 원/3.3㎡)	113,335,432,870	78.3%
	설계비	2,037,490,928	1.4%
	건축감리비	2,037,490,928	1.4%
	전기/소방/통신/석면 감리비	250,000,000	0.2%
	도시계획용역비	100,000,000	0.1%
	측량 및 지질조사비	350,000,000	0.2%
	지장물이설비	200,000,000	0.1%
	석면철거비	100,000,000	0.1%
	소계	118,410,414,726	81.8%

손실보상비	국공유지 매입비용	500,000,000	0.3%
	청산대상자 청산금	400,015,344	0.3%
	이전등기비	220,000,000	0.2%
	영업손실 보상비	500,000,000	0.3%
	주거이전비	340,000,000	0.2%
	소계	1,960,015,344	1.4%
관리비	명도 소송비용	200,000,000	0.1%
	매도청구 소송비용	200,000,000	0.1%
	소유권이전 소송비용	50,000,000	0.0%
	세무대행 수수료	120,000,000	0.1%
	조합운영비	576,000,000	0.4%
	기타관리비	400,000,000	0.3%
	소계	1,546,000,000	1.1%
용역비	감정평가 용역비	560,000,000	0.4%
	정비업체 용역비	2,037,490,928	1.4%
	총괄사업관리 용역비(PM)	1,000,000,000	0.7%
	경관심의 용역비	100,000,000	0.1%
	사전재해영향 평가용역비	50,000,000	0.0%
	교육환경 평가용역비	50,000,000	0.0%
	범죄예방계획 수립용역비	50,000,000	0.0%
	이주 및 공가 관리용역비	300,000,000	0.2%
	국공유지무상 협의용역비	200,000,000	0.1%
	소계	4,347,490,928	3.0%
부담금	광역교통시설 부담금	79,400,000	0.1%
	가스전기인입 부담금	60,250,000	0.0%
	상,하수도 원인자부담금	450,000,000	0.3%
	소계	589,650,000	0.4%
제세공과금	보존 등기비	4,499,595,760	3.1%
	법인세 및 재산세	15,200,000	0.0%
	국민주택채권매입비	20,000,000	0.0%
	소계	4,534,795,760	3.1%

기타경비	분양대행수수료	3,390,000,000	2.3%
	MGM	1,356,000,000	0.9%
	M/H 설치 및 운용	2,500,000,000	1.7%
	상가분양수수료	3,430,000,000	2.4%
	광고 선전비	700,000,000	0.5%
	예비비	1,000,000,000	0.7%
	민원처리비	500,000,000	0.3%
	소계	12,876,000,000	8.9%
금융비용	사업비 대여금이자	1,100,000,000	0.8%
	이주비대여이자	550,000,000	0.4%
	소계	1,650,000,000	1.1%
합계		145,914,366,758	100%

정비사업비 계획에 따른 총사업비는 1,459억 ,436만 원입니다. 이 정도 규모라면 가로주택 정비사업에서는 규모가 큰 사업장이라고 볼 수 있습니다. 그만큼 소규모 주택 정비사업이 규모가 그리 크지 않다는 의미이기도 합니다.

건축비 분석하기

총사업비 가운데 건축비(직접공사비)는 1,133억 3,543만 원입니다. 건축비에 직접공사비는 물론 설계비, 건축감리비, 전기 · 소방 · 석면 감리비, 도시계획용역비, 측량 및 지질조사비, 지장물이설비, 석면철거비 등이 포함되어 있군요. 보통 공사비는 건축시설공사비와 공사비부가세, 건축물 철거비를 합한 금액을 의미하는데요. 사례의 사업장은 몇 가지가 추가되어 있습니다. 전체 사업비에서 큰 비중을 차지하는 것은 아니니 무시하셔도 될 것 같습니다. 계산해 보니 총사업비에서 건축비가 차지하는 비중은 81.8%인 것을 알 수 있습니다.

기타사업비 분석하기

총사업비에서 공사비를 차감하면 기타사업비를 구할 수 있습니다. 사례의 가로주택 정비사업장은 기타사업비가 275억 395만 원이라는 것을 알 수 있는데요. 총사업비의 18.2%에 해당됩니다.

손실보상비 분석하기

가로주택 정비사업인 경우 손실보상비가 의무사항은 아닙니다. 즉, 조합의 필요에 따라 예산에 반영하여 손실보상을 할 수도 있고 그렇지 않을 수도 있다는 뜻입니다. 사례의 가로주택 정비사업장은 상가임차인에 대한 영업손실 보상비(총사업비의 0.3%)와 주택임차인에 대한 주거이전비(총사업비의 0.2%)를 책정해 놓았습니다. 충분하다고 볼 수는 없지만 이주 단계에서 임차인들이 이사를 가지 않아 사업진행이 더뎌지는 난관에 봉착할 가능성에 미리 대비해 놓았다는 점에서는 의미가 있다고 볼 수 있겠습니다.

금융비 분석하기

다음으로 눈여겨 볼 항목이 금융비입니다. 금융비는 사업비 대여금, 이주비 대여이자로 구성되어 있습니다. 가로주택 정비사업은 HUG(주택도시보증공사)로부터 저리로 융자를 받을 수 있다는 큰 장점이 있습니다. 그래서 금융비가 총사업비의 1.1%에 불과한 것을 알 수 있습니다.

예비비 분석하기

마지막으로 예비비 항목을 체크해야 합니다. 예비비는 말 그대로 예비적 성격으로 편성해 놓은 예산이죠. 돌발적으로 발생할 수 있는 지출요인에 대비해 사전에 편성해 놓은 예산이 바로 예비비입니다. 그렇기 때문에 예비비는 가능한 범위 내에서 충분하게 확보해 놓는 것이 좋습니다. 보통 재개발이나 재건축 정비사업에서는 예비비를 총사업비의 1% 수준으로 확보해 놓는 것이 일반적이라고 말씀드린 바 있습니다. 물론 그 보다 더 높은 수준으로 확보해 놓는 경우도 있고 그 이하로 확보해 놓는 경우도 있습니다만 대개 1% 수준으로 예비비를 책정합니다. 그런데 사례의 사업장은 예비비가 0.7%에 그치고 있습니다. 충분한 수준이 아님을 알 수 있습니다. 예비비를 여유 있게 책정해 놓았다면 긍정적으로 볼 필요가 있습니다. 그만큼 사업을 진행하는 데 있어 사업성을 확보해 놓고 진행하는 경우라고 볼 수 있기 때문입니다. 그러므로 예비비를 충분히 확보해 놓았는지를 우선 검토해 보는 습관을 가지시는 것이 좋습니다.

총분양수입 분석하기

어! 이상한 것이 보입니다. 오피스텔이….

어떻게 된 일일까요? 그렇습니다. 사례의 가로주택 정비사업장은 용도지역이 무려 일반상업지역! 그래서 용적률도 719.13%를 적용받았습니다. 후덜덜~~~

총분양수입

구분	형태	전용면적	분양면적	금액(단위 :원)	세대수	단가	비고
아파트	일반분양	49㎡	21.44평	15,436,800,000	80	192,960,000	900만 원 (3.3㎡기준)
		59㎡	25.75평	45,320,000,000	200	226,600,000	880만 원 (3.3㎡기준)
	조합원 분양	49㎡	21.44평	10,016,768,000	64	156,512,000	730만 원 (3.3㎡기준)
		59㎡	25.75평	11,536,000,000	64	180,250,000	700만 원 (3.3㎡기준)
	소 계			82,309,568,000	408		
오피스텔	일반분양	48㎡	22.00평	40,373,259,300	398	101,440,350	690만 원 (3.3㎡기준)
근생시설	1층	2,129.54㎡	1,481평	28,881,105,825			1,950만 원 (3.3㎡기준)
	2층	2,142.72㎡	1,490평	13,412,260,125			900만 원 (3.3㎡기준)
	3층	2,142.72㎡	1,490평	7,451,255,625			500만 원 (3.3㎡기준)
	근생합계	6,414.98㎡	3,881평	49,744,621,575			
수입합계				172,427,448,875	806		

참고로 준주거지역이나 일반상업지역에서 용적률을 전부 받기 위해서는 일정 요건을 충족해야 합니다. 그 중 대표적인 것이 주거전용 비율이 일정수준 이하여

야 됩니다. 사례의 사업장은 주거전용 비율이 60%입니다. 뭐 이런 부분까지 모두 알고 계실 필요는 없습니다. 그저 "용적률이 이렇게 적용되었구나!"라는 정도만 아셔도 문제없으니까요.

총분양수입은 종후자산 평가액이라고도 하죠. 특별한 경우가 아닌 이상 가로주택 정비사업, 소규모 재건축사업, 재개발 · 재건축 정비사업을 하면 아파트와 상가를 건설해 분양을 하게 되는데요. 이때 아파트와 상가를 분양해 발생하는 총수익을 가리켜 총분양수입 혹은 종후자산 평가액이라고 하는 것입니다.

사례의 가로주택 정비사업장은 아파트, 오피스텔, 근린생활시설을 분양하고 있습니다. 아파트는 일반분양으로 280세대, 조합원 분양으로 128세대 총 408세대를 공급하고, 오피스텔은 일반분양으로만 398세대를 공급합니다. 근린생활시설은 1층~3층까지 총 6,414.98㎡를 공급하네요.

- 총분양수입 = 아파트 분양수입 + 오피스텔 분양수입 + 상가 분양수입
  = 82,309,568,000원 + 40,373,259,300원 + 49,744,621,575원
  = 172,427,448,875원

계산해 보니 총분양수입은 1,724억 2,744만 원이 되는군요.

여기서 한 가지 짚고 넘어갈 부분이 있습니다. 바로 분양가격입니다. 수도권이고 일반상업지역에 입지하고 있음에도 불구하고 분양가격이 매우 보수적으로 책

정되어 있지 않습니까? 이런 곳에서 만일 일반분양가격이 당초 책정되었던 것보다 상승하게 되면 어떤 현상이 나타날까요? 당연히 분양수입 증가에 힘입어 사업성이 크게 좋아질 가능성이 높지 않을까요?

종전자산 평가액 분석하기

이제 종전자산 평가액을 볼 차례입니다. 종전자산 평가액이 너무 낮으면 비례율은 높아지죠. 이런 식으로 눈가림을 하는 경우도 의외로 많으니 조심하셔야 한다고 앞서 말씀드린 적이 있습니다. 기억나시죠?

사례의 총회책자에 나와 있는 종전자산 평가액은 추정치입니다. 다시 말해 감정평가사가 평가해 산출된 금액이 아니라는 뜻입니다. 따라서 그 추정이 얼마나 적절한지를 분석하는 것이 포인트입니다. 아시겠죠?

종전자산 평가액(사업하기 전의 자산가액)

(단위 : 원)

	평형/면적	공시가격(A)	세대수	보정(B)	세대당 평가액(A × B)	종전자산 평가액
공동주택 공시가격	17 평	70,000,000	42	1.5	105,000,000	4,410,000,000
	15 평	65,000,000	42	1.5	97,500,000	4,095,000,000
	17 평	70,000,000	24	1.5	105,000,000	2,520,000,000
단독주택 공시가격	도로 접 580 평	7,100,000	580평	1.7	12,070,000	7,000,600,000
	도로 외 580 평	4,260,000	580평	1.5	6,390,000	3,706,200,000
계					100%	20,000,767,200
총계						21,731,800,000

종전자산 평가액을 보니 헉~~~

아파트 단지와 단독주택이 일부 포함된 혼재형 가로주택 정비사업입니다. 물론 아파트 단지가 주력이죠. 그런데 놀라운 것이 공시가격이 15평 6,500만 원, 17평 7,000만 원인 아파트의 종전자산 평가액을 각각 1억 850만 원, 1억 750만 원으로 책정했다는 것입니다. 앞서 공동주택 공시가격의 종전자산 평가액을 개략적으로 추정할 때 1.3을 곱해서 추정하시라고 설명했습니다.

일반적 주택공시가격 기준 종전자산 평가액 추정방법

1억 원 (공시가격)	× 1.3	1억 3,000만 원 (예상 종전자산 평가액)

그런데 위 사례의 가로주택 정비사업장은 공동주택 공시가격에 1.5를 곱해서 종전자산 평가액을 책정했습니다. 단독주택 역시 마찬가지입니다. 공시가격이 각각 710만 원인, 426만 원인 단독주택을 1.7배, 1.5배를 곱하여 종전사산 평가액을 산정하였습니다. 사업성이 좋지 않은 이상 사업 초기에는 종전자산평가를 박하게 평가하는 경우가 많습니다. 이 부분에서 우리는 "사례의 사업장이 사업성이 좋은 곳이구나!"라는 예상을 할 수 있어야 합니다.

비례율 계산하기

총분양수입(종후자산 평가액), 총사업비, 종전자산 평가액을 모두 알고 있으니 이제 비례율을 계산할 수 있습니다.

$$\frac{\text{총분양수입} - \text{총사업비}}{\text{사업하기 전의 자산가격(종전자산 평가액)}} \times 100$$

$$\frac{172{,}427{,}448{,}875\text{원} - 145{,}914{,}366{,}758\text{원}}{21{,}731{,}800{,}000\text{원}} \times 100$$

$= 122\%$

비례율을 계산해 보니 예상대로 122%로 매우 높은 것을 알 수 있습니다. 이런 사업장이라면 매우 매력적인 곳입니다. 강력하게 추천할 수 있는 곳이죠. 일단 총수입이 증가할 것으로 보입니다. 분양가 자체가 보수적으로 책정되었기 때문에 충분히 상승여력이 있습니다. 물론 직접공사비가 445만 원(3.3㎡ 기준)으로 다소 낮게 책정되어 있기 때문에 상승할 것으로 예상되지만 그 정도는 일반분양가격 상승으로 충분히 상쇄시킬 수 있을 것으로 예상됩니다. 마지막으로 종전자산 평가액과 관련하여 종종 조합과 조합원들 사이에 분쟁을 겪는 경우가 있지만 위 사례의 사업장은 종전자산 평가액을 박하게 책정하지 않았기 때문에 큰 문제는 없을 것으로 분석됩니다. 그러니 매력적인 사업장이 아닐 수 없습니다. 그렇죠?

분담금 계산하기

분담금은 조합원 분양가에서 권리가액을 차감하여 계산하면 됩니다.

위 사례의 15평 조합원이 전용면적 59㎡ 아파트를 분양받을 경우 분담금을 계산하면 다음과 같습니다.

분담금 = 조합원 분양가 – 권리가액
= 조합원 분양가 – 종전자산 평가액 × 비례율
= 180,250,000원 – 97,500,000원 × 122%
= 61,300,000원

해석하면 위 사례의 15평 아파트를 보유하고 있는 조합원이 전용면적 59㎡ 아파트를 분양받기 위해 지출해야 하는 분담금은 6,130만 원이라는 뜻입니다.

재개발형 가로주택 정비사업의 사업성분석하기

이제 재개발형 가로주택 정비사업의 사업성분석을 해 볼 차례입니다. 그런데 지금부터 보게 될 사례는 사실 사업면적이 가로주택 정비사업에서 규정하고 있는 가로구역 요건에 위배되는 사업장입니다. 면적이 1만㎡를 초과하고 있기 때문이죠. 그러나 우리의 목적은 사업성분석을 전문가 수준까지 연습해 보고자 하는 것입니다. 그러니 이 점을 참고해주시기 바랍니다.

제시되는 자료들은 필자들이 이미 사업성분석을 해 놓은 자료들입니다. 하나씩 읽고 따라서 하시다보면 어렵지 않게 여러분의 것으로 만드실 수 있을 것이라고 믿습니다. 자, 그럼 지금부터 시작하겠습니다. 준비되셨죠?

Q. 총사업비 분석

총사업비는 앞서 언급한 것처럼 가로주택 정비사업을 위해 소요되는 총비용이죠. 또한, 총사업비는 공사비(신축비)와 기타사업비를 더하면 계산된다는 것을 앞서 공부했습니다. 뿐만 아니라 공사비와 기타사업비 사이에는 일종의 비례관계가 성립된다고도 말씀드렸습니다. 다음과 같이 말이죠.

총사업비의 구성비율

총사업비(100%) = 공사비 + 기타 사업비
= 70%~77% + 23%~30%

통상 재건축 정비사업은 기타 사업비 비중이 25%입니다. 그러나 가로주택 정비사업에서는 각각의 특성에 따라 약간의 편차가 발생합니다. 복습이니까 어렵지 않으시죠?

그럼 이제 총사업비 항목들을 분석해 보시죠.

정비사업비

구분	항목	금액(단위 : 원)	비율
건축비	직접공사비	165,918,995,165	80.0%
	설계비	2,885,547,742	1.4%
	건축감리비	2,885,547,742	1.4%
	전기/소방/통신/석면 감리비	800,000,000	0.4%
	도시계획 용역비	200,000,000	0.1%
	측량 및 지질조사비	350,000,000	0.2%
	지장물이설비 (상하수도,전기,통신,도시가스)	500,000,000	0.2%
	석면철거비	200,000,000	0.1%
	소계	173,740,090,649	83.8%

손실보상비	국공유지 매입비용	1,000,000,000	0.5%
	청산대상자 청산금	1,971,393,020	1.0%
	이전등기비	220,000,000	0.1%
	영업손실 보상비	1,000,000,000	0.5%
	주거이전비	850,000,000	0.4%
	소계	5,041,393,020	2.4%
관리비	명도소송비용	300,000,000	0.1%
	매도청구소송비용	300,000,000	0.1%
	소유권이전소송비용	100,000,000	0.0%
	세무대행수수료	120,000,000	0.1%
	조합운영비	864,000,000	0.4%
	총회운영(각종동의서 징구)	1,000,000,000	0.5%
	기타관리비	500,000,000	0.2%
	소계	3,184,000,000	1.5%
용역비	감정평가 용역비	560,000,000	0.3%
	정비업체 용역비	2,885,547,742	1.4%
	환경영향 평가용역비	250,000,000	0.1%
	교통영향 평가용역비	300,000,000	0.1%
	경관심의 용역비	200,000,000	0.1%
	사전재해영향평가용역비	50,000,000	0.0%
	교육환경 평가용역비	100,000,000	0.0%
	범죄예방 계획수립 용역비	500,000,000	0.2%
	이주 및 공가 관리용역비	100,000,000	0.0%
	국공유지무상 협의용역비	200,000,000	0.1%
	소계	5,145,547,742	2.5%
부담금	광역교통시설 부담금	70,100,000	0.0%
	가스전기인입 부담금	58,250,000	0.0%
	상.하수도 원인자부담금	400,000,000	0.2%
	소계	528,350,000	0.3%

제세공과금	보존등기비	6,602,123,445	3.2%
	법인세 및 재산세	15,200,000	0.0%
	국민주택채권매입비	20,000,000	0.0%
	소계	6,637,323,445	3.2%
기타경비	분양대행 수수료	4,140,000,000	2.0%
	MGM	2,484,000,000	1.2%
	M/H 설치 및 운용	2,500,000,000	1.2%
	광고 선전비	500,000,000	0.2%
	예비비	1,500,000,000	0.7%
	민원 처리비	500,000,000	0.2%
	소계	11,624,000,000	5.6%
금융비용	사업비 대여금이자	1,100,000,000	0.5%
	이주비 대여이자	325,000,000	0.2%
	소계	1,425,000,000	0.7%
합계		207,325,704,856	100%

정비사업비 계획을 보면 총사업비는 2,073억 2,570만 원입니다. 가로주택 정비사업에서 과연 이정도 규모가 가능할까라는 생각이 드시죠? 실제로 이정도 규모로 가로주택 정비사업이 진행된다면 정말 규모가 큰 사업장이라고 볼 수 있습니다. 누차 말씀드리지만 가로주택 정비사업은 소규모 주택 정비사업이기 때문입니다.

건축비 분석하기

총사업비 가운데 건축비(직접공사비)는 1,659억1,899만 원입니다. 건축비에 직접공사비는 물론 설계비, 건축감리비, 전기 · 소방 · 석면 감리비, 도시계획 용역비, 측량 및 지질조사비, 지장물이설비, 석면철거비 등을 포함시켜 놓았다는 것을 알 수 있습니다. 보통 공사비는 건축시설 공사비와 공사비 부가세, 건축물 철거비를 합한 금액을 의미하죠. 여기에 몇 가지가 추가된 것이라고 보시면 됩니다. 큰 규모는 아니니까 가볍게 지나가셔도 좋습니다. 여기서 짚고 넘어갈 부분은 총사업비에서 건축비(직접공사비)가 차지하는 비중이겠죠? 계산해 보니 80.0%입니다.

기타 사업비 분석하기

총사업비에서 공사비를 차감해 기타사업비를 구할 수 있죠. 따라서 사례의 가로주택 정비사업장은 기타 사업비가 414억 670만 원이라는 것을 알 수 있습니다. 총사업비의 20%가 되죠.

손실보상비 분석하기

가로주택 정비사업에서는 손실보상비가 의무사항이 아니죠. 조합의 필요에 따라 총회예산에 반영할 수도 있고 그렇지 않을 수도 있다는 뜻입니다. 그런데 사례의 가로주택 정비사업장은 상가임차인에 대한 영업손실 보상비(총사업비의 0.5%)

와 주택임차인에 대한 주거 이전비(총사업비의 0.4%)를 책정해 놓았습니다. 이 정도면 이주 단계에서 임차인들과 큰 문제 없이 사업이 진행될 것으로 예상해 볼 수 있습니다. 이주 단계에서 임차인들이 이사를 가지 않아 사업진행이 더뎌지는 난관에 부딪힐 가능성에 미리 대비해 놓았다는 점에서는 매우 바람직한 사업진행이라고 볼 수 있습니다.

금융비 분석하기

다음으로 눈여겨 볼 항목이 금융비입니다. 위 사례의 사업장 역시 금융비로 사업비 대여금이자와 이주비 대여이자로 구성되어 있습니다. 여러분도 아시는 것처럼 가로주택 정비사업은 HUG(주택도시보증공사)에서 초저리로 융자를 받을 수 있기 때문에 이자비용 부담이 미미한 수준입니다. 이것이 큰 장점이죠. 그런 이유로 사례의 사업장 역시 금융비가 총사업비의 1.1%에 불과합니다.

예비비 분석하기

마지막으로 예비비 항목을 체크해야 한다는 것 이제 아시죠? 예비비는 돌발적으로 상황에 따라 발생하는 지출에 대비하기 위한 것입니다. 그래서 예비비는 가능한 범위 내에서 충분하게 확보해 놓는 것이 좋은 것입니다. 보통 재개발이나 재건축 정비사업에서는 예비비를 총사업비의 1% 수준으로 확보하죠. 사례의 사업장은 예비비가 0.7%로 충분한 수준이 아닙니다. 이 부분은 아쉬운 부분이 아닐 수 없습니다. 예비비를 여유 있게 책정해 놓을 경우 긍정적이라고 볼 수 있습니다. 사업성이 떨어지는 사업장일수록 예비비를 부족하게 책정해 놓는 경우가 대부분이기 때문입니다. 따라서 예비비를 충분히 확보해 놓았는지를 우선 검토해 보는 자세가 필요합니다.

다음으로 수입과 관련된 항목들을 분석해 보죠.

총분양수입의 분석하기

어! 이 곳에도 오피스텔이 있네요. 그렇다면?

네! 그렇습니다. 이번 사례의 가로주택 정비사업장 역시 용도지역이 무려 일반상업지역이고 용적률도 696.45%를 적용받았네요.

주거전용 비율은 70.37%입니다. 이 부분은 가볍게 지나가셔도 좋습니다. 다만, 용적률이 높으면 일단 긍정적이라는 점은 꼭 기억하시기 바랍니다.

총분양수입

구분	형태	전용 면적	분양 면적	금액(단위 : 원)	세대수	단가	비고
아파트	일반분양	49㎡	19.98평	15,821,863,200	66	239,725,200	1,200만 원 (3.3㎡)
		59㎡	24.00평	98,772,989,700	343	287,967,900	1,200만 원 (3.3㎡)
		84㎡	33.40평	62,116,560,000	155	400,752,000	1,200만 원 (3.3㎡)

	조합원 분양	59㎡	24.00평	5,279,411,500	20	263,970,575	1100만 원 (3.3㎡)
		84㎡	33.40평	15,796,308,000	43	367,356,000	1100만 원 (3.3㎡)
오피스텔	일반 분양	20㎡	13.88평	31,157,379,000	264	118,020,375	850만 원 (3.3㎡)
근생시설	1층	7,547.07㎡	2,282.99평	52,508,739,525			2300만 원 (3.3㎡)
	2층	8,385.64㎡	2,536.66평	20,293,248,800			800만 원 (3.3㎡)
	3층	8,385.64㎡	2,536.66평	15,219,936,600			600만 원 (3.3㎡)
수입합계				316,966,436,325	891		

총분양수입은 종후자산 평가액이라고도 표현됩니다. 사례의 사업장은 총분양수입이 아파트 오피스텔, 근린생활시설 분양수익에서 발생하게 되는군요.

사례의 가로주택 정비사업장은 아파트, 오피스텔, 근린생활시설을 분양하고 있습니다. 아파트는 일반분양으로 564세대, 조합원분양으로 63세대 총 627세대를 공급하고, 오피스텔은 일반분양으로만 264실을 공급합니다. 근린생활시설은 1층~3층까지 총 7,356.31㎡를 공급하네요.

- 총분양수입 = 아파트 분양수입 + 오피스텔 분양수입 + 상가 분양수입
  = 197,787,132,400원 + 31,157,379,000원 + 88,021,924,925원
  = 316,966,436,325원

계산해 보니 총분양수입은 3,169억 6,643만 원이 되는군요.

여기서 총분양수입을 창출하는 분양가격을 검토해 보아야 하겠죠? 3.3㎡ 기준 분양가격이 1,200만 원입니다. 아파트인 경우. 사업장이 수도권이고 상업지역이라는 점을 감안할 때 높은 금액은 아닙니다. 최소한 거품은 없는 가격이라고 볼 수 있는 셈이죠. 추후 부동산시장의 상황에 따라 일반분양가격이 상승할 경우 적지 않은 시세차익을 기대할 수도 있을 만한 곳입니다. 하지만 조합원수가 많지 않은 것을 보니 1인당 소유 대지지분이 매우 커서 선뜻 매수하기 어려운 곳인 것 같군요.

종전자산 평가액 분석하기

이제 종전자산 평가액을 분석해 볼까요? 종전자산 평가액에서 눈여겨 보실 부분은 종전자산 평가액이 어떻게 평가되어 있느냐 하는 것입니다. 종전자산 평가액을 낮게 잡으면 비례율이 상승해서 사업성이 좋게 보이죠. 그래서 이런 부분을 악용하는 경우도 있기 때문에 신경 써서 보셔야 합니다.

사례의 종전자산 평가액은 추정치입니다. 감정평가사가 평가해 산출된 금액이 아니기 때문에 독자 여러분들도 필자들이 추정한 종전자산 평가액이 얼마나 적절한지를 검토해 보셔도 좋을 것 같습니다.

종전자산 평가액 산출

(단위 : 원)

	면적	공시가격(3.3㎡)	보정	3.3㎡당 평가액	추정종전 자산가액
도로접토지	1,612.83 평	14,685,000	1.7	24,964,500	40,263,494,535
인근 토지	3,225.66 평	8,523,900	1.9	16,195,410	52,240,886,221
건축물	4,256.33 평	950,000	1.0	950,000	6,065,270,250
총계					98,569,651,006

종전자산 평가액을 보니 역시나 우리가 토지와 건축물을 평가할 때 어림셈법으로 평가하는 경우 어떻게 평가하라고 했었는지 기억나시나요? 기억을 떠올려 봅시다. 우선 대전제가 있죠.

단독주택 · 다가구주택은 토지와 건물을 분리하여 감정평가(종전자산평가)를 한다는 것입니다.

단독주택의 종전자산 평가액 = 토지의 감정평가액 + 건물의 감정평가액

또한, 토지 부분의 감정평가액은 어림셈법으로 다음과 같이 계산하라고 말씀드렸죠.

토지 감정평가 추정 어림셈법 = 개별공시지가 × 1.1~1.3

보정배수를 1.1으로 할지 1.3으로 할지는 각각의 사업장별로 탄력적으로 적용하시면 됩니다.

가로주택 정비사업의 개략적인 건물 감정평가액 추정 기준

구조	내용연수	준공 후 경과연수	가격/㎡
철근 콘크리트조	50년	20년	45만 원
		25년	37만 5천 원
		30년	30만 원
		35년	22만 5천 원
		40년	15만 원
벽돌조	45년	20년	36만 1천 원
		25년	28만 8천 원
		30년	21만 6천 원
		35년	14만 4천 원
		40년	7만 2천 원
목조	40년	20년	24만 원
		25년	18만 원
		30년	12만 원
		35년	6만 원

*건물의 추정 평가액은 구조(철근 콘크리트조, 벽돌조, 목조 등)와 준공 후 경과연수에 따라 상이함

한편, 건물 부분을 감정평가하시고자 하는 경우 다음의 표를 참고하라고 했습니다.

그런데 말이죠. 위 사례의 가로주택 정비사업장에서는 보정배수를 도로에 접한 토지인 경우에는 공시지가의 1.7배를, 인근토지에는 1.9배를 적용했고 건축물은 공시가격의 100%를 모두 적용하여 산출하였습니다. 앞서 설명드렸던 것처럼

적지 않은 가로주택 정비사업장들이 사업성이 좋지 않은 관계로 종전자산평가를 박하게 하려는 유혹에 시달릴 가능성이 높은 것이 현실입니다. 그런데 위 사례의 사업장은 그렇지 않습니다. 이미 사업성이 좋거나 설사 당장은 사업성이 다소 기대에 미치지 못하더라도 향후 사업이 진행됨에 따라 좋아질 가능성이 농후한 사업장이라고 볼 여지가 다분합니다.

비례율 계산하기

총분양수입(종후자산 평가액)과 총사업비, 종전자산 평가액을 계산했으니 비례율을 계산할 수 있겠죠?

$$\frac{\text{총분양수입} - \text{총사업비}}{\text{사업하기 전의 자산가격(종전자산 평가액)}} \times 100$$

$$\frac{316{,}966{,}436{,}325\text{원} - 207{,}325{,}704{,}856\text{원}}{98{,}569{,}651{,}006\text{원}} \times 100$$

$$= 111.23\%$$

비례율을 계산해 보니 역시나 111.23%입니다. 양호한 수준이군요. 이런 사업장이라면 사업을 진행해도 좋은 곳일뿐더러 투자를 하기 원하는 투자자들에게도 매력적인 투자대상이 될 수 있을 것입니다.

이렇게 말씀드릴 수 있는 근거는 ….

첫째, 향후 부동산시장의 흐름에 따라 일반분양가격이 상승하게 되면 총수입이 늘어나게 될 것이기 때문입니다. 총수입이 증할 경우 당초 예상되었던 조합원 분담금이 줄어들게 되니 이익이 됩니다.

둘째, 직접공사비가 460만 원(3.3㎡ 기준)으로 책정되었다는 점을 들 수 있습니다. 적정수준이죠. 전체사업비에서 건축비(직접공사비)가 가장 큰 비중을 차지한다는 점을 고려할 때 충분한 건축비를 예산에 반영해 놓았다는 것은 상당히 매력적인 부분이 아닐 수 없습니다.

마지막으로 종전자산 평가액 또한 충분히 반영해 놓았다는 점을 들 수 있습니다. 감정평가사가 산정한 종전자산 평가액이 당초 조합설립 시점의 추정치보다 크게 상승하게 되면 총분양수입을 늘리거나 총사업비를 줄이지 못하는 이상 사업성이 악화되고 그에 따라 조합원들이 부담해야 하는 추가부담금이 발생하게 됩니다. 그러나 위 사례의 사업장은 그런 부분에서 자유로운 사업장입니다. 그러니 매력적인 사업장이라고 할 수 있는 것입니다. 그렇지 않은가요?

Q. 분담금 계산하기

분담금은 조합원 분양가에서 권리가액을 차감해서 계산하죠.

위 사례의 조합원 가운데 1명이 대지만 92.307㎡를 보유하고 있고 이 사람이 전용 84㎡를 분양받는다고 가정할 때 분담금은 얼마나 되는지 계산해 보겠습니다. 단, 토지는 인근 토지로 공시지가는 3.3㎡당 8,523,900원이라고 가정하겠습니다.

분담금 = 조합원 분양가 − 권리가액
= 조합원 분양가 − 종전자산 평가액 × 비례율
= 367,356,000원 − *16,195,410원 × 30평 × 111.23%
= −173,068,636원(환급)

*16,195,410원 : 인근 토지 공시지가 × 보정율 = 8,523,900원 × 1.9

해석하면 위 사례의 92.307㎡(30평)의 대지를 보유하고 있는 조합원이 전용면적 84㎡ 아파트를 분양받고도 1억 7,306만 8,636원을 환급받는다는 뜻입니다.

돈 되는 가로주택 정비사업의 13가지 꿀팁!

▶ 이것만은 미리 알아두자! ◀

지난 다섯째 마당까지 우리는 치열하게 사업성분석을 위한 기초를 다지고 이를 반복적으로 활용해 보았습니다. 그래서 숫자만 보면 일단 겁부터 먹는 독자 여러분들이라면 적지 않게 부담이 될 수도 있을 것 같다는 기우 아닌 기우를 하게 됩니다. 하지만 겉보기에만 복잡해 보일 뿐 막상 부딪혀 보면 별 것 아니라는 것을 금방 알 수 있을 것입니다.

다섯째 마당까지 치열하게 달려온 독자 여러분들에게 이번 여섯째 마당에서는 좀 보편적인 관점에서 가로주택 정비사업과 관련된 몇 가지 꿀팁들을 알려 드리고자 합니다.

가로주택 정비사업뿐만 아니라 소규모 주택 정비사업은 모두 사업대상면적이 기존의 재개발이나 재건축 정비사업에 비해 작습니다. 사업성이 부족한 이유죠. 하지만 모든 가로주택 정비사업장이 사업성 부족문제에 직면하고 있는 것은 아닙니다. 의외로 사업성이 매우 우수한 사업장도 있으니까요.

바로 이 부분에서 필자들이 주목한 점들이 두 가지 있습니다. 첫째는 부족한 사업성을 극복하기 위해 자신만의 분명한 사업성분석 노하우를 갖고 있어야 할 필요가 있다는 점이고, 둘째는 어떤 조건을 갖춘 곳이 과연 좋은 사업장인지를 가려낼 수 있는 혜안이 있어야 한다는 점입니다.

사업성분석은 다섯째 마당까지 함께 분석하고 연습한 것을 활용하면 적어도 망하는 사업장을 선택하지는 않을 것입니다. 망하지 않는 곳에 늘 성공이 자리 잡고 있다는 사실을 잊지 마시기 바랍니다.

그렇다면 이제 여섯째 마당에서는 무엇을 해야 할까요? 여러분들도 이미 눈치 채셨겠지만 어떤 곳이 그야말로 꿀이 뚝뚝 떨어지는 매력적인 곳인지를 찾아내는 노하우일 것입니다. 그래서 여섯째 마당에서는 단순하지만 꿀이 떨어지는 곳이 갖추고 있는 조건들인 세대 당 평균 대지지분, 세대별 대지지분, 용도지역, 용적률 등을 간단히 살펴 본 후 가로주택 정비사업을 필두로 한 소규모 주택 정비사업이 꿀 떨어지는 사업일 수밖에 없는 배경들을 살펴 보려고 합니다.

핵심 개념 풀이

★세대당 평균 대지지분

하나의 사업장(가로주택 정비사업, 소규모 재건축 등)의 전체 대지면적을 소유자 수로 나누어 구한 대지지분을 말합니다. 예를 들어 전체 대지면적이 1만㎡이고 소유자 수가 100명인 경우 세대 당 평균 대지지분은 100㎡가 됩니다.

★세대별 대지지분

하나의 사업장에 속해 있는 각각의 소유자가 보유하고 있는 자신의 대지지분을 말합니다. 예를 들어 전용면적 39.66㎡의 아파트와 33㎡ 아파트의 대지지분은 서로 다릅니다. 이때 39.66㎡의 아파트 소유자와 33㎡ 아파트의 소유자가 각각 보유하고 있는 자신들의 대지지분을 말하는 것입니다.

★용도지역

국토의 계획 및 이용에 관한 법률은 용도지역을 이렇게 정의하고 있습니다. "용도지역"이란 토지의 이용 및 건축물의 용도, 건폐율(「건축법」 제55조의 건폐율을 말한다. 이하 같다), 용적률(「건축법」 제56조의 용적률을 말한다. 이하 같다), 높이 등을 제한함으로써 토지를 경제적 · 효율적으로 이용하고 공공복리의 증진을 도모하기 위하여 서로 중복되지 아니하게 도시 · 군 관리계획으로 결정하는 지역을 말한다.

★용적률

개념적인 측면에서 볼 때 용적률이란 전체 대지면적 위에 건축된 지상층 연면적이 얼마나 되는지를 알려주는 비율로 나타낸 것입니다. 한편, 국토의 계획 및 이용에 관한 법률 제78조에서는 용도지역에서의 용적률에 대하여 다음과 같이 규정하고 있습니다.
국토의 계획 및 이용에 관한 법률 제78조(용도지역에서의 용적률)
① 제36조에 따라 지정된 용도지역에서 용적률의 최대한도는 관할 구역의 면적과 인구 규모, 용도지역의 특성 등을 고려하여 다음 각 호의 범위에서 대통령령으로 정하는 기준에 따라 특별시 · 광역시 · 특별자치시 · 특별자치도 · 시 또는 군의 조례로 정한다. 〈개정 2011. 4. 14., 2013. 7. 16.〉

도시지역
가. 주거지역: 500% 이하
나. 상업지역: 1천 500% 이하
다. 공업지역: 400% 이하
라. 녹지지역: 100% 이하

관리지역
가. 보전관리지역: 80% 이하
나. 생산관리지역: 80% 이하
다. 계획관리지역: 100% 이하. 다만, 성장관리방안을 수립한 지역의 경우 해당 지방자치단체의 조례로 125% 이내에서 완화하여 적용할 수 있다.

농림지역: 80% 이하

자연환경보전지역: 80% 이하
② 제36조 제2항에 따라 세분된 용도지역에서의 용적률에 관한 기준은 제1항 각 호의 범위에서 대통령령으로 따로 정한다.

'세대 당 평균 대지지분'을 따져라!

다섯 째 마당에서 세대 당 평균 대지지분에 대해서 살펴 보았습니다. 그때 '세대 당 평균 대지지분'을 이렇게 정의했었죠. "하나의 사업장(가로주택 정비사업, 소규모 재건축 등)의 전체 대지면적을 소유자수로 나누어 구한 대지지분".

그렇습니다. 세대 당 평균 대지지분은 전체 아파트 단지의 각 세대들이 평균적으로 얼마나 많은 대지지분을 소유하고 있느냐를 계산한 것입니다. 예를 들어 전체 대지면적이 1만㎡이고 소유자 수가 100명인 경우 세대 당 평균 대지지분은 100㎡가 되죠. 예를 들어 설명해 보겠습니다. 진체 대지면적이 2,400㎡ 면적이고 총 24세대가 있는 무한APT라는 이름의 나홀로 APT가 있다고 가정해 보죠. 또한, 이 아파트는 전용 59㎡와 전용 46㎡, 전용 84㎡ 등 총 3개의 면적형이 있다고 가정하시죠.

무한APT 세대 당 평균 대지지분

801호(전용59㎡)	802호(전용46㎡)	803호(전용84㎡)
701호(전용59㎡)	702호(전용46㎡)	703호(전용84㎡)
601호(전용59㎡)	602호(전용46㎡)	603호(전용84㎡)
501호(전용59㎡)	502호(전용46㎡)	503호(전용84㎡)
401호(전용59㎡)	402호(전용46㎡)	403호(전용84㎡)
301호(전용59㎡)	302호(전용46㎡)	303호(전용84㎡)
201호(전용59㎡)	202호(전용46㎡)	203호(전용84㎡)
101호(전용59㎡)	102호(전용46㎡)	103호(전용84㎡)
전체 대지면적 2,400㎡		

위와 같은 가정에 기초해 무한APT의 세대 당 평균 대지지분을 계산해 볼 수 있습니다. 아주 간단하게 말이죠. 각각의 아파트가 얼마의 대지지분을 보유하고 있는지 별도로 찾아 볼 필요가 없으니까요. 단순히 전체 대지면적이 얼마나 되는지, 총 세대수는 얼마나 되는지만 알아보면 됩니다. 계산해 볼까요?

$$\text{세대 당 평균대지지분} = \frac{\text{전체 대지면적}}{\text{총세대수}} = \frac{2{,}400㎡}{24\text{세대}} = 100㎡$$

계산해 보니 세대 당 평균 대지지분이 100㎡인 것을 알 수 있군요.

혹시 면적을 확인하기 곤란한 경우라면 네이버 지도를 통해 간편하게 면적을 구할 수 있습니다. 방법은 잠깐 Tip을 보시면 알 수 있으니 참고해주세요.

세대 당 평균 대지지분은 아파트 단지인 경우든 아니면 단독주택만 있든, 아파트와 단독주택이 혼재되어 있든 상관없이 각각의 아파트 및 건물, 토지의 소유자들이 모두 동일한 대지지분을 갖고 있을 것이라는 전제 하에 계산한 대지지분입니다. 하지만 실제로 아파트는 면적별로 대지지분에 차이가 있죠. 단독주택 역시 마찬가지입니다. 실제 소유자별로 대지지분을 정확하게 계산한 수치가 아니라는 의미입니다. 그럼에도 불구하고 세대 당 평균 대지지분을 따져 보아야 합니다. 왜 그럴까요? 가장 단순하지만 어느 정도의 사업성을 기대할 수 있을지 감을 잡을 수 있기 때문입니다. 어떻게 그것이 가능할까요?

지극히 단순합니다. 세대 당 평균 대지지분이 용적률과 연결되기 때문입니다. 용적률이란 전체 대지면적 위에 건축된 지상층 연면적이 얼마나 되는지를 알려주는 비율이라고 말씀드렸죠. 그런데 이 용적률이 높으면 높을수록 소요 대지지분이 감소합니다. 그래서 다른 공법상 제한 관계가 없고 동일 혹은 유사지역이라는 전제 하에서 2종 일반주거지역 보다 3종 일반주거지역, 3종 일반주거지역 보다 준주거지역이, 준주거지역 보다 일반상업지역이 더 좋은 사업성을 보장해주는 것입니다. 그런데 세대 당 평균 대지지분이 많다는 것은 동일한 조건을 갖고 있는 곳이라면 더 높은 용적률을 기대할 수 있다는 뜻이 됩니다.

여러분께 한 가지 물어 보겠습니다. 면적이 각각 100㎡인 A와 B라는 땅이 있습니다. A위에는 1,000㎡를 건축할 수 있지만 B위에는 10,000㎡를 건축할 수 있습니다. 여러분은 어떤 땅을 선택하시겠습니까? 당연히 B겠죠? 똑같은 땅 위에 더 많이 건축할 수 있으니 이익이 더 커질 테니까요. 이런 이유로 세대 당 평균 대지지분은 여러분 각자가 관심을 갖고 있는 곳이 얼마나 사업성이 있는 곳인지를 손쉽게 예상해 볼 수 있는 효과적인 도구가 될 수 있습니다. 다른 조건이 동일하다면 더 많이 건축할 수 있는 땅이 사업성이 더 좋은 곳이니까요.

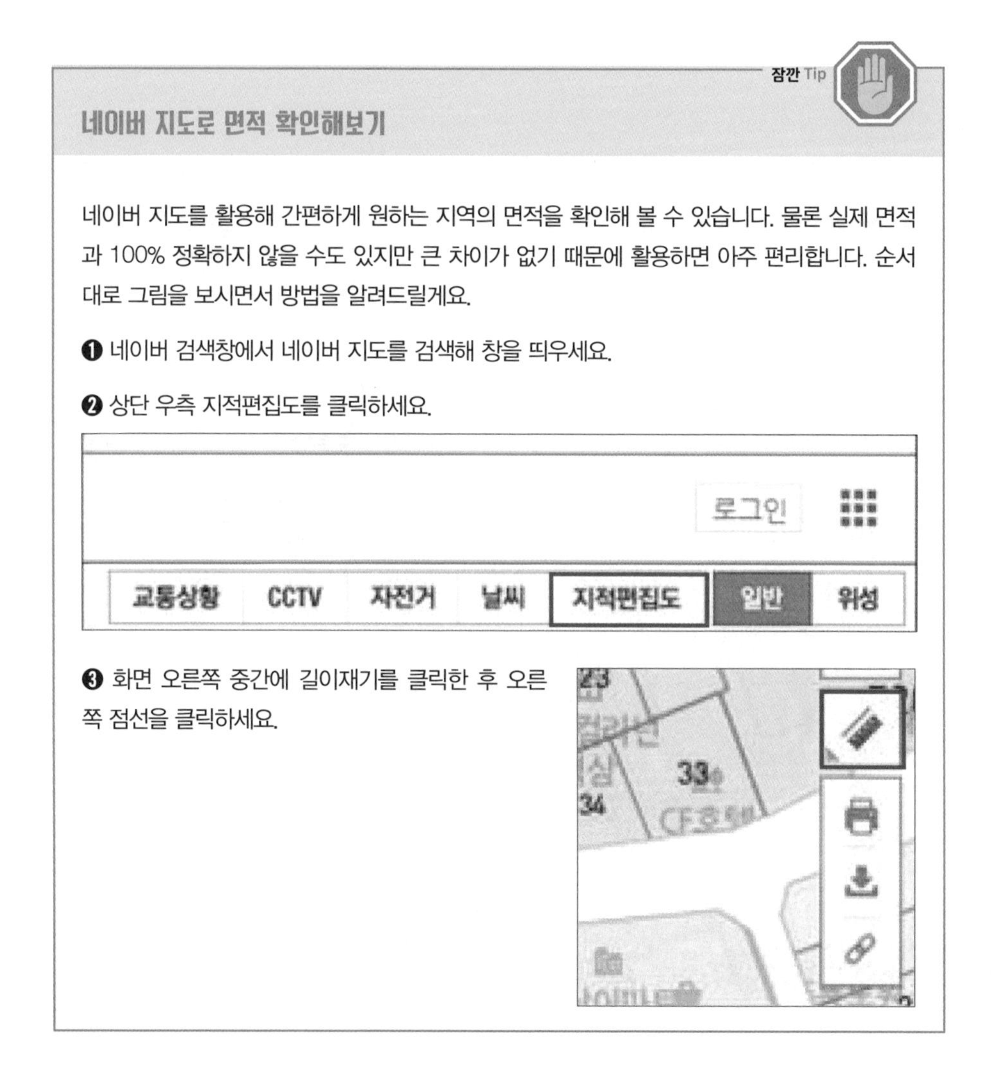

잠깐 Tip

네이버 지도로 면적 확인해보기

네이버 지도를 활용해 간편하게 원하는 지역의 면적을 확인해 볼 수 있습니다. 물론 실제 면적과 100% 정확하지 않을 수도 있지만 큰 차이가 없기 때문에 활용하면 아주 편리합니다. 순서대로 그림을 보시면서 방법을 알려드릴게요.

❶ 네이버 검색창에서 네이버 지도를 검색해 창을 띄우세요.

❷ 상단 우측 지적편집도를 클릭하세요.

❸ 화면 오른쪽 중간에 길이재기를 클릭한 후 오른쪽 점선을 클릭하세요.

❹ 그러면 다음과 같은 그림이 나타날 거예요. 여기서 점선의 사각형을 클릭하세요.

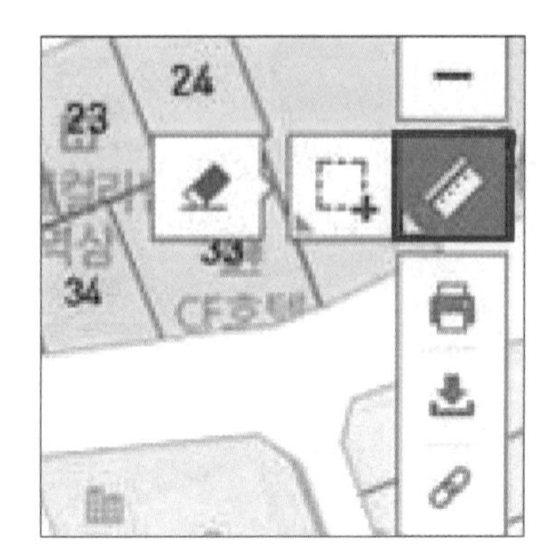

❺ 삼각형 커서가 나오면 커서로 면적측정하려는 곳을 선택해 면적을 계산하세요.

각 세대별 대지지분을 확인하라!

우리는 앞서 '세대 당 평균 대지지분'이 여러분 각자가 관심을 갖고 있는 곳이 얼마나 사업성이 있는 곳인지를 손쉽게 예상해 볼 수 있는 효과적인 도구가 될 수 있다는 점을 확인했습니다. 하지만 그것만으로는 아쉬움이 있습니다. 왜냐하면 '세대 당 평균 대지지분'은 단순히 전체 아파트 단지의 대지지분이 모두 동일하다는 가정 하에 산출한 대지지분이기 때문입니다.

물론 단독주택의 대지지분인 경우 역시 마찬가지입니다. 단순히 해당 단독주택이 입지하고 있는 전체 토지면적 위에 몇 채의 주택이 있느냐를 알아본 후 그 숫자로 토지면적 전체를 나누어서 세대별 평균 대지지분을 산출하기 때문입니다. 그런데 아파트 단지가 되었든 주택단지가 되었든 모든 소유자가 동일한 대지지분을 소유한 경우는 사실상 없습니다. 그래서 세대별 대지지분을 계산해야 할 필요가 있는 것입니다.

물론 항상 세대별 대지지분을 확인해 볼 필요가 있는 것은 아닙니다. 1차적으로 세대 당 평균 대지지분을 계산했을 때 양호한 대지지분을 보유하고 있다는 분석결과가 도출됩니다. 그 다음 단계로 각 세대별 대지지분을 계산하면 그것으로 충분하기 때문입니다.

그렇다면 세대별 대지지분을 분석해 봄으로써 기대할 수 있는 이익은 어떤 것이 있을까요? 예를 들어 설명 드리죠. 다음의 그림과 같이 전용 46㎡, 59㎡, 84㎡ 세 가지 면적형으로 구성되어 있는 총 24세대 규모의 '다름APT'가 있습니다. 그런데 '다름APT'는 대지지분이 전용면적을 기준으로 배분되어 있다고 합니다.

무한APT 세대 당 평균 대지지분

801호(전용59㎡)	802호(전용46㎡)	803호(전용84㎡)
701호(전용59㎡)	702호(전용46㎡)	703호(전용84㎡)
601호(전용59㎡)	602호(전용46㎡)	603호(전용84㎡)
501호(전용59㎡)	502호(전용46㎡)	503호(전용84㎡)
401호(전용59㎡)	402호(전용46㎡)	403호(전용84㎡)
301호(전용59㎡)	302호(전용46㎡)	303호(전용84㎡)
201호(전용59㎡)	202호(전용46㎡)	203호(전용84㎡)
101⊠(⊠⊠59⊠)	102호(전용46㎡)	103호(전용84㎡)

전체 대지면적 2,400㎡

1차적으로 세대 당 평균 대지지분을 계산해 보니 100㎡로 매우 우량합니다. 그렇죠?

$$\text{세대 당 평균 대지지분} = \frac{2{,}400\text{㎡}}{24\text{세대}} = 100\text{㎡}$$

이제 다음 단계로 각각의 면적형별로 대지지분을 계산해야 할 차례입니다. 이를 위해 우선 대지지분이 전용면적을 기준으로 배분되어 있다고 하니 전용면적의 총합을 계산해야 하겠죠? 계산해 보니 전용면적의 총합은 1,512㎡입니다.

전용면적의 총합 = 59㎡ × 8 + 46㎡ × 8 + 84㎡ × 8 = 1,512㎡

다음으로 전용면적을 기준으로 각 면적형별 대지지분을 계산합니다. 이를 통해 각 세대별 대지지분을 알 수 있겠죠?

$$46㎡의\ 대지지분 = \frac{46}{1,512} \times 2,400$$
$$= 73.0㎡$$

$$59㎡의\ 대지지분 = \frac{59}{1,512} \times 2,400$$
$$= 93.65㎡$$

$$84㎡의\ 대지지분 = \frac{84}{1,512} \times 2,400$$
$$= 133.33㎡$$

계산을 해보니 전용면적 46㎡, 59㎡, 84㎡의 대지지분은 각각 73㎡, 93.65㎡, 133.33㎡인 것을 알 수 있습니다. 이렇게 계산된 세대별 대지지분을 여러 가지 관점에서 분석해 보면 의사결정에 유용하게 활용할 수 있습니다. 예를 들어 전용면적당 대지지분이 얼마나 되는지 알 수 있습니다.

전용면적	면적형별 대지지분	전용면적㎡당 대지지분
46㎡	73㎡	1.5869565㎡
59㎡	93.65㎡	1.5872881㎡
84㎡	133.33㎡	1.5872619㎡

전용면적 ㎡당 대지지분을 보니 큰 차이는 없으나 아주 미세한 차이로 전용 59㎡ → 전용 84㎡ → 전용 46㎡의 순서인 것을 알 수 있습니다. 이 자료는 현재 거래되고 있는 시세의 거품여부를 판정하는 데 도움이 됩니다. 예를 들어 시세가 각각 다음과 같다고 가정해 보죠.

전용면적	면적형별 대지지분	전용면적㎡당 대지지분	거래시세	대지지분㎡당 거래시세
46㎡	73㎡	1.5869565㎡	1억 8,000만 원	246만 5,753원
59㎡	93.65㎡	1.5872881㎡	2억 6,000만 원	277만 6,294원
84㎡	133.33㎡	1.5872619㎡	3억 3,000만 원	247만 5,061원

대지지분 ㎡당 거래시세를 기준으로 분석하면 상대적으로 59㎡에 거품이 있는 것을 알 수 있습니다. 따라서 이런 경우라면 46㎡나 84㎡를 주목할 필요가 있는 것이죠.

이처럼 각 세대별 대지지분을 분석함으로써 해당 지역 내 면적형별로 어떤 면적형에 상대적으로 가격에 거품이 형성되어 있는지를 알 수 있는 것은 물론 한 발 더 나아가 인근 지역 동일 혹은 유사 면적형과 비교해 봄으로써 가격에 상대적으로 거품이 끼어 있는지도 파악할 수 있습니다. 세대별 대지지분을 꼭 확인해야 할 이유라고 할 수 있겠죠?

용도지역에 주목하라!

용적률은 용도지역에 따라 다릅니다. 예를 들어 2종 일반주거지역, 3종 일반주거지역, 준주거지역, 일반상업지역은 용적률이 제각각이죠. 그렇기 때문에 용도지역의 종류와 해당 용도지역에서 용적률이 얼마나 될지를 알아두는 것이 좋습니다. 우리나라의 국토는 크게 4가지 용도지역으로 구분할 수 있습니다. 그림은 용도지역을 세분한 것입니다. 많이 복잡하죠? 걱정하지 마세요. 우리가 살펴 볼 내용은 아주 단순하니까요.

용도지역을 지정하는 이유는 해당 용도지역에서 어떤 행위를 할 수 있는지 혹은 할 수 없는지를 규정하기 위해서입니다. 세부적으로 살펴 보면 매우 복잡한 것이 사실입니다. 하지만 우리가 용도지역에서 알아야 할 부분은 어떤 땅이 가로주택 정비사업을 하기에 유리한 땅인지와 관련된 부분입니다. 그러니 겁먹으실 필요가 없다는 말을 먼저 한 것입니다.

용도지역

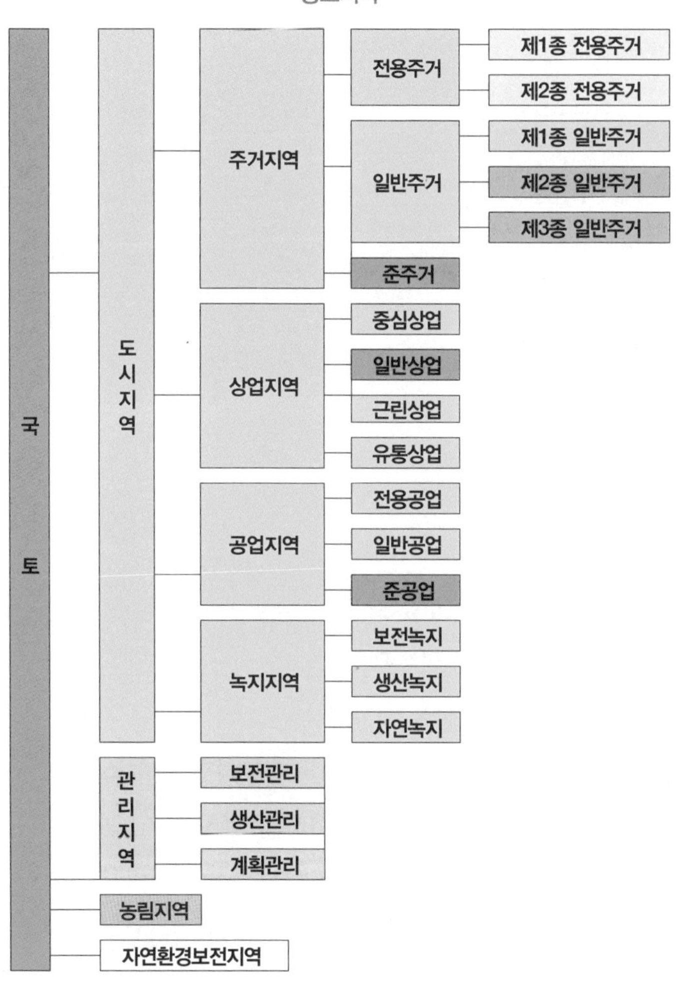
국토
도시지역
주거지역
전용주거
제1종 전용주거
제2종 전용주거
일반주거
제1종 일반주거
제2종 일반주거
제3종 일반주거
준주거
상업지역
중심상업
일반상업
근린상업
유통상업
공업지역
전용공업
일반공업
준공업
녹지지역
보전녹지
생산녹지
자연녹지
관리지역
보전관리
생산관리
계획관리
농림지역
자연환경보전지역

자, 그럼 말씀드린 것처럼 용도지역에서 우리가 점검해야 할 사항을 퀴즈로 간단히 알아 보도록 하겠습니다. 자, 그럼 지금부터 퀴즈를 풀어 보실까요?

첫 번째 퀴즈입니다.

Q1 4개의 용도지역 가운데 가로주택 정비사업이 추진되고 있는 용도지역은 어디일까요?

①도시지역 ②관리지역 ③농림지역 ④자연환경보전지역

정답 : ①도시지역

왜, 도시지역일까요?

가로주택 정비사업이 어떤 사업인가요? 도시기능을 재생하기 위한 정비사업입니다. 도시발전 과정에서 필연적으로 발생하게 되는 구도심문제를 해결하기 위한 도시재생사업이라는 뜻이죠. 대한민국의 대도시들은 하나같이 신 · 구도심 간 격차 문제로 고민이 많습니다. 신도심이 발전하면 할수록 구도심은 점점 더 활기를 잃고 노후화되고 있기 때문이죠. 이런 문제를 해소하고 구도심을 활성화하기 위한 목적으로 도입된 법이 빈집 및 소규모 주택 정비사업이고 그 법에 따라 의욕적으로 추진되고 있는 사업이 바로 가로주택 정비사업을 필두로 하는 소규모 주택 정비사업입니다. 사업장이 도시지역에 있을 수밖에 없는 이유가 바로 여기에 있습니다. 구도심이 타깃인 정비사업이니까요.

두 번째 퀴즈입니다.

Q2 다음 중 소규모 주택 정비사업을 추진할 수 있는 세분 용도지역이 아닌 곳은?

①주거지역 ②상업지역 ③공업지역 ④녹지지역

정답 : ④녹지지역

왜 녹지지역일까요?

녹지지역은 녹지의 보전을 위한 지역이지 개발을 목적으로 하는 용도지역이 아니기 때문입니다. 녹지지역에서 소규모 주택 정비사업을 추진하는 곳이 없는 이유입니다.

세 번째 퀴즈입니다.

Q3 다음 보기 중에서 사업성 측면에서 소규모 주택 정비사업을 추진할 수 있는 세분 용도지역을 모두 선택한 것은?

㉠일반상업지역 ㉡제2종 일반주거지역 ㉢제3종 일반주거지역
㉣준주거지역 ㉤공업지역 ㉥일반상업지역

① ㉠, ㉡, ㉢ ② ㉠, ㉡, ㉢, ㉣ ③ ㉠, ㉡, ㉢, ㉣, ㉤ ④ ㉠, ㉡, ㉢, ㉣, ㉤, ㉥

정답 : ③

위 용도지역들은 모두 현재 가로주택 정비사업을 추진중이거나 추진을 검토하고 있는 용도지역들입니다. 이 중 가장 사업성이 뛰어난 용도지역은 단연 일반상업지역이고 그 다음은 준주거지역입니다. 용적률 등 공법상 가장 개발친화적인 용도지역이기 때문입니다. 모든 분석에 앞서 가장 먼저 용도지역을 확인해야 합니다. 사업성이 얼마나 될지 가장 손쉽게 가늠해 볼 수 있는 척도가 바로 용도지역이기 때문입니다.

주변지역의 분양가를 확인하라!

강남의 평균 신규아파트 분양가격이 4,000만 원대를 넘어섰습니다. 특히 최근 1~2년 사이에 분양가격 급등현상이 나타나고 있는데요. 덕분에 함박웃음을 짓고 있는 사람들도 많아졌습니다. 그 가운데 빼 놓을 수 없는 사람들이 재개발 조합원들과 재건축 조합원들입니다. 신규분양가격이 상승하면 상승할수록 재개발·재건축사업에 따라 분양하게 될 일반분양물량의 분양가격도 덩달아 상승할 것이고 이렇게 되면 조합원들의 이익도 엄청나게 증가할 것이 불 보듯 뻔하기 때문입니다.

분양가격 상승은 조합과 조합원들 입장에서 볼 때 수입이 증가하는 것입니다. 이에 비해 특별한 사정이 없는 한 사업비나 종전자산 평가액은 큰 변동이 없는 경우가 대부분입니다. 수입은 증가하는데 비용은 변화가 없다면 그야말로 횡재가 아닐 수 없습니다. 물론 분양가격은 부동산시장의 흐름과 밀접한 관계를 갖고 있습니다. 부동산시장이 침체기에 접어들면 신규분양가격 상승에 따른 반사이익을 기대하기 힘든 이유입니다.

그런데 말이죠. 분양가격 상승이 현상이 발생하지 않더라도 이미 종전의 분양가격 자체가 충분히 높은 수준에 형성되어 있는 경우라면 어떨까요? 사업성을 확보한 상태에서 가로주택 정비사업이나 소규모 재건축 정비사업을 시작할 수 있으니 사업진행과정에서 발생할 수 있는 여러 난관들을 잘 헤쳐 나갈 수 있지 않을까요? 그래서 해당 사업장 주변의 분양가격을 반드시 확인하라고 말씀드리는 것입니다. 비슷한 규모의 사업장이라 할지라도 인근 지역의 분양가격이 상대적으로 높게 형성되어 있는 곳이라면 더 높은 총분양수입을 기대할 수 있기 마련입니다.

소규모 주택 정비사업인 가로주택 정비사업이나 소규모 재건축 정비사업은 규모가 작아 높은 사업성을 기대하기 어려운 경우가 많습니다. 가능한 범위 내에서 최대한 분양수입을 많이 확보하는 것이 사업의 성패를 가늠하는 가장 중요한 변수가 될 수밖에 없는 구조죠. 그러니 주변 지역의 분양가격이 충분히 높거나 상승할 수 있을 만한 여건이 성숙되어 있는 지역인지를 검토해야만 하는 것입니다.

일반분양물량 규모를 따져라!

여러분! 사업성분석을 할 때 가장 중요한 요소는 무엇일까요? 어리석은 질문이죠? 네. 그렇습니다. 어리석은 질문이 맞습니다. 정말 다양한 의견이 있을 수 있는데다 '틀렸습니다!'라는 답을 내놓는 경우가 매우 드물 것이기 때문이죠. 그럼에도 불구하고 필자들은 묻고 싶습니다. 사업성분석을 하는 데 있어 가장 중요하게 고려해야 할 요소는 무엇이라고 생각하십니까? 답부터 말씀드리자면 누군가 만약 필자들에게 똑 같은 질문을 던진다면 총분양수입이라고 답할 것입니다. 왜 그렇게 생각하냐고요?

사업비나 종전자산 평가액은 합리적인 예측도 가능할 뿐만 아니라 변동성도 특별한 사정이 있는 경우가 아니라면 일정 수준 내에서 통제 가능한 경우가 대부분입니다. 그렇다면 사업성분석에 영향을 주는 변수는 이제 총분양수입이 유일합니다.

그렇다면 총분양수입을 결정하는 요인은 무엇일까요?

당연히 분양수입입니다. 아파트나 오피스텔, 상가 분양을 통해 기대할 수 있는 수입이죠.

사업장	분양가격(㎡)	일반분양물량	일반분양수입
타이니 지구	2,500만 원	65세대(공급면적 120㎡)	780억 원
더블빅 지구	2,500만 원	130세대(공급면적 120㎡)	1,560억 원

*이해의 편의를 위해 2지구 모두 상가는 분양하지 않으며, 조합원 분양물량과 공급형도 정확히 동일하고, 일반분양 역시 동일하게 120㎡(공급면적)만 공급하는 것으로 가정함

위와 같은 조건을 갖고 있는 '타이니 지구'와 '더블빅 지구'의 일반분양수입을 계산하면 다음과 같을 것입니다.

타이니 지구 일반분양수입 = (65세대 * 1,000만 원 *120제㎡) =780억 원
더블빅 지구 일반분양수입 = (130세대 * 1,000만 원 * 120㎡) = 1,560억 원

다른 조건은 모두 동일한데 일반분양 물량이 더 많은 '더블빅 지구'의 일반분양수입이 '타이니 지구'의 일반분양수입에 비해 2배 더 많은 것을 확인할 수 있습니다. 일반분양수입이 더 많다는 것은 그만큼 더 높은 수익성이 있는 사업장이라는 의미가 됩니다. 이런 사업장이라면 당연히 조합원들이 부담해야 하는 분담금의 규모도 적을 것입니다. 다시 말해 '더블빅 지구'의 조합원 분담금이 '타이니 지구'에 비해 더 적다는 뜻이죠.

여러분이라면 '타이니 지구'와 '더블빅 지구' 가운데 어느 쪽을 선택하시겠습니까?

당연히 사업성이 더 좋은 '더블빅 지구'여야 하겠죠?

그래서 일반분양 물량이 얼마나 될지를 꼼꼼히 따져 보아야 하는 것입니다. 혹시 일반분양물량이 얼마나 되는지 계산하기 어려우신가요? 그렇다면 앞서 첫 번

째 마당에서 다섯 번째 마당까지를 다시 한 번 정독하시기 바랍니다. 소요 대지 면적을 찾아서 나눈 후 조합원수를 빼주면 일반분양 물량을 예측해 볼 수 있을 테니까요.

조합원수를 확인하라!

"도대체 유망한 사업장은 어디에 있나요?" 2017년 말까지만 해도 주로 재개발 · 재건축과 관련된 것들이었지만 2018년 말 이후부터는 가로주택 정비사업이나 소규모 재건축과 관련해 필자들이 접하고 있는 가장 흔한 질문 가운데 하나입니다. 이런 질문을 접할 때 마다 필자들은 당혹스러운 마음이 앞서는 것이 사실입니다. 어떤 곳이 유망한 사업장인지 확실한 기준도 없이 막무가내 식으로 '무조건 사 놓으면 돈이 될 것'이라는 근거 없는 환상에 빠져 부동산을 구입하고 있는 것은 아닌가 하는 걱정이 앞서기 때문이죠.

소규모 주택 정비사업인 가로주택 정비사업도 정비사업입니다. '도시 및 주거환경 정비법'에 따라 사업을 추진해야 하는 재개발 · 재건축 역시 정비사업이죠. 그래서 재개발 정비사업, 재건축 정비사업이라는 명칭이 따라붙는 것입니다. 여기서 갑자기 정비사업을 들먹이는 이유는 가로주택 정비사업이나 재개발, 재건축 역시 일반적인 분석 기준은 큰 차이가 없다는 것을 말씀드리기 위해서입니다.

그래서 가로주택 정비사업이나 소규모 주택건축 정비사업을 분석할 때 필자들도 재개발, 재건축을 분석할 때 사용하는 분석방법을 활용하곤 합니다. 물론 규모의 차이나 사업장의 특성 등은 별도로 섬세하게 분석을 해야 합니다. 하지만 큰 틀에서는 대동소이합니다. 이런 이유로 필자들이 사업성분석을 하기에 앞서 간편하게 어떤 따져 보실 것으로 조언하는 것 중 하나가 조합원의 숫자입니다. 그 이유는 표를 보면서 설명하겠습니다.

사업장	사업 부지면적	조합원수	조합원 당 대지면적
하나 지구	3,000㎡	30명	100㎡
퍼스트 지구	3,000㎡	60명	50㎡

*용도지역, 건폐율, 용적률 등 여타 공법상 규제 및 일반분양가격, 단위면적당 종전자산평가 역시 큰 차이가 없다고 가정함

조합원 당 대지면적을 계산해 보니 하나 지구가 퍼스트 지구에 비해 2배나 많다는 것을 알 수 있습니다. 따라서 공법상 규제가 동일하다고 가정할 경우 하나 지구의 사업성이 퍼스트 지구의 사업성에 비해 상대적으로 좋을 것임을 알 수 있습니다. 굳이 여러 가지 분석을 하지 않아도 말이죠. 한 가지 분석을 굳이 하자면 모든 조합원들이 분양신청을 한다고 가정할 경우 퍼스트 지구는 하나 지구에 비해 조합원 물량이 2배 많을 것입니다. 그런데 조합원 분양가격은 일반분양가격에 비해 저렴한 것이 일반적입니다. 이런 상황에서 퍼스트 지구는 하나 지구에 비해 조합원들에게 저렴한 조합원 분양가격으로 더 많이 분양을 해야 합니다. 이에 비해 더 비싼 가격으로 분양할 수 있는 일반분양물량은 하나 지구가 퍼스트 지구에 비해 더 많습니다(정확하게는 1인당 아파트를 1채만 분양받는다는 가정 하에서 하나 지구의 일반분양물량은 퍼스트 지구에 비해 30세대 많음). 이렇게 되면 어느 쪽이 총분양수입이 많을까요?

당연히 하나 지구죠!

위와 같은 이유로 필자들은 총분양물량에 차이가 없다면 이왕이면 조합원 수가 적은 사업장을 선택할 것을 권합니다. 조합원 숫자가 많다는 것은 그만큼 이익을 나눠야 하는 사람의 숫자도 많다는 것을 의미합니다. 그러니 여러 가지 분석을 할 때마다 항상 조합원수가 얼마나 되는지 따져 보는 것을 빼놓으시면 안 됩니다!

법 · 제도의 변화에 관심을 기울여라!

법이나 제도의 변화만큼 부동산시장에 영향을 미치는 변수가 많을까요? 적어도 대한민국에서는 없는 것 같습니다. 그만큼 부동산시장에 미치는 각종 법 · 제도의 변화가 미치는 영향이 크다는 뜻이죠. 재건축시장이 크게 출렁일 때마다 그 배경에는 항상 재건축과 관련된 법 · 제도의 변화가 있었습니다. 분양권시장도 마찬가지입니다. 뿐만 아니라 기존 아파트 시장 역시 재건축이나 분양권시장과 별반 차이가 없습니다. 대표적인 예로 세금제도의 변화를 들 수 있습니다. 양도소득세와 보유세 등 세금부담이 어떤 방향으로 움직이느냐에 따라 부동산시장은 즉각적으로 반응하는 모습을 보이곤 합니다.

이처럼 부동산과 관련된 각조 법 · 제도의 변화는 항상 관심을 갖고 지켜봐야 할 중요한 변수입니다. 최근 소규모 주택 정비사업을 규율하는 '빈집 및 소규모 주택정비에 관한 특례법'에 중요한 변화가 있었습니다. 다음과 같은 중요한 변화가 있었는데요. 한번 보시죠.

국토교통부령에 따른 변화

먼저 국토교통부령으로 규정한 가로구역에 대한 정의에 변화가 있었습니다.

빈집 및 소규모주택 정비에 관한 특례법 시행규칙

제2조(가로구역의 범위) 「빈집 및 소규모주택 정비에 관한 특례법 시행령」(이하 "영"이라 한다) 제3조제2호 각 목 외의 부분 중 "국토교통부령으로 정하는 가로구역"이란 다음 각 호의 요건을 모두 충족한 구역을 말한다. 〈개정 2019. 1. 7.〉

1. 해당 구역이 다음 각 목의 어느 하나에 해당하는 도로로 둘러싸인 일단(一團)의 지역일 것. 이 경우 해당 지역의 일부가 광장, 공원, 녹지, 하천, 공공공지, 공용주차장 또는 도로 예정지(법 제23조에 따라 조합을 설립하여 가로주택 정비사업을 시행하려는 토지등소유자가 조합설립인가를 신청하는 때에 「국토의 계획 및 이용에 관한 법률」, 「사도법」, 그밖의 관계 법령에 따라 너비 6미터 이상의 도로를 신설 하거나 변경할 수 있는 계획을 제출한 경우 그 계획에 따른 도로의 예정지를 말한다. 이하 같다)에 접한 경우에는 해당 시설을 전단에 따른 도로로 본다.

가. 도시계획도로(「국토의 계획 및 이용에 관한 법률」에 따라 도시 · 군계획시설로 설치되었거나 신설 · 변경에 관한 고시가 된 도로를 말한다. 이하 이 조에서 같다)

나. 「건축법」 제2조 제1항 제11호에 따른 도로로서 너비 6미터 이상의 도로. 이 경우 「사도법」에 따라 개설되었거나 신설 · 변경에 관한 고시가 된 도로는 「국토의 계획 및 이용에 관한 법률」 제36조 제1항 제1호 가목부터 다목까지의 규정에 따른 주거지역, 상업지역 또는 공업지역에서의 도로로 한정한다.

2. 해당 구역의 면적이 1만 제곱미터 미만일 것

3. 해당 구역을 통과하는 도시계획도로(「국토의 계획 및 이용에 관한 법률」에 따라 폐지되었거나 폐지에 관한 고시가 된 도로 또는 너비 4미터 이하의 도로는 제외한다)가 설치되어 있지 아니할 것

밑줄 친 부분은 2019년 1월 7일 개정된 내용인데요. 이 개정으로 인해 다른 요건은 충족됨에도 불구하고 도로요건을 충족하지 못해 가로주택 정비사업을 추

진할 수 없었던 지역들도 가로구역 요건을 충족하게 됨으로써 가로주택 정비사업을 추진할 수 있게 되었습니다. 개정 내용을 좀 더 쉽게 설명하면 가로주택 정비사업을 추진하는 곳이 도로요건을 충족하지 못할 경우 토지등소유자가 '국토의 계획 및 이용에 관한 법률', '사도법' 등 관계법령에 따라 너비 6m 이상의 도로를 신설하거나 변경하는 계획을 제출하면 이를 도로 예정지로 인정해주고 가로주택 정비사업을 추진할 수 있도록 해준다는 뜻입니다. 위와 같은 내용으로 법 개정이 이루어진 덕분에 가로구역요건을 충족하는 사업장이 많아질 것으로 예상됩니다.

Q 소규모 재건축 관련 법에 따른 변화

소규모 재건축과 관련된 법 개정도 있었습니다.

빈집 및 소규모 주택정비에 관한 특례법

제16조(소규모 주택 정비사업의 시행방법)

③ 소규모 재건축사업은 제29조에 따라 인가받은 사업시행계획에 따라 주택, 부대시설 · 복리시설 및 오피스텔(「건축법」 제2조 제2항에 따른 업무시설 중 오피스텔을 말한다)을 건설하여 공급하는 방법으로 시행한다. 다만, 주택단지에 위치하지 아니한 토지 또는 건축물이 다음 각 호의 어느 하나에 해당하는 경우로서 사업시행상 불가피한 경우에는 대통령령으로 정하는 편입 면적 내에서 해당 토지 또는 건축물을 포함하여 사업을 시행할 수 있다. 〈개정 2018. 3. 13.〉

1. 진입도로 등 정비 기반시설 및 공동이용시설의 설치에 필요한 토지 또는 건축물
2. 건축행위가 불가능한 토지 또는 건축물

☞빈집 및 소규모 주택정비에 관한 특례법 시행령
제15조의2(소규모 주택 정비사업의 편입 면적) 법 제16조 제3항 각 호 외의 부분 단서에서 "대통령령으로 정하는 편입 면적 내"란 주택단지 면적의 100분의 20 미만을 말한다.
[본조신설 2018. 6. 12.]

소규모 재건축은 부지면적이 1만㎡ 미만이고 기존주택의 세대수가 200세대 미만이면서 노후 · 불량 건축물의 수가 해당 사업시행구역 전체 건축물 수의 3분의 2 이상이어야 한다는 요건을 모두 충족해야 사업추진이 가능했는데요. 법 개정을 통해 위 두 가지에 해당되는 경우에는 1만㎡의 20% 미만의 범위 내에서 면적을 편입하여 사업을 추진할 수 있도록 요건을 완화했습니다. 이에 따라 면적 완화 요건을 충족하는 소규모 재건축 정비사업장은 보다 원활한 사업추진은 물론 사업성 개선이라는 큰 선물을 받게 되었습니다. 이처럼 법 · 제도의 변화, 특히 '빈집 및 소규모 주택정비에 관한 특례법'의 변화는 소규모 주택 정비사업에 큰 영향을 미치게 되는 만큼 항상 예의주시하고 있으셔야 합니다.

정부의 정책의지를 읽어라!

우리나라는 부동산시장은 정부의 부동산정책에 많은 영향을 받는다고 앞서 말씀드린 바 있습니다. 부동산경기가 과열 양상을 보이면 보일수록 강력한 투기억제를 위한 부동산정책이 시행되고 그 반대인 경우에는 부동산 부양정책이 시행됩니다. 역대 어느 정부도 부동산정책이 위와 같은 대전제에서 벗어난 적이 없습니다.

그렇기 때문에 부동산시장은 정부의 부동산정책이 어떤 방향으로 방점이 찍히는지에 예민하게 반응하기 마련입니다. 뿐만 아니라 역대 정부들은 각각 중점을 두고 추진하는 부동산정책이 있었습니다. 이는 문재인정부에서도 유효합니다. 그런데 문재인정부의 부동산정책은 역대 정부와는 명확히 차이가 나는 부분이 있습니다. 이를 가리켜 필자들은 문재인정부의 부동산정책과 관련된 의지라고 표현하고 싶은데요. 그것은 바로 역대 어느 정부보다 도시재생에 심혈을 기울이고 있다는 점입니다. 즉, 문재인정부의 부동산 분야의 정책적 의지는 도심재생에 있는 것입니다.

흔히 부동산시장에서는 이런 불문율이 있습니다.

절대로 시장에 맞서지 마라!

절대로 정부정책에 맞서지 마라!

우리나라는 부동산시장이 정책의 영향을 가장 많이 받는다는 특징이 있습니다. 그래서 시장에 맞선다는 것은 곧 정부정책에 맞서는 것이 됩니다. 결국 적어도 대한민국 부동산시장에서는 절대로 정부정책에 맞서지 말아야 한다는 의미가 됩니다.

그렇다면 이 책을 읽고 있는 독자 여러분들은 어떤 선택을 해야 할까요? 정부의 정책적 의지를 읽어야 합니다. 그렇습니다. 독자 여러분들은 정부의 부동산 분야와 관련된 정책적 의지를 읽어야 합니다. 이는 곧 도심재생에 관심을 가져야 한다는 뜻이 됩니다. 정부의 정책적 의지가 도심재생에 있으니까요. 문재인정부는 도심재생에 역량을 집중하고 있습니다.

도시재생 뉴딜 블로그

자료 : https://blog.naver.com/prologue/PrologueList.nhn?blogId=newdeal4you

정책적 노력은 물론 자금의 집중적인 투자도 병행하고 있습니다. 그 중심에 있는 것이 바로 도심재생 뉴딜사업입니다. 주거, 문화, 경제 등 다양한 분야에서 도시재생사업이 진행되고 있습니다. 그렇기 때문에 독자 여러분들도 정부의 정책적 의지가 담겨 있는 도심재생 뉴딜에 주목해야 하는 것입니다. 다음은 도시재생 뉴딜 블로그입니다.

도심재생 뉴딜을 제대로 이해하기 위해서 도심재생 뉴딜 블로그에서 도심재생 뉴딜이란 무엇인지 개념, 어떤 콘셉트로 어떻게 사업이 진행될 것인지에 대한 정보를 얻을 수 있다. 참고로, 소규모 주택 정비사업인 가로주택 정비사업, 소규모 재건축 정비사업, 자율주택 정비사업은 큰 틀에서 도심재생 뉴딜에 속하는 사업입니다.

아직 보편화되지 않은 시점이 최적의 투자 타이밍이다!

벌써 오래전 일이 되었네요. 아이팟이 2001년에 출시되었으니까요. 뜬금없이 웬 아이팟 타령인가 하실 법한데요. 굳이 여기서 아이팟을 언급한 이유는 2001년 아이팟이 시장에 처음 출시되었을 때 그 반응이 가히 충격적이었음에도 불구하고 모든 사람들이 아이팟을 구입하지는 않았다는 것을 말하고 싶어서입니다. "이미 MP3가 있는데 굳이 아이팟을 살 필요가 있을까?"라는 생각을 하는 사람들도 많았기 때문이죠. 아이폰은 또 어떠했습니까? 출시한 뒤 폭발적 반응이 있었죠. 하지만 모두가 아이폰으로 갈아타지는 않았습니다. 여전히 피처폰을 선호하는 사람들이 많았기 때문이죠.

그렇다면 지금은 어떻습니까? 아이팟과 같은 성능을 갖춘 기기들이 넘쳐나는 것은 물론 아이폰이 몰고 온 휴대폰 시장의 '탈 피처폰화'는 이제 스마트폰이 없는 일상을 상상하기 어려운 세상으로 변화시켰죠. 이처럼 변화라는 것은 작게 시작해서 엄청난 규모로 확장되는 특징이 있습니다. 바로 이런 변화의 특징 때문에 필자들은 감히 여러분들께 지금이야말로 소규모 주택 정비사업(가로주택 정비사업, 소규모 재건축 정비사업, 자율주택 정비사업)에 주목하고 투자해야 할 시점이라고 말하고 싶습니다.

대한민국의 부동산시장은 현재 중요한 변곡점을 지나고 있습니다. 경제성장과 그에 기인한 수요가 견인하는 폭발적인 부동산시장 성장시대에서 적정 수준의 공급을 관리하는 한편, 수요가 있는 곳에 맞춤형 공급이 필요한 공급관리 시대로의 전이가 물밑에서부터 시작되고 있습니다. 물론 아직 부동산 수요자들은 위와 같은 변화를 체감하지 못하고 있습니다. 여전히 수도권 등 우량지역에서는 부동산 수요가 많아 가격상승을 넘어 폭등현상까지 반복적으로 나타나고 있기 때문입니다. 하지만 부동산장의 변화라는 도도하고 거센 물결을 일부 우량지역에 대한 꾸준한 수요로만 막아내기에는 한계가 있습니다.

이제는 대규모 개발이라는 개발성장시대의 패러다임에서 빠져나와 도심 내 필요한 곳에 맞춤형 공급이라는 패러다임을 받아들여야 할 때가 되었습니다. 다시 한번 강조하지만 변화는 지극히 작은 것에서 시작되지만 엄청난 규모로 확대됩니다. 물론 당분간 대규모 개발도 동시에 진행될 것입니다. 마치 피처폰을 스마트폰이 대체해나가던 시절과 크게 다를 것이 없겠죠. 향후 짧게 보면 3~5년 길게 보면 10년 이내에 대한민국 부동산시장의 트렌드는 맞춤형 공급으로 전환될 것입니다. 그리고 그 중심에는 가로주택 정비사업, 소규모 재건축 정비사업, 자율주택 정비사업이 자리 잡게 될 것입니다.

그렇다면 이 책을 읽고 계산 여러분들은 어떤 선택을 하셔야 할까요?

사업이 아직 초기단계이니 만큼 대세가 될 때까지 지켜 보시기만 하면 될까요? 아니면 사업성이 떨어져 확대되기에는 한계가 있는 사업이니 무시하고 신도시 개발이나 대규모 재건축, 재개발에만 관심을 기울여야 할까요? 둘 다 아닙니다.

지금 당장 소규모 주택 정비사업을 스터디해야 합니다. 변화의 초기 단계에서는 그 변화를 현실로 받아들이는 데 주저하는 경우가 대부분이기에 그 변화가 시작되는 초기 단계부터 적극적으로 변화를 받아들이고 대응해 나가는 사람들에게 도도한 변화의 물결이라는 녀석은 확실한 보상을 해주곤 합니다. 지금이 바로 소규모 주택 정비사업에 투자해야 할 최적의 타이밍인 이유입니다.

소액으로 거주와 투자 모두가 가능한 곳을 노려라!

부동산을 구입하는 것은 그 구입 목적과 관계없이 항상 투자의 성격을 갖게 됩니다. 내 집 마련을 하는 사람들은 항상 투기나 투자가 목적이 아니라 거주를 위해 내 집 마련을 한다고 말합니다. 하지만 그렇게 말하는 사람들 가운데 그 누구도 "집값이 떨어져도 좋으니 편안하게 살 수 있는 집이면 만족한다."라고 말하지는 않죠. 부동산은 대한민국 국민들의 재산목록에서 최상단에 위치하고 있는 투자자산입니다. 그런데도 굳이 이를 1가구 1주택자라는 명칭 뒤에 숨어서 순수한 의도를 강조하고 있습니다. 굳이 거주요건을 충족해야 1세대 1주택 비과세를 해주는 제도도 운영하고 있죠.

하지만 적어도 이 책을 읽고 계신 여러분들은 부동산 그 중에서도 주택을 구입하는 것을 결코 거주 목적으로만 구입하다고 스스로에게 주문을 걸지 않으셨으면 좋겠습니다. 이렇게 주문을 거는 순간 여러분들은 많은 함정에 빠지실 수밖에 없습니다. 대표적인 함정이 바로 내 집 마련이니까 저렴하게 구입해야 한다는 생각입니다. 연말연초만 되면 많은 사람들이 필자들에게 묻는 질문이 있습니다. 바로 이 질문입니다.

"나는 개발이 되면 입주하려고 하는데 언제 사야 가장 저렴하게 살 수 있을까요?"

언제 사는 것이 가장 저렴할까요? 이 질문에 정확하게 대답해 드릴 수 있다면 필자들은 굳이 부동산업계에 있을 필요가 없을 것입니다. 그냥 아무 곳에나 일단 자리만 펴고 앉으면 돈을 벌 수 있을 테니까요. 생각해 보십시오. 가장 저렴하게 구입할 수 있다는 이야기는 최악의 경우에도 손실은 보지 않는다는 것인데 떼돈을 버는 것이 당연하지 않겠습니까!

게다가 위 질문은 중요한 문제가 있습니다. '저렴한 가격', '저점'은 어디까지나 투자와 관련될 때 의미가 있는 질문입니다. 순수하게 거주만 목적으로 한다면 언제 사든 큰 문제가 되지 않습니다. 평생 거주할 집이라면 가격이 3~4억 원 상승하든 아니면 3~4억 원 하락하든 어차피 처분할 수 없는 거주의 대상이지 투자대상은 아니기 때문입니다. 그렇기 때문에 순수하게 거주를 목적으로 하는 경우라면 투자시점이 아닌 지역선택에 초점을 맞춰야 합니다. 어떤 지역이 살기에 좋은지, 교육환경, 대중교통접근성, 각종 생활편의시설이 편리한지를 따져야 한다는 것입니다.

구입 목적	핵심 질문	고려해야 할 변수
실거주	어떤 지역의 부동산을 구입해야 하는가?	자족기능, 학군, 대중교통, 생활편리시설 등등
투자	언제 부동산을 구입해야 하는가?	경제상황, 부동산 경기, 공급물량 추이, 부동산 정책방향, 정부의 정책적 의지 등등

지금 이 시점에 독자 여러분들께 이런 말씀을 드리는 이유는 딱 한가지입니다. 소규모 주택 정비사업을 시행하는 곳의 조합원이 되기 원하거나 투자하기 원하

는 분이라면 스스로 실거주 목적이라는 보호막 뒤에 숨은 채 행동만 투자자처럼 하셔서는 성공은커녕 실패만 하실 것이라는 점을 알려드리기 위해서입니다.

그렇다면 어떻게 해야 할까요? 소규모 주택 정비사업에 따른 조합을 직접 만들어 조합원이 되고자 하시거나 조합원 지분을 매입하고자 하시는 여러분들이라면 반드시 실거주와 투자라는 두 가지 목적에 부합되는 의사결정을 하실 것을 추천합니다. 이렇게 해야만 비로소 실거주와 투자에 모두 적합한 분석을 할 수 있고 그 기초 위에서 적절한 조언과 자문도 받을 수 있을 것입니다. 그러니 지금부터는 진정한 의미에서의 실거주와 투자목적을 모두 갖고 집을 구입하셔야 합니다.

그렇다면 구입해야 할 대상은 어떻게 될까요? 당연히 투자와 실거주 모두가 가능한 지역을 선택하셔야 합니다. 단순히 투자 혹은 투기적 목적으로 이익이 생긴다면 언제든 처분하겠다는 생각이나 입주에만 초점을 맞추기보다 두 가지 목적을 모두 갖고 그 기준을 충족하는 지역을 노려야 하는 것입니다.

가로주택 정비사업 조합원은 모두가 디벨로퍼다!

디벨러퍼는 역할을 하는 존재일까요? 사전적 정의를 살펴 보면 디벨로퍼는 다음과 같은 기능을 수행하는 사람 혹은 업체를 말합니다.

> 땅 매입부터 기획, 설계, 마케팅, 사후관리까지 총괄하는 부동산 개발업체이다. 이름 그대로 부동산을 새로운 용도로 개발하는 업체를 가리킨다. 시행사와 비슷하지만 기존 시행사가 건축과 분양을 모두 대형 건설사에 위임하는 것과 달리 디벨로퍼는 사업의 시작과 끝을 모두 맡아 처리한다. 설계도 1장만으로도 가능한 사업이 디벨로퍼인 셈이다. 최근에는 단순한 시행사에서 벗어나 시장조사, 부지매입, 분양업무 등을 총괄한다.
>
> 자료 : 《매일경제》

사전적 정의를 요약해 보면 부동산개발을 시작해서 마무리까지 맡아서 하는 사람 혹은 업체를 의미한다고 볼 수 있습니다. 그렇기 때문에 디벨로퍼는 매우 전문적인 식견과 기술, 막대한 자금력이 필요하죠. 그런데 말이죠. 가로주택 정비사업은 모든 조합원들이 디벨로퍼의 역할을 수행할 수 있습니다. 어떻게 이런 일이 가능할까요?

바로 공적지원 때문입니다. 공적지원이라고요? 디벨로퍼가 가장 난관에 부딪히는 경우를 보면 결국 자금문제인 경우가 대부분 아닙니까? 그렇다면 가로주택 정비사업 역시 조합원들이 디벨로퍼 역할을 수행한다면 개발자금이 가장 중요한 변수가 되어야 하지 않을까요?

네. 맞습니다. 바로 그 이유 때문에 가로주택 정비사업 조합원들이 디벨로퍼가 될 수 있는 이유를 공적지원이라고 말씀드린 것입니다. 재개발이나 재건축은 사업진행을 위한 공적자금지원이 없습니다. 시공사 선정이 중요한 이유죠. 하지만 가로주택 정비사업은 HUG(주택도시보증공사)가 지원을 해줍니다. 크게 초기사업비와 본사업비로 나누어서 자금지원을 해주고 있는데요.

초기사업비는 총 사업비의 5%(15억 한도)내에서 대출을 해주고 있고, 본사업비는 공적 임대주택을 공급(건축연면적의 20%이상 공급)하는 경우는 총사업비의 70%를 그 외의 경우에는 총사업비의 50%까지 대출해주고 있습니다. 재개발이나 재건축사업에서 시공사가 담당하는 기능을 HUG라는 공적기관이 담당하고 있는 것입니다. 이것이야말로 공적지원이 아니겠습니까? 게다가 금리가 1.5%(변동금리)에 불과합니다. 서민들의 내 집 마련을 지원하기 위한 한국주택금융공사의 보금자리론 금리가 2.95 ~ 3.20% 수준이라는 점을 감안할 때 파격적인 대출금리가 아닐 수 없습니다.

조합원수가 적다는 점이 비록 조합원수가 적어 사업성이 떨어지게 하는 요인이 되기도 하지만 아이러니하게도 바로 그 이유 때문에 가로주택 정비사업 조합원들의 디벨로퍼화를 가능하도록 해주는 요인이 되기도 합니다. 가로주택 정비사업은 구조상 조합원수가 적어 상호간 커뮤니케이션이 매우 신속하고 활발하게 이루어질 수 있는 구조입니다. 수백 명의 조합원들이 있는 재개발, 재건축사업과는 완전히 다른 점이죠. 조합원들이 자신의 원하고 생각하는 바를 적극 사업에 반영하고 이를 신속하게 추진해 나가는 형태로 사업이 진행되는 가로주택 정비사업은 어쩌면 처음부터 모든 조합원들의 디벨로퍼화를 꿈꿨던 것은 아니었을까요?

위와 같은 점에서 볼 때 가로주택 정비사업은 단순한 정비사업이 아닌 모든 조합원들이 디벨로퍼로 참여하는 소규모 재개발 · 재건축 정비사업이라고 볼 수 있습니다.

가로주택 정비사업은 미분양 걱정이 없다!

재개발이나 재건축 사업장은 물론 모든 개발사업에서 가장 큰 고민거리는 단연코 미분양일 것입니다. 아무리 철저히 계획을 수립하고 수백, 수천 번 사업성분석을 해 분양을 해도 미분양이 많다면 그 사업은 실패하거나 엄청난 위험에 처할 수밖에 없을 것입니다. 가로주택 정비사업이나 소규모 재건축 정비사업 역시 사업성이라는 측면에서 볼 때 분양성공이 매우 중요합니다. 그런데 소규모 주택 정비사업인 가로주택 정비사업이나 소규모 재건축 정비사업은 분양물량 자체가 충분히 경쟁력 있는 수준에 미치지 못하는 경우가 대부분입니다.

다시 말해, 1000세대 혹은 700세대 등 준공 후 여러 가지 측면에서 경쟁력을 갖출 수 있는 적정 공급물량에는 미달되는 경우가 많다는 뜻입니다. 실제로 대부분의 가로주택 정비사업장의 공급물량을 보면 100세대 미만이거나 많아도 200세대 미만에 그치는 경우가 대부분입니다. 나 홀로 아파트로 사업이 추진되는 경우도 많고, 많아야 2개동 규모로 사업이 추진되는 경우도 많기 때문입니다.

위와 같은 이유로 소규모 주택 정비사업 그 중에서도 특히 가로주택 정비사업은 미분양이 큰 문제가 될 수 있다는 우려를 하고 계시는 분들이 많습니다. 과연

세간의 우려처럼 특히 가로주택 정비사업이 미분양 문제에 봉착할 가능성이 높을까요?

그럴 수도 있고 그렇지 않을 수도 있겠지만 그렇지 않습니다.

아니 이게 무슨 해괴망측한 대답이냐고요?

현재 가로주택 정비사업은 조합이 단독으로 시행하는 경우와 LH공사 등 공공부문이 공동사업시행자로 참여해 시행하는 경우로 구분할 수 있습니다. 그런데 이 경우 조금 차이가 발생하게 되는데요. 대표적으로 공적임대를 들 수 있습니다. 조합단독으로 시행하는 경우는 별도로 공적임대를 공급하지 않아도 됩니다. 하지만 LH공사 등 공공부문이 공동사업 시행자로 참여해 사업이 진행되고 있는 가로주택 정비사업장은 행복주택이라는 공적임대주택을 공급하죠. 전체 공급물량 가운데 조합원 분양물량, LH공사 등 공공부문의 행복주택 매입물량이 일반분양에 앞서 먼저 판매될 것이라는 뜻이죠.

뿐만 아니라 LH공사 등 공공부문이 공동사업 시행자로 참여하는 가로주택 정비사업장, 특히 LH공사가 공동사업 시행자로 참여하고 있는 가로주택 정비사업장은 미분양이 발생할 경우 미분양물량의 30%를 매입하는 약정을 체결하고 사업을 진행하고 있습니다. 조합과 조합원들 입장에서 볼 때 미분양에 따른 사업성 악화로 최악의 상황에 직면하지 않도록 막아주는 일종의 완충장치 역할을 해주는 것이죠.

미분양을 걱정하지 않아도 되는 이유가 한 가지 더 있습니다. 정부까지 나서서 가로주택 정비사업장의 미분양 문제를 해결해주기 위한 방안을 마련해 놓았기 때문입니다. 실제로 국토부는 '소규모 임대 부동산투자회사(리츠)'를 만들어 가로주택 정비사업장에서 미분양이 발생할 경우 미분양이 발생한 일반분양주택을 전량 매입해 10년간 임대 운영 후 분양 전환할 수 있도록 할 계획입니다. 이렇게 되면 가로주택 정비사업은 미분양 문제에서 자유롭게 될 수 있어 보다 활발한 사업 추진이 가능할 것으로 예상됩니다. 가로주택 정비사업을 주목해야 할 또 다른 이유가 아닐 수 없습니다.

앞으로 30년, 가로주택 정비사업이 대세다!

고양시 일산신도시, 성남시 분당신도시, 부천시 중동 신도시, 안양시 평촌신도시, 군포시 산본신도시. 모두 1990년대 초에 공급되었죠. 우리는 위 5곳을 가리켜 수도권 제1기 신도시라고 부릅니다. 어느 덧 공급된 지 30년을 향해 달려가고 있습니다.

30년~~~! 굉장히 긴 시간입니다. 하지만 필자들이 말하는 30년은 단순히 긴 시간만을 의미하는 것이 아닙니다. 가로주택 정비사업, 소규모재 건축정비사업, 재개발, 재건축이라는 관점에서 볼 때 30년은 굉장히 중요한 의미를 갖고 있기 때문입니다. 수도권 제1기신도시들은 특히 재건축이라는 관점에서 30년은 중요한 의미를 갖고 있습니다.

노후 · 불량 건축물 여부를 판단하는 기준이 바로 30년이기 때문이죠. 수도권 1기 신도시는 모두 경기도에 입지하고 있습니다. 노후 · 불량 건축물 여부 판단에 기준이 되는 경기도 도시 및 주거환경 정비조례를 살펴 봐야 할 이유죠. 다음은 경기도 도시 및 주거환경 정비조례의 해당 내용입니다. 수도권 1기 신도시에 있는 아파트 단지들은 1990년 이후 준공된 5층 이상 공동주택이 대부분입니다.

따라서 노후 · 불량건축물의 기준이 되는 기간은 30년입니다.

철근 콘크리트 구조 공동주택의 노후 · 불량 건축물 기준(제3조 제2항 제1호 관련)

구분 / 준공년도	5층 이상 공동주택	4층 이하 공동주택
1983년12.31.이전	20년	20년
1984년	22년	21년
1985년	24년	22년
1986년	26년	23년
1987년	28년	24년
1988년		25년
1989년		26년
1990년	30년	27년
1991년		28년
1992년		29년
1993년 1.1. 이후		30년

자료 : 경기도청 홈페이지(www.gg.go.kr)

위 도표는 이미 익숙하시죠? 몇 번 소개해 드린 것이니까요. 물론 30년이 경과되었다고 해서 모두 재건축을 할 수 있는 것은 아닙니다. 정밀안전진단을 통과해야 비로소 재건축을 추진할 수 있습니다. 그럼에도 불구하고 30년은 중요한 의미를 가질 수밖에 없습니다. 수도권 전역에 본격적으로 재건축이 이슈가 되고 부동산시장에 수도권 1기 신도시발 재건축 광풍이 시작될 것이기 때문입니다.

그렇다면 향후 30년 동안 재건축은 여전히 부동산시장의 주요 이슈로 자리 잡게 될까요? 아마도 아닐 것입니다. 적어도 수도권 1기 신도시의 재건축이 어느 정도 가닥이 잡히고 나면 서서히 중요성이 낮아지게 될 테니까요. 앞으로 30년은 인구구조 변화가 강력하게 경제 전반에 영향을 미치게 될 것입니다. 그 연장선상에서 부동산시장 역시 엄청난 영향을 받을 것으로 예상됩니다. 특히, 기반시설을 잘 갖추고 있는 기존 도심에 대한 수요는 증가하는 데 비해 신규 신도시에 대한 수요는 사라지다시피 할 것입니다. 그런데 기존 도심에 대한 수요에 적절히 대응하기 위해서는 필요한 곳에 필요한 물량을 적시에 공급하는 형태가 될 것입니다. 이런 형태의 주택공급은 가로주택 정비사업이나 소규모 재건축 정비사업, 자율주택 정비사업 같은 소규모 주택 정비사업에 최적화된 형태입니다. 결국 향후 30년은 가로주택 정비사업이 대세가 될 것입니다.

잠깐 Tip

앞으로 30년, 잘사는 소규모 주택 정비사업의 장점 8가지

❶ 소규모 주택 정비사업은 시대적 요구다!

1인 가구, 인구구조 및 경제구조의 변화가 소규모 재건축 · 재개발을 필요로 한다.

❷ 꼼꼼히 따져보면 결코 실패하지 않는다!

용도지역, 용적률, 세대당 평균 대지지분, 주변지역 분양가, 일반분양 물량규모, 조합원수를 잘 따져서 투자하면 실패하지 않는다.

❸ 도심 친화적인 투자사업이다!

소규모 주택 정비사업에 대한 법과 제도는 도시 및 시장 친화적으로 도심 파괴가 아닌, 도심 재생에 기반을 두고 있다.

❹ 정부의 부동산정책의 중심에 구도심 재생사업이 있다!

정부의 부동산정책 의지는 구도심 재생이 중심이며, 그 중심에 소규모 주택 정비사업이 있다.

❺ 현재 사업초기로 지금이 최적의 투자 타이밍이다!

소규모 주택 정비사업은 이제 사업초기의 국면이다. 지금이 바로 소규모 주택 투자의 적기다!

❻ 소액의 투자자본으로 거주와 투자, 두 마리 토끼를 잡을 수 있다!

신혼부부 등 소액 투자자들이 거주와 투자, 이 두 가지 목적을 모두 충족할 수 있는 부동산투자가 소규모 주택 정비사업이다.

❼ 조합원이 디벨로퍼가 될 수 있는 유일한 도시정비사업이다.

거대 자본의 조합원이 아닌, 실제 거주 조합원이 정비사업의 주체와 디벨로퍼가 되는 참여형 소규모 주택 정비사업이다.

❽ 정비사업의 최대 난제인 미분양 문제가 없는 유일한 도시정비사업이다.

국가가 책임지고 미분양에 적극적으로 대응함으로써, 거주자, 투자자, 그리고 조합원이 모두 상생할 수 있는 소규모 주택 정비사업이다.

앞으로 30년, 잘사는 대한민국 도시재생사업

초판 1쇄 인쇄 2019년 3월 20일
초판 1쇄 발행 2019년 3월 27일

지은이 김종선 · 서영철

펴낸이 박세현
펴낸곳 팬덤북스

기획위원 김정대 · 김종선 · 김옥림
편집 이선희 · 조시연
디자인 심지유
마케팅 전창열

주소 (우)14557 경기도 부천시 부천로 198번길 18, 202동 1104호
전화 070-8821-4312 | **팩스** 02-6008-4318
이메일 fandombooks@naver.com
블로그 http://blog.naver.com/fandombooks

출판등록 2009년 7월 9일(제2018-000046호)

ISBN 979-11-6169-076-6 03320